读心

MIND READING

管理一定要懂的心理学

李亚轩◎著

中国经济出版社
CHINA ECONOMIC PUBLISHING HOUSE
·北京·

图书在版编目（CIP）数据

读心：管理一定要懂的心理学/李亚轩著．
北京：中国经济出版社，2018．6
ISBN 978－7－5136－5162－2
Ⅰ．①读… Ⅱ．①李… Ⅲ．①管理心理学 Ⅳ．C93－051
中国版本图书馆 CIP 数据核字（2018）第 075382 号

责任编辑　丁　楠
责任印制　马小宾
封面设计　任燕飞工作室

出版发行　中国经济出版社
印 刷 者　北京柏力行彩印有限公司
经 销 者　各地新华书店
开　　本　710mm×1000mm　1/16
印　　张　17
字　　数　268 千字
版　　次　2018 年 6 月第 1 版
印　　次　2018 年 6 月第 1 次
定　　价　58.00 元
广告经营许可证　京西工商广字第 8179 号

中国经济出版社 **网址** www.economyph.com **社址** 北京市西城区百万庄北街 3 号 **邮编** 100037
本版图书如存在印装质量问题，请与本社发行中心联系调换（联系电话：010－68330607）

目录
contents

第一篇　导论

第二篇　人的心理与管理

第三篇　领导心理与决策

第一篇

导 论

第一部分　引案

引案一：四面楚歌

公元前202年，岁次己亥（猪年），中华汉高祖五年。

垓下，今安徽省灵璧县境内睢水至洨水（今沱河）间开阔的平原地区。南部陡峭，北部渐次平缓，高岗绝岸地形。

楚汉两军在这里进行了一场决胜天下的战略会战，是刘汉政权彻底完结不可一世的项羽强大军团的收官之役。

一、战争序幕

公元前203年（高祖四年）八月，楚军粮尽，刘邦力单，无法对楚军进行最后的合围。于是，刘、项双方订立了“鸿沟和议”，以战国时魏国所修建的运河——鸿沟为界，划分天下。九月，西楚霸王项羽率十万楚军绕南路向楚地撤军。

刘邦趁楚军疲师东返之机突然发起战略追击作战。大军追至夏南时，刘邦约集韩信、彭越南下，共同合围楚军。由于韩信和彭越未如约出兵合击楚军，结果刘邦在固陵被项羽打败。刘邦慌忙率军退入陈下，并筑起堡垒坚守不出，而楚军又一次合围了刘邦。

素有“汉初三杰”之称的韬略大师张良分析了楚汉战略态势，楚军虽已江河日下，但单凭刘邦的军事力量仍无法与之抗衡，固陵之败历历在目。韩信素有军事奇才，他所领导的韩家军快速成长，成为一支军事规模与刘、楚不相上下的强大军事力量。联韩破楚成为刘邦不二的战略选项。

但是，如何激励以使韩信倾力助刘？张良认为，如果通过加大粮草、战车、兵器重赏韩信，韩信定会不为其所动；如果通过美色、佳丽、爵位、加官重赏韩信，韩信仍会不为其所动；如果通过产权或“股权”激励，将天下与其分享，韩信必会心悦诚服。

于是张良告诉刘邦：“楚兵且破，信、越未有分地，其不至固宜。君王能与共天下，今可立致也。即不能，事未可知也。君王能自陈以东傅海，尽予韩信；睢阳以北至谷城，以与彭越。使各自为战，则楚易败也。”

刘邦采纳了张良的意见，将陈以东直到大海的大片领土封给齐王韩信；睢阳以北至谷城封给彭越。就这样，刘邦以加封土地为报酬，韩、彭二人欣喜，他们快速尽数率军挥师南下，共同发动对项羽的最后合围。

至此，垓下之战拉开了序幕。

二、民歌溃楚

公元前202年（高祖五年）十月下旬，灌婴占彭城，英布入九江、城父（今安徽涡阳东）。刘邦也由固陵东进，项羽被迫向东南撤退。十一月，项羽退至垓下，筑垒安营，整顿部队，恢复军力，此时楚军尚有十万。

十二月初，韩信、彭越、英布等会合刘邦后，在垓下将十万楚军层层包围。

汉军以韩信亲率三十万人为主力，孔将军为左翼，费将军为右翼，刘邦坐镇后方，周勃、柴武等预备军在刘邦军后待命。韩信布下十面埋伏战阵，亲率汉军发动攻势，重创楚军后快速佯败后退，在楚军发起追击时，汉军左、右两翼则迂回夹击楚军，两军短兵相接陷入胶着，这时韩信带领大军翻身再战，楚军遭遇三面夹击，楚军在裹缠胶着中不断丧失战力。

十二月二十一日晚，垓下楚营。

当晚，月光晕醉，寒风瑟瑟。楚营将士人困马乏，枕戈而眠。

“今夕何夕兮，雀卡子架起架。

今夕何夕兮，噶爹嘎爸发梦舔。

今日何日兮，熟儿思子打豁线。

今日何日兮，婶娘泪眼未拭干。

山有木兮木有枝，心盼子兮子不知。”

歌声由远而近，如泣如诉，亲切而心酸。

张良手持长萧，众人击瓮，张良指挥着临时抽选出来并经集训速成的1000名汉军歌手组成的楚歌唱班，环绕着被围的楚营外围游唱着楚间民歌。由于音乐的感染力，其他汉军军士也渐渐融入唱班，相合应唱了起来。

歌声哀婉凄楚，歌声此起彼伏。

楚军听到楚地的民歌，由于困乏引起的睡意已荡然无存，历经巨鹿之战、数破强秦的久经沙场老士卒顿足抽噎。

“新打木船江中划，

江边女子叫喝茶；

急水滩头难上岸，

口不干来不喝茶。”

士卒王勇、陈英、杨飞来自九江，张平、张雄来自鸠兹（今安徽芜湖）在争论所听到的这首民歌的归属，陈英坚信这是九江的家乡民歌，因为他就是听着村里的父辈歌唱着这首山歌长大的，他应召入伍的时候就是听着这首山歌离开了生养自己的山村；张平和张雄却说：“我们鸠兹世世代代都传唱着这首歌子，我也会唱这首歌。”

杨飞嗓门很高，“刘邦已经得到楚地了吗？为什么他的部队里面楚人这么多呢?”

楚营外，楚地民歌随凛冽的寒风吹扫楚军帐房，忧伤而凄厉，撕心而痛绝。

楚军士气全面崩溃。

项羽从床上慢慢仰起，他知道韩信的十面埋伏战阵仅仅让其战术受挫，或许还有反击翻盘的机遇，而张良的四面楚歌却让他的将士从灵魂到躯体彻底溃败。

项羽在营帐里面开始自饮了起来，以酒解忧，以酒抒情。

“力拔山兮气盖世，

时不利兮骓不逝，

骓不逝兮可奈何，

虞兮虞兮奈若何。”

同行的虞姬一同唱和。歌数阕，二人皆泪湿棉袍。守在帐外的军士也非常难过，个个低头抽泣。

唱完，虞姬最后一次为项羽穿上了铠甲，自己轻轻整理了发髻，掸去衣服上的尘埃。双手搀着项羽走出了帐外，项羽从军士手中接过战马并跨上马鞍的瞬间，虞姬已自刎于马侧。

项羽悲痛欲绝，英雄末路，他最后带着800余名骑士突围南逃。天明以后，汉军得知项羽突围，于是派遣五千骑兵追击。项羽渡过淮水后，仅剩百余骑相随，行至阴陵（今安徽定远西北）因迷路耽搁了时间（司马迁在《史记》中以“田父欺骗”进行了戏剧化处理），被汉军追及，项羽突至东城（今安徽定远东南），手下仅剩二十八骑。

三、乌江谢幕

项羽指挥这二十八骑，来回冲阵，再次杀开一条血路，向南疾走，至乌江（今安徽和县东北长江边的乌江浦）边，自认为已无颜见江东父老，乃令从骑皆下马，以短兵器与汉兵搏杀，项羽一人杀汉军数百人，最后自刎而死，年31岁。项羽死后，汉军全歼八万楚军，楚地皆降汉，独项羽原封地的鲁人不肯投降（楚怀王曾封项羽为鲁公），后刘邦将项羽首级示鲁，鲁人乃降。至此，历时四年半之久的楚汉战争终以刘邦的胜利而告终。

垓下之战，汉军全歼楚军，它既是楚汉相争的终结点，又是汉王朝繁荣强盛的起点，更是中国历史上具有里程碑意义的转折点，它结束了秦末混战的局面，统一了中国，奠定了汉王朝四百年基业。

四、战例评点

垓下战略会战，是中华历史上经典的成功读心战争案例，是中国历史上两位优秀的军事领导奇才——韩信和张良合作演绎的一场规模宏大的读心战争。

读心一，张良成功设计激励模式，促成韩信出兵，达成韩刘联盟。

张良首先分析了楚汉战略态势，确立了韩刘联盟共同破楚的战略。但是，如何设计激励模式以使韩信倾力助刘？张良根据韩信的需求层次，采取政治产权或“天下股权”激励的模式，将天下与其分享，说服刘邦将陈以东直到大海的大片领土封给齐王韩信，致使韩信快速尽数率军挥师南下，共同发动对项羽的最后合围。

读心二，利用被围楚军的思乡心理，发动了溃散楚军心智的读心战争。

张良指挥汉军歌手组成的唱班，环绕被围的楚营游唱着楚间民歌。歌声哀婉凄楚，此起彼伏。楚军听到楚地的民歌顿足抽噎。项羽和楚军认为刘邦已经全面得到了楚地，再战已无任何意义。楚军士气全面崩溃。

韩信的十面埋伏战阵仅仅让项羽战术受挫，或许还有反击之机，而张良的四面楚歌却导致他的将士彻底溃败。

引案二：核击广岛、长崎

1945 年 8 月 6 日，美军向日本广岛投掷原子弹，拉开对日本本土实施战略核打击的序幕。广岛核爆炸导致近 25 万日本人丧生；8 月 9 日美军继续向日本长崎投掷原子弹，长崎轰炸造成 14 万余人死亡。4000 摄氏度以上的高温，把一切都化为灰烬。人类历史上唯一一次原子弹实战在日本本土上演，最终导致日本无条件投降。满目疮痍的广岛、长崎成为日本永恒的伤痛。

一、战争背景

1945 年，太平洋战争后期，以美国主导的盟军发动对日军的战略反攻。美军在硫黄岛首役成功后，为了掌握整个琉球群岛的制海权和制空权，决定攻克被誉为日本“国门”的冲绳岛。

1945 年 6 月 21 日，美军艰难完成了冲绳岛登陆战役，史称“破门之战”。此役耗时长达 82 天，美日两军交战异常惨烈。日军使用了神风特工队袭击美国军舰，袭击方式采取自杀式“飞蛾扑火”的方法，日本飞行员高唱“在天空中捐躯，在海洋中玉碎”的丧歌，驾驶着装有 250 公斤炸药的零式飞机直冲美军舰船，但求与其同归于尽。美国飞行员在迎战这种疯狂的自杀式飞机时，经常技术判断失常，导致美军航母甲板上事故频发。与此同时，冲绳岛上的日本守军也拼死抵抗，海上和陆地共同展开血战。

冲绳之战，美军官兵共阵亡 48000 人。

成功登陆冲绳后，美军没有欢呼声。

当时日本天皇（裕仁天皇）是日本的元首，被视为神。日本国民都愿意为天皇而死。所有的日本人都成为盟军的敌人。美军直接面对的是一个全民皆兵，准备最后拼死一搏的岛国。

美军参谋长联席会议依据硫黄岛、冲绳岛登陆作战的伤亡计算评估，美军实施日本本土登陆作战方案会导致阵亡 100 万人，而且要花一年的时间。

为了结束这场旷日持久的血腥战争，除常规登陆作战外，还有其他选项吗？

1942 年 6 月，时任美国总统罗斯福授权推进一项秘密的原子弹研制计划，由于研制计划的总部设在纽约市曼哈顿区，因此这项秘密原子弹研制计划也称为“曼哈顿计划”。美国决定将所有分散在军队、大学和各实验室研制原子弹的单位联合起来，这种体制被称为“三位一体”制。罗斯福还赋予该工程高于一切的特殊优先权。

1945 年 7 月初，美国制造出三颗原子弹，代号分别是“大男孩”“小男孩”“胖子”。

1945 年 7 月 16 日，美国第一颗原子弹试爆成功。“曼哈顿计划”总负责人莱斯利 · 理查德 · 格罗夫斯（Leslie Richard Groves，1896—1970）提交给美国战争部长的一份详细报告中提出，“历史上第一次核爆炸试验是成功的，这次试验超出了所有人的预期。我估计这次爆炸，相当于 15000 吨 ~ 20000 吨 TNT 的威力，这仅仅是保守的估计，因为我们还没有核实进一步的相关数据。能量的数值很可能比保守的要多出许多倍。爆炸伴随着强烈冲击波和核辐射”。

美国总统杜鲁门及其智库认为，只有使用原子弹才可以撼动震慑日本天皇、日本军国主义内阁、日本民族，也可以最大限度地减少盟军伤亡，并且可以尽快结束战争，达到速战速决的战效。与常规登陆战相比，杜鲁门做出了使用核武器的抉择。

来自杜鲁门总统图书馆藏档案的杜鲁门日记中这样有一段记载：

“1945 年 7 月 25 日，这件针对日本人使用的武器，我们打算从现在到

8 月 10 日之间使用。”杜鲁门决定选择波茨坦会议中斯大林承诺 8 月 15 日对日出兵作战前击败日军，抢先占领日本本土。

要实现速战制取日本的战略意图，只有选择核战才能一战定日本，迫使日本全面投降，夺得战后话语权。

二、前奏

杜鲁门的重要智囊、美国国防部部长助理约翰·麦克罗伊认为，“应该让日本体面地投降，具体做法就是由杜鲁门总统给日本天皇或铃木首相写一封信，强调日本若达成投降条件，就可以在立宪的基础上保留天皇体制；若不接受，美国就会在日本本土使用其超级新式武器——原子弹。如果提出此条件和警告，日本还是不投降，美国不得不使用原子弹。这样做，美国在道义上会处于有利地位，也比较符合政治家的风范”。杜鲁门同意了麦克罗伊的建议。

1945 年 7 月 26 日，波茨坦会议发表了《中美英三国促令日本投降之波茨坦公告》（以下简称《波茨坦公告》），这是反法西斯同盟国向日本军国主义政府发出的一份督促投降书。杜鲁门的智库基于已破译的日军军事和外交情报重新软化修改《波茨坦公告》条款，这份被软化了的公告中暗示日本可以保留“天皇制”；“让日本无条件投降”修改为“由日本政府宣布日军投降”。这是杜鲁门基于智库情报与心理分析送给日本的一个心理上可以承受的“面子”。

1945 年 7 月 26 日，经过修改且被软化的《波茨坦公告》在日本播放，时任日本陆军参谋长的梅津美治郎态度非常强硬地说：“面对美国的威胁，我们必须明确表示决不投降。一定要在日本本土决战。”

首相铃木贯太郎自信地说：“敌人出具这些条款意在尽快结束战争，不再奢望我们会无条件投降。在这关键时期，只要我们坚定信念，他们就会屈服。”他在记者招待会上表示，“日本政府认为《波茨坦公告》宣言没有什么重要价值，我们完全不予理睬。我们坚定地战斗到战争的最后胜利为止”。

1945 年 7 月 30 日早晨，杜鲁门给日本的通牒被日本斩钉截铁地拒绝了，盟国所有的外交努力彻底破灭。杜鲁门和美国政府已别无选择。

日本拒降当日，杜鲁门在乘美国军舰返回国内途中，向军方下达了命令："把那颗原子弹投下去吧！"

三、部署

美国核试爆以后仅剩存的两颗原子弹如何投放？何时投放？战略打击目标如何选择？成为杜鲁门智库的重要议题。

1945 年 4 月，为了确定轰炸的城市，美国"曼哈顿计划"的负责人与陆军航空兵的专家组成目标选定委员会，候选名单共 17 个，由美国陆军航空兵战略航空参谋长诺斯塔德准将（Lauris Norstad）开列，17 个日本城市依次为：东京、川崎、横滨、名古屋、京都、大阪、神户、广岛、吴、下关、山口、八幡、小仓、熊本、福冈、长崎、佐世保。

智库专家认为，目标重要性越高，震慑效果越强；威慑覆盖率越高，震慑效果越强。所以，核投放目标既不能太大也不能太小。东京、大阪、名古屋这几座面积大、同时已破坏严重的城市就剔除了；佐世保、吴等小城市也随后被删除。

放弃核爆东京，除东京已被美国空军狂轰滥炸成为满目疮痍且城市面积太大，核爆心理震慑效果相对较小外，还有一个重要因素就是怕把天皇炸死了（东京大轰炸也有意避开了皇居所在地）。天皇是日本人的精神象征，如果被炸死了，日军极有可能选择死战而不投降，盟军就只能打登陆战硬啃下这块硬骨头，必将伤亡惨重，就将与使用原子弹的初衷相违背。

1945 年 5 月 11 日，委员会重新拟定了如下一批城市：

1. 京都，AA 级打击目标：日本的故都，100 万人口的巨大工业城市，日本其他大城市（如东京）已遭到空中打击后的严重破坏，大量人口和机器设备都迁往京都，它成为战争后期最重要的军事生产中心。

2. 广岛，AA 级打击目标：日军指挥中枢之一，第二军总区司令部所在地（日本本土只有两个军总区，第一军总区司令部设在东京），同时是日本陆军最大的集结地，从中日甲午战争时期开始，参加日俄战争、吞并朝鲜、出兵山东、出兵满洲、侵略中国大陆和东南亚的日军部队绝大多数都在广岛市区的宇品港登船出发，因此这里有规模巨大的军需品、军火仓库、军用码头设施，此外城东还有铁路中转枢纽和军火制造、船舶维修等军工设施。

3. 新泻，A 级打击目标：濒临日本海的重要工业城市，拥有一座炼铝厂、一座巨大的钢铁工厂、一个重要的炼油厂和一个油港码头。

4. 小仓，A 级打击目标：军事工业集聚区，厂区长达 1.3 千米，宽 0.8 千米，附近还有铁路车辆厂、机械工厂和发电厂。

这些目标都有共同的特征：

1. 军事或军工集聚区；

2. 城市直径在 4.8 千米以上，目标重要性和威慑覆盖率非常高；

3. 地形平坦，爆炸冲击波的效果可以得到充分发挥。

“曼哈顿计划”负责人格罗夫斯把这份名单提交给马歇尔时，遭到了陆军部部长亨利·史汀生的反对。

亨利·史汀生负责了整个原子弹爆炸计划，并且促成和领导战略事务局向中情局的转型。亨利·史汀生领导的中情局（原战略事务局）吸纳了大量心理学和管理心理学的高端专业人才。亨利·史汀生在“二战”期间开始将心理学应用于战争战略和战术。

史汀生曾在 20 世纪初担任菲律宾总督，期间多次造访京都。史汀生和其领导的智库认为，京都对日本人有巨大的感情价值和宗教意义，如果将其毁灭，将给战后管理带来很大的困难。

史汀生直接找到了总统杜鲁门，劝说他将京都从名单中划掉，并继续禁止对其进行常规轰炸。杜鲁门同意了史汀生及其智库的方案。

但是，美国军方和科学家仍然坚持京都为首要目标，他们列举了一个十分实际的理由：京都坐落在盆地中，街道都是方形网格状，最适合评估原子弹轰炸效果。杜鲁门毅然拒绝了军方和科学界的建议。杜鲁门深知军界和科学界仅仅考量了军事打击的单一效果，而忽视了日本民族的心理特质，忽视了美军对日本战后的治理和民主化改良所带来的压力。

1945 年 7 月 24 日，作为京都的替代品，长崎被列入原子弹轰炸名单。但是这里地形多山，并不能很好地测试原子弹的效果。所以，1945 年 7 月 25 日，杜鲁门最终下达对日进行原子弹轰炸的指令时，目标城市的优先级为：广岛、小仓、新泻、长崎。

四、核打击

自1945年6月始，航空509大队从美国本土转移至距日本本土2000多千米的太平洋提尼安岛，这里距日本本土仅需6个小时的航程，是当时全球最大的空军基地。拥有4条跑道，停着超过500架B—29型轰炸机。岛上已经驻有美军第21航空大队，主要负责对日本本土进行常态轰炸。21航空大队每天都要飞往日本本土执行轰炸任务，日本东京被轰炸得满目疮痍就是21大队的杰作。而509大队的成员则每天进行着枯燥的模拟精确投放原子弹的强化训练。

1945年8月4日晚，509大队的大队长保罗·蒂贝兹上校召开大队全体会议，他向队员宣布了509大队训练了10个月的目的就是在日本投掷一颗特殊的炸弹。如果任务成功，将会使战争结束的日期缩短至少6个月。在会上队员们观看了美国第一颗原子弹爆炸的纪录片，最后，他们被告知这项任务属于最高机密，不得写信回家，不得向任何人提及。

1945年8月5日下午，82号B—29轰炸机开始装弹，这架原子弹载机由大队长蒂贝兹上校亲自驾驶，以蒂贝兹母亲的名字命名为“伊诺·阿盖依”（Enola Gay）。还有2架负责记录数据和摄影，另有3架负责气象观察。

8月6日凌晨2点40分，3架负责观察气象的B—29已经起飞，分别飞往广岛、小仓和长崎，它们将把这三个城市的气象信息传给82号机。其中飞抵广岛上空探测天气的一架B—29轰炸机向伊诺·阿盖依号报告，广岛上空能见度良好，侦查中未遇敌方战斗机，高射炮火也很微弱，建议优先考虑广岛。

8月6日7时50分，美机编队在四国岛室户岬上空飞入日本领空，23分钟后从东北方向进入广岛市区上空。伊诺·阿盖依号触发空袭警报，而广岛市民已对空袭警报无动于衷，很少有人进入防空洞躲避。

8月6日8时12分17秒，伊拉·盖伊号机长蒂贝兹通知机组人员戴上护目镜。投弹手法雷比少校开始用诺顿瞄准镜最后一次校正轰炸目标——太田川和元安川分流处T字形的相生桥。

8月6日8时15分17秒，“伊诺·阿盖伊”号炸弹舱门打开，原子弹

“小男孩”从 9600 米的高空中笔直地落了下去，“小男孩”内的气压引爆器发出脉冲信号，25 公斤的铀块“子弹”迅速射入 35 公斤重的铀块“靶心”里，两块铀 235 合而为一，“小男孩”爆炸了。爆心投影点在相生桥以东约 100 米的细工町 19 番地岛病院上空，爆炸高度为（580 ± 15）米。

广岛市方圆 42 平方千米范围内的土地上似乎都被翻了过来，蘑菇火球下的温度高达 4000 摄氏度以上，整个城市在燃烧。热力所及之处的人尽皆被蒸发或化为灰烬，广岛变成了人间地狱。广岛核爆炸导致近 25 万日本人丧生。

广岛核爆 2 天过去了，日本仍无任何反应。

1945 年 8 月 8 日下午，即广岛核爆的 2 天之后，代号“胖子”的原子弹被推出美军提尼安岛的武器库，美军官兵纷纷在弹体上写下了对日本人的赠言，美军向日本人庄严保证：我们将把致命武器准确地扔到你们头上！

1945 年 8 月 9 日，美军准备对第二目标小仓投弹，并将长崎作为备选。但小仓的天气十分不利，装有原子弹的轰炸机“博克之车”在云层上空穿梭了 3 次仍未找到缺口，最后向第二目标长崎飞去。

“博克之车”在箕岛上空调头，向预定爆心——三菱重工长崎船厂方向飞去。投弹手比汉（Kermit Beahan）正准备换用雷达瞄准器，突然发现两块云团之间有个大缝隙，比汉瞄准了预定轰炸目标——三菱重工长崎船厂以北 2. 5 千米处的长崎市中心体育场跑道，扔下了原子弹“胖子”。“胖子”爆炸的高度为 503 ± 10 米。

“胖子”是一颗钚弹，长约 3. 6 米，直径 1. 5 米，重约 4. 9 吨，TNT 当量为 2. 2 万吨。“胖子”轰炸造成长崎市 23 万人口中的 14 万余人死亡，城市 60% 的建筑物被摧毁。幸存者饱受癌症、白血病和皮肤灼伤等辐射后遗症的折磨。

1945 年 8 月 9 日晚上，裕仁天皇不得不召开御前会议，宣布接受《波茨坦公告》，日本无条件投降。顿时，参加会议的内阁和军界高层号啕大哭。

1945 年 8 月 15 日正午，东京电台向全体日本国民播放裕仁天皇宣读的《终战诏书》，大多数日本国民是第一次听到天皇真正的声音。

五、战例评点

核武器轰炸广岛、长崎，是人类历史上迄今为止唯一一次使用惨绝人寰的核武器实战战例，也是世界战争史上经典的成功读心战争案例，是美国系统地开启心理学在军事管理和战略战术中淋漓尽致应用的先河。

读心一，保留天皇体制。

日本天皇是日本的元首，被视为天神。日本国民都愿意为天皇而死。换言之，与天皇为敌，会引发所有的日本人与美国及其盟军为敌，必将导致日本全民皆兵拼死一搏；与天皇交合，会引发所有的日本人和军国主义内阁与美国及其盟军为友，而顺利接受无条件投降。所以，美国智库认为保留天皇体制是快速结束战争、和平稳健接管战后日本的关键因素。

无论是敦促日本接受投降声明书——《波茨坦公告》，还是美军每日对东京空袭轰炸的常态军事行动都避开日本皇室，都是向日本传达一个基本信息：日本若达成投降条件，就可以在立宪的基础上保留天皇体制。这是杜鲁门基于智库情报与心理分析送给日本的一个心理上可以承受的“面子”。

读心二，核投放目标的选择。

核投放目标的选择是美军指挥中枢成功读心的杰作。美军智库专家认为，目标重要性越高，震慑效果越强；威慑覆盖率越高，震慑效果越强。所以，放弃核爆日本首都东京，除东京已被美国空军狂轰滥炸变得满目疮痍，核爆心理震慑效果大大减少外，还有一个重要因素就是怕把天皇炸死了（东京大轰炸也有意避开了皇居所在地）。天皇是日本人的精神象征，如果被炸死了，日军极有可能选择死战而都不投降，盟军就只能打登陆战硬啃下这块硬骨头，必将伤亡惨重，就将与使用原子弹的初衷相违背。

京都坐落在盆地中，街道都是方形网格状，最适合评估原子弹轰炸效果，但为什么会被剔除呢？史汀生和其领导的智库认为，京都对日本人有巨大的感情价值和宗教意义，如果将其毁灭，将会给战后管理带来很大的困难。

杜鲁门接受了史汀生及其领导的智库的建议，最终下达对日进行原子弹轰炸的指令时，目标城市的优先级为：广岛、小仓、新泻、长崎。

通过以上两个案例，我们会发现读心在军事、经济、政治、社会、文化、生活等决策活动中发挥着神奇而高效的作用。

第二部分　读心概述

第一节　读心概念

读心，顾名思义是阅读、研究、引发、改变人（作用对象）的心理机制与行为规律的过程。

一、概念解析

（一）读心研究范围

独立的个体心理与行为系统。独立的个体包括普通个体（社会人）和极端个体（领导者或领袖）。

（二）读心研究的重点

独立个体（普通个体及领导者）心理机制和基于心理机制的行为特征及其规律。

（三）读心研究的目的

预测、引发、改变心理和行为体系。读心的自变量是个人心理，而读心的因变量则是个人目标、成长和行为效率。

二、读心研究的重点

（一）个人心理

个人心理研究的取向是激励个体创造力；核心内容是个体的需要、动机、态度、认知差异、能力差异、个性差异等。个体心理存在着共性与特殊性。

对“共性”的研究是决策重要的依据条件；对“特殊性”的研究，如人的能力、气质、知觉、态度、价值观等差异的研究，有助于更好地运用激励机制，开发人的潜能，提高成长和行为效率。

（二）领导心理

领导，个人组合（团体或群体）中的领袖和首脑，发挥着中枢、导向、指挥和控制作用。对领导心理的研究，侧重于领导特质、心理和应变（权变）。涉及领导素质、结构、功能、选择、考评、体制、势场（聚合力）。

第二节 读心的研究内容

读心，萌芽于人类文明诞生，形成于 20 世纪初，发展于 20 世纪 50 年代，成熟于 21 世纪初。第二次世界大战后，读心以极快的速度研究、应用和发展，使之从个别局部经验研究向更广泛、更纵深方面的研究过渡。哈罗德 · J. 李维特（Harold J. Leavitt）、沙因（Edgar H. Schein）、赫伯特 · 亚力山大 · 西蒙（Herbert. Alexander Simon）为读心研究的发展和成熟贡献颇丰。

读心研究内容按个人心理、领导心理和激励体系 3 个层次展开，所讨论的问题大都涉及人性假设、需要挫折、知觉、学习、价值、态度、决策、权变、领导力、激励等方面内容。

第三节　读心的研究方法

一、读心的研究原则及设计方案

（一）读心研究的基本原则

1. 客观性原则
2. 系统性原则
3. 发展性原则
4. 应用性原则

（二）读心研究的设计方案

1. 明确研究目的及相应的研究方法
2. 选择研究对象
3. 确定研究变量及观测指标
4. 选用合适的研究工具
5. 数据统计分析

二、读心的研究方法

读心的研究方法可以归纳为四类：

第一类：现场研究法，主要包括观察法、个案法、比较法；

第二类：实验研究法，主要包括自然实验法、实验室实验法、现场试验法；

第三类：调查研究法，主要包括访谈调查法、问卷法、心理测验法；

第四类：量化研究法（数理模型研究法）。

（一）观察研究法

在日常无人工干预的自然和社会情况下，运用感官对人的心理进行观察与分析的方法。观察法是在自然情况下（即在日常生活条件下），有目的、有计划地直接观察研究对象（被试者）的言行表现，从而分析研究对象的心理活动和行为规律。

观察法分为专项观察法和全面观察法两种。

专项观察法，是根据研究的某一具体项目任务，有选择地观察研究对象和那些与研究任务有关的活动，分析和研究其特点、发生发展的规律。

全面观察法，是观察研究对象在一定时期内的全部行为表现，将其全部动作、行为和说话都记录下来，借以综合分析研究对象的心理现象和行为规律。

优点：方法简单、方便，效果直观、清晰；

缺点：对所获信息难以量化和深化，精准度偏低。

（二）个案研究法

个案研究法，也称为案例法，是运用个案调查、案例研究分析方法对个人、领导者在较长时间、连续观察研究，全面系统地分析研究，探索其心理发展变化全过程的研究评估方法。

优点：能获取被研究者的比较系统、全面、动态的心理和行为数据库，对于单一项目问题的诊断和纠正较为精准。

缺点：个案法归纳出来的结论缺乏体系整体性、普遍性和线性逻辑，另外，需要投入大量的人力、物力和时间成本。

（三）比较研究法

比较研究法是对研究对象同异关系进行对照、比较，从而揭示其心理和行为规律的研究方法。

比较研究主要分为纵向比较研究、横向比较研究、同类比较研究和异类比较研究四类常用方法。

1. 纵向比较研究法。纵向比较是对同一研究对象的历史形态进行动态比较研究。这类比较是按时间序列的纵断面展开的，它不仅能使我们从相对稳定状态来研究被研究者，而且还能从发展变化状态来研究被研究者，从而弄清被研究者发展的动态性、阶段性变化规律。例如，被研究者在不同年龄阶段心理特性和基于心理特性的行为规律是不同的。

2. 横向比较研究法。横向比较是对同时存在的心理现象进行比较，因为每一个体或领导者都不是孤立存在的，所以必须在相互关系的比较中认识心理的本质。横向比较研究是按空间结构的横断面展开的，强调的是从被研究者的相对静止状态中研究被研究者的异同，分析其心理活动规律和基于心理活动的行为活动规律。例如，不同血型、不同种族、不同文化背景、不同区域的被研究者会表现出完全不同的心理活动规律和基于心理活动的行为规律。

3. 同类比较研究法。同类比较就是对两种或两种以上同类被研究对象进行比较，从而认识其异同点的方法。同类相同点比较，可以找到被研究者心理发生发展的共同规律；同类相异点比较，可以找到被研究者心理发生发展的特殊性。

4. 异类比较研究法。异类比较是对两个或两个以上完全不相同的个体的正反两方面加以比较。即比较被研究者的不同心理特性，从而说明被研究者的不同或异中之同。这种比较，就其思维过程来说，与同类比较相同，也是从个别到个别的推理。但是，它的反差大，结果鲜明，有利于鉴别和分析。通过“同中求异”或“异中求同”的分析比较，可以使我们更好地认识被研究者的多样性与统一性。

优点：研究方法简单、生动、鲜明。有助于我们从现实问题入手，追溯被研究者心理发展的历史渊源、过程和规律。

缺点：研究对象必须具有可比较性，从而限定了研究的内容和范围；研究结论是从比较分析的推论中得出，其客观性程度还有待检验修正。

（四）实验研究法

1. 实验研究法是系统地操控一至数个假定有关的自变量，并在客观状态下，以及在固定其他自变量的可能干扰影响的条件下，观测其对某些因变量的独立效应和交互效应。因此，实验研究又称控制研究。

一个典型的实验研究包括两类试验小组：实验组和控制组。实验组指在实验中接受实验处理的小组，来自于该小组的观察结果将与那些未实验处理的控制组的观察结果相比较。控制组未接受实验处理，用于给实验组的观察结果提供一个比较的基准线，通过比较，实验处理的作用得到体现，那些只在实验组中发生的行为变化被看作是实验处理产生的作用。

2. 效度，是实验研究法的重要概念，指测量仪器、设备、相关工具、环境和手段能够准确测出所需测量事物的程度。效度分为外在效度、内在效度、结构效度、统计结论效度。

（1）内在效度

内在效度，是指实验结果能归因于自变量的操作的程度，即排除对实验结果产生干扰的无关因素，使研究者相信实验结果确实是由实验变量引起的程度，即达到实验目的的程度。没有内在效度的实验研究是没有价值的，因为内在效度决定了实验结果的解释。

内在效度影响因素：

①履历效应（历史事件）：例如，第一位老师的影响，看过的一部电影或小说的影响；

②成熟：如疲劳、饥饿、态度改变；

③多次测验：如讨好的作答倾向

④不稳定的测量工具：如问卷或经验不足的观察者，评分者的差异，工具信度偏低；

⑤统计回归；

⑥实验死亡率：中途退出；

⑦因果时序；

⑧选择偏好：如自愿与非自愿；

⑨实验处理中的传播与模仿：相互沟通和互动问题；

⑩强亨利效应（竞赛效应）；

⑪试验者心理原态；

⑫实验者偏见；

⑬实验者原罪效应。

（2）外在效度

外在效度，是指实验结果的“可推论性”的大小程度，即被操作因素（自变量）与结果（因变量）之间的关系，可以普遍应用于其他不属于此实验情境的程度，把实验结果推广于同类事物的正确程度。

外在效度影响因素：

①对实验程序的描述；

②样本的代表性；

③实验者的主观因素；

④宽慰效应；

⑤时间因素；

⑥因变量的测量；

⑦实验情景的仿真性。

3. 实验研究法分类。实验研究法分为自然实验研究法、实验室实验研究法、现场试验研究法。

（1）自然实验研究法

自然实验研究法，是指在自然常态环境下有目的、有计划地创设和控制一定的条件，主动地激发被试者的行为变化。

自然实验研究法的优点：

①比较接近人的生活实际，易于实施；

②具有主动性、目的性、系统性特点，可以减少人为性，有良好的内在效度和较高的外在效度。

自然实验研究法的缺点：

①自然条件下的实验控制难免具有漏点，外生和内生变量较多；

②因为研究工作需要依被试者发展的自然顺序进行，因此耗时较长。

（2）实验室实验研究法

实验室实验研究法，是指在实验室内利用专业的实验仪器、设备、设施，严格控制实验条件，主动创造条件，以激发、刺激被试验者的心理行为反应，从而探索自变量和因变量之间关系的一种方法。

实验室实验研究法的优点：

①重复性强、可控性性强；

②方便快捷、项目完成时间快速；

③实验者可以随机安排被试，使他们的特点在各种实验条件下相等，从而暴露出自变量和因变量之间的关系，内在效度高；

④精确度高、可信度高。

实验室实验研究法的缺点：

①耗资巨，专业实验室投资较高；

②由于实验过程是在封闭的人为环境下进行的，与现实生活条件有差距，外在效度差；

③在实验室环境中难以消除被试者的反应倾向性和实验者对被试者的影响，研究被试者的代表性仍存有质疑。

（3）现场试验研究法（亚轩研究法）

现场试验研究法，是指在真实的情境中，对被试者的行为进行一切可能的控制，求证被试者心理变化规律和基于心理机制的行为规律，揭示自变量和因变量间关系的方法。

现场试验研究法的特点：试验者可以在“现场”进行结构性和持续性观察。这是李亚轩领导的亚轩研究院长期应用的试验研究方法，所以也称为亚轩研究法。

现场试验研究法的优点：

①由于被试者不知道自己当了被试者，所以不会产生反应偏向，隐蔽性、真实性和概括性较高，外在效度高；

②由于控制了自变量，所以可以看出需研究的变量间的因果关系；

③实验设计最简单，没有控制组也没有前测，只有一个实验刺激，试验成本低。

现场实验研究法的缺点：对自变量控制程度较低，无关因素影响的可能性较大。

（五）访谈调查法

1. 研究者通过口头信息沟通交流方式，根据预先拟好的问题向被研究者以一问一答的方式进行调查研究，分析受访者的心理变化特质和基于心理特质的行为现象。

2. 访谈调查法通常分为结构化访谈和无结构化访谈两种方式：结构化访谈，即按照自己事先设定的具有固定结构的统一问卷进行访谈，所有受访者皆遵循同一程序；无结构化访谈，则是鼓励受访者用自己的语言发表自己的看法，提问者只起到引导作用。

访谈调查法的优点：双向沟通，加强感情交流，增加相互了解。访谈调查法的缺点：①无法完全避免主观因素，无法避免因暗示、诱导所形成的信息失真；②难以把控样本偏差。

例如，1936 年美国大选前夕，媒体调醒了200 万人，并预测兰登将获得比罗斯福更多的选票，结果如何？预测错误。原因在于被试抽样的代表性问题。

（六）问卷法

1. 研究者根据研究课题的要求，设计出内容明确的问卷量表，让被试者根据个人情况自行选择回答，然后通过汇总分析这些回答结果来研究被试者心理状态的方法。

2. 问卷法主要有 3 种形式：①是非式：只有“是”与“非”两种答案，重点考察倾向性；②选择式：从并列的多种答案中按实际情况选择，重点考察个人需求；③等级排列式：按重要程度次序排列选项，重点考察个人价值观。

问卷法的优点：①高效、便于分析；②应用范围广；③可以运用数据分析方法进行量化处理。

问卷法的缺点：难以避免受试者答案的随意性。

（七）心理测验法

1. 心理测验法，指使用标准化的量表或精密仪器来测验被试者的智力、性格、态度、个性特征等心理的方法。

2. 心理测验法主要分为：①按测验的内容：智力测验、个性测验、态度测验、能力测验；②按测验的方式：文字测验和非文字测验；③按测验的方法：问卷测验、操作测验、投射测验；④按测验的目的：描述性测验、诊断性测验、预测性测验；⑤按测验的要求：最高行为测验、典型行为测验；⑥按测验的运用：教育测验、职业测验、临床测验。

心理测验法优点：①可在短时间内了解许多人的一个或多个特点；②可以从数量上比较个人之间的差异。

心理测验法缺点：①复杂，烦琐，技术能力要求高；②目前所使用的测验量表还不够完善，信度和效度数低。

（八）量化研究法（数理模型研究法）

1. 量化研究法，指通过建立数学模型分析研究各要素之间关系的方法。和物理模型不同，读心研究的模型往往是动态型、描述型和抽象型的模型。

2. 库尔特·勒温（Kurt Lewin）是第一位尝试研究并建立了动态模型的学者，其数理模型如下：

B = f(P，E)

B（心理）

P（内部力场）

E（外部力场）

3. 读心研究的研究趋势，已开始由定性分析逐步深入到量化分析，更多采用数学手段。美国麻省理工学院已开始用数理统计方法进行读心的研究。数理模型分析必然会成为未来读心研究分析方法的主流方法。

三、研究结果的数据处理

常用的数据处理方法有集中趋势分析、离中趋势分析、抉择分析、相关分析、回归分析和因素分析等方法。

（一）集中趋势分析

最常用的指标有算数平均数和中位数。

（二）离中趋势分析

度量离中趋势最常用的指标是标准差。

（三）抉择分析

用数量指标对每种情形下可能有或没有的心理现象进行分析的方法。它主要包括结构关系指标和对比关系指标两种。

（四）相关分析

用于揭示两个或多个变量之间关系的方法。一般用相关系数作为度量的具体指标。

（五）回归分析

通过建立回归方程，利用一个变量或一组变量的变化来估计或预测另一个变量或一组变量的变化。

（六）因素分析

探究数据的基本结构，简化数据，并对探索出的因素进行命名的适用于多元统计的一种数据处理方法。

第三部分 读心研究的发展历程

读心研究，形成于20世纪初，发展于20世纪50年代，进入21世纪开始走向成熟。

第一节 读心研究形成的背景

一、技术经济社会背景

从18世纪的英国工业革命开始至20世纪初，由于技术和工业革命引发的生产力的迅速发展，使社会生活发生了巨大的变化，读心研究开始被推到了企业管理的前沿。读心产生的社会背景主要表现在三个方面：

（一）技术环境的变化

技术环境泛指根据生产经验和自然科学原理而发展成的各种工艺操作方法与技能改良、进步状况。在整个工业革命中，技术环境的重大变化共经历了两次：

1782年，詹姆斯·瓦特（James Watt）改良了具有历史里程碑意义的蒸汽机，解决了大工业发展的动力问题，使生产力的发展从铁器时代进入了机器时代；19世纪电磁学的发现，引起了第二次技术革命，电力的广范应用，出现了一系列新兴工业部门，从而把生产力推进到电力时代。

19世纪后半期，欧洲和美国已从早期的机械发明和简单的工业生产走向迅速发展的重工业时代。特别是美国，工业生产在19世纪末已跃居世界第1位。

美国福特创造了以传送带为核心的管理，采取流水作业法，建立了世界上第一条汽车流水生产线。仅仅一年时间，劳动生产率就提高了十几倍。美国福特T型汽车的生产自1904年到1921年，仅十几年的时间汽车年产量增加了549倍，成本降低了2.4倍。

工业革命后的大机器生产时期，发生了人机关系不相适应的现象。大机器生产条件下，工人被分割在流水线上，操作简单，看不到自己制成完整的产品，体验不到“成就”的乐趣；而且必然要延长劳动时间，加快机器的运转，加剧了生产线作业工人的不适应，给生产管理带来了实际问题。促使管理学、心理学、社会学家关注人机矛盾问题。一些心理学家指出，当时的机械设计往往只从力学观点出发，而对工人使用机械是否适应则缺乏研究，结果不仅浪费了人力，而且酿成许多差误和事故。

“二战”以来，随着自动化的提高，人们已日渐认识到，在人机系统中，人是占主导地位的。第一，工业心理学的研究从人如何适应机器向机器怎样适合于人转变。其结论是，人与机器应相匹配，才能提高生产效率。第二，要解决生产力迅速发展时期的劳动力素质问题。劳动力素质包括劳动者的体能和智能。复杂的机器生产，具有产量大、速度快、精确度高的特点，要求人具有与其相适应的智能。20世纪40年代，电子计算机、电视工业、原子能电站、宇航工业的发展，脑力劳动的比重也随之不断地提高。

以上问题均是管理的问题，然而进入管理的深水区就会豁然发现心理层面。所以，大工业生产离不开管理中的心理研究。

（二）经济环境的变化

伴随企业规模的扩大和国际化布局，涉及国家政治、经济、资源的研究和公关，涉及超大供应链管理，涉及国际市场营销战略和策略，涉及生产体系改良和提升，涉及产品和企业技术研发和升级，涉及企业成本控制体系改造，涉及市场战略整合，涉及企业文化建设，投资者对其全面、直接、系统的管理已力不从心，于是出现了专业管理阶层（职业经理人），使得管理成为一个专门的领域。管理学界开始尝试把分散在经济学、技术学、军事学、管理学、心理学中的相关管理知识引用到企业管理理论和运作中。

资本兼并和产业集中是大工业时代的基本特征。20 世纪 20 年代，美国 7000 家制造公司和矿业公司、5000 家公用事业公司实现了合并。个人与领导者的关系更加复杂，涉及员工的激励、信息沟通、人际关系等等，从而使心理学与管理学的融合和读心研究的深化成为无法回避的趋势。

（三）社会环境的变化

工业革命同时也是社会革命，工业革命改变了社会结构。19 世纪后期到 20 世纪初，生产力迅速发展，劳资矛盾日益突出。据统计，1906—1914 年，美国有 530 万工人罢工。20 世纪 30 年代的资本主义经济危机，劳资对立更为严重。欧洲、美洲国家和开始工业化驱动的部分亚洲、非洲国家工会、政党、政治思想层出不穷。

经济管理中面临的这种严峻局面，需要许多社会学家、心理学家参与管理系统的研究。一些有识之士意识到，继续用严格监督、强制和约束手段对付工人已难奏效，解决人的积极性问题不得不研究读心。

二、管理学的拉动

18 世纪后期至 19 世纪末，科学管理的理论并没有形成。工业革命的先行者——英国的企业主在企业管理中互相封闭保密，阻碍了管理科学的研究和传播。传统的经验管理和管理思想严重滞后于当时技术进步和企业的发展，许多工厂的产量都远远低于额定产量。这种情况迫使一批工程技术人员和管理人员努力把当时科学技术和最新成就运用于管理，他们突破了传统的管理观念，使经验上升为科学理论。这一时期大体从 20 世纪初至 40 年代，代表人物较多，如美国的泰勒，法国的法约尔，德国的韦伯。

弗雷德里克·温斯洛·泰勒（Frederick Winslow Taylor，1856—1915）是科学管理的创始人和主要代表人物。1900 年开始，他在工厂实验的基础上，先后提出了劳动定额、工资定额、工作流程图、差别计件工资制、岗位职能制等一系列科学管理的制度和方法，统称“泰勒制”。泰勒虽不是心理学家，并且他的理论重物不重人，然而他在按客观规律解决管理生产问题，必然使自己的研究符合心理规律的要求。譬如，他提出对工人进行培训和选择，对工人操作的“时间—动作”分析，无不与心理有关。科学管理理论成为读心研究的思想导源。

泰勒的科学管理无法阻止20世纪20年代整个美国工业时常发生的生产力和生产标准下降的问题，人们开始重视人的因素。美国的一些心理学家和社会学家相结合，对企业管理中提高人的生产效率问题进行了许多实验，并形成了管理中一个对后来的管理心理学产生重要影响的人际关系学派（又称行为科学学派）。这个学派的形成是以著名的霍桑实验为基础的。

美国哈佛大学教授乔治·埃尔顿·梅奥（George Elton Mayo，1880—1949）等人从1927年开始，在芝加哥城的霍桑电气工厂进行了为期9年的大型现场实验，实验是探求人的工作环境与生产效率之间的关系，诸如湿度、温度、休息时间、福利等等。研究结果发现：影响生产效率的主要不是物质因素和经济因素，而是工人心理或社会因素。梅奥在1933年出版了《工业文明中的人的问题》一书，对霍桑实验作出了总结，提出了与传统管理理论不同的新观点，成为人际关系学派的理论代表作。其基本观点是：人不是只追求金钱收入的“经济人”，他们还有社会心理方面的需要；管理要转向以人为中心的管理；要重视人群体的研究；要建立新型的领导、监督关系。人际关系学说正式提出了读心研究的核心问题，实际上把管理问题引向了读心理论。人际关系学说奠定了读心理论的基础。

三、心理科学的推动

19世纪后半期，心理学已经成为一门独立的科学，具有自己的体系、概念和实验手段。20世纪初社会学、社会心理学也成为独立的学科，这就为读心理论的产生提供了生成资源。

心理技术学是最先把心理学运用于工业企业的一门学科。最早对心理技术学进行具体研究的是美国哈佛大学教授雨果·闵斯特伯格（HugoMunsterberg，1863—1916）。1910—1914年，他发表了《心理学与经济生活》《心理工艺学原理》等著作，强调心理学可以为工作选择有适当品质的工人，可以找到生产效率最高、最令人满意的工作条件；他还强调人的愿望、兴趣在生产活动中的重要性，利用心理学研究工人的工作动机和减轻工人疲劳。闵斯特伯格的研究已经触及读心理论的内容。

直接促进工业心理学发展的还有英国心理学家高尔顿、美国的卡特尔，他们都为工业心理学应用的测验和选拔工人的方法奠定了基础。

两次世界大战期间，各交战国大都把心理学运用于军队。以美国为例，1917 年就成立了 17 个战争心理问题研究会。心理学家设计和进行心理测验选拔飞行员、气象观察员、海底电话员、潜艇监察员等具有特殊能力的兵种。另外还有对情绪不稳定人员的心理治疗。这些研究大大扭转了把人当作一种机械力源泉的错误观念，把人的因素、人的心理特点、特别是人的能力作为设计武器装备、加强管理的核心看待。可见，读心理论被具雏形与两次世界大战中把心理学运用于战争并取得成果是分不开的。

心理科学经冯特的努力变成实验科学，其生命力主要表现在两个方面：一是出现了学派论争的局面，各学派都各自提出自己的理论，丰富和发展了心理科学；二是各学派都注重并坚持实验研究，其中许多是对生产及管理的研究。这些为读心理论的诞生提供了良好的土壤。

在早期的群体理论中，对于读心的形成有很大影响的，还有德国心理学家勒温提出的“群体动力说”。勒温曾借用物理学中“磁场”的概念，认为人的心理、人的行为决定于人的内在需要和周围环境的相互作用。当人的需要未得到满足时，会产生内部力场的张力，客观环境中的一些刺激起着导火索的作用。人的行为的动向取决于内部力场与情境力场的相互作用。1933 年以后，他又把心理场理论用于研究群体行为提出了群体动力的概念。群体的行为不等于群体中成员个人行为简单的算术总和，因而会产生一个新的行为形态。勒温的学生对影响群体行为的诸因素（如群体规范、沟通、领导等）进行了深入的研究，这些研究构成了读心理论的基本内容。1934 年，美国社会心理学家莫里诺创造了社会测量法，更加便于对群体中各成员之间的关系进行分析，帮助人们认识群体凝聚力、群体结构等人际关系的问题。

第二节　读心研究的理论奠基

读心理论形成的源头可追溯到西方管理学的形成和心理学在工业中的

应用。管理思想虽然由来已久，但在西方学界和管理界成为系统的管理理论，则是在19世纪末20世纪初。从其发展的历史及其内容来看，西方管理理论各学派的形成基本分为三个阶段：古典管理理论阶段、人群关系理论阶段、当代管理理论阶段。而读心理论的萌芽时期主要在古典管理理论阶段。

一、以泰勒为代表的古典管理理论阶段

弗雷德里克·泰勒是管理学界和管理界公认的“科学管理之父”，他开创了科学管理的新纪元。迄今为止，所有的管理理论都是在泰勒科学管理理论基础上承袭、衍生、改良和发展起来的。泰勒管理学理论是基于大量实验数据和实证分析的结果。

1898年，泰勒对伯利恒钢铁公司搬运生铁块和使用铁锹的实验，改进了操作方法，训练了工人的熟练程度，得出每一套动作的精确时间和一个“一流工人”每天应该完成的工作量。这一实验研究的结果：堆料场的劳动力从400～600人减少为140人，平均每人每天的操作量从16吨提高到59吨，每个工人的日工资从1.15美元提高到了1.88美元。

“科学管理”理论的主要内容概括为以下8个方面：

1. 科学管理的中心问题是提高效率。泰勒认为，要制定出有科学依据的工人的“合理的日工作量”，就必须进行工时和动作研究。方法是选择合适且技术熟练的工人，把他们的每一项动作、每一道工序所使用的时间记录下来，加上必要的休息时间和其他延误时间，就得出完成该项工作所需要的总时间，据此定出一个工人“合理的日工作量”。这就是所谓的工作定额原理。

2. 为了提高劳动率，必须挑选“第一流的工人”。

3. 要使工人掌握标准化的操作方法，使用标准化的工具、机器和材料，并使作业环境标准化，这就是所谓的“标准化原理”。

4. 实行刺激性的计件工作报酬制度。

5. 工人和雇主两方面都必须认识到提高效率对双方都有利，都要来一次“精神革命”，相互协作，为共同提高劳动生产率而努力。

6. 把计划职能同执行职能分开，变原来的经验工作法为科学工作法。

所谓经验工作法是指每个工人用什么方法操作，使用什么工具等，都由他根据自己或师傅的经验来决定。

7. 实行“职能工长制”。泰勒主张实行“职能管理”，即将管理的工作予以细分，使所有的管理者都只承担一种管理职能。

8. 在组织机构的管理控制上实行例外原则。

二、韦伯的组织理论

马克思·韦伯（Max Weber）提出了所谓理想的行政组织体系理论（也叫科层制）。这一理论的核心是组织活动要通过职务或职位而不是通过个人或世袭地位来管理。这种科层制是韦伯根据纯粹理想型观点提出的社会组织内部职位分层、权力分等、分科设层、各司其职的组织管理结构形式及管理方式。

（一）组织管理结构形式及管理方式的主要特征

1. 内部分工，且每一成员的权力和责任都有明确规定；
2. 职位分等，下级接受上级指挥；
3. 组织成员都是具备各专业技术资格而被选中的；
4. 管理人员是专职的公职人员，而不是该企业的所有者；
5. 组织内部有严格的规定、纪律，并毫不例外地普遍适用。
6. 组织内部排除私人感情，成员间的关系只是工作关系。

（二）科层制的结构和运行机制

韦伯认为，科层制的结构和运行机制主要包括如下内容：

1. 组织或机构中的成员是由一些专业人员充当的，他们受过专门训练，因而胜任本职工作，是有能力完成工作任务的人，即该组织结构是一个能人结构。

2. 组织和机构中的成员行动受既定的严格而缜密的活动规则的指导。不仅是下级成员，就是上层领导也要严格遵照既定规则和章程行事。因而科层制实行的是规则管理，是一种只见规则不见成员的管理。

3. 这种管理方式带有明显的机械性，每一个成员都被当作组织这个严密规则系统中的一个承担某项任务的部件，而不是具有复杂动机和情感的人。

韦伯的这一理论使他得以根据组织内部的权威关系，揭示出不同的组织所具有的特性。韦伯对权力和权威作了区分。韦伯指出：权力是无视人们反对，强迫人们服从的能力；而权威则意味着人们在接受命令时是出于自愿，为此，在权威制度下，下级把上级发布的命令看作是合法的。

（三）组织形态

根据这种权威合法化的方式，他描述了三种不同的组织形态：合理—合法的组织、传统的组织、神授的组织。其中每一种组织形态都有其独特的管理机构或管理体制。当然在现实生活中，任何组织都可以是三种组织形态的不同结合。

韦伯根据以上三种不同的组织形态，提出权力也有以下三种形式：

1. 神授的权力；
2. 传统的权力；
3. 合理—合法的权力。

韦伯从纯技术的观点看，认为科层制是效率最高的组织形式。

第三节　读心理论的形成

读心理论的早期形成同工业心理学的兴起是分不开的。为了获得更高的生产效率，心理学家、生理学家早就已经开始注意如何将重点放在有效地利用人的某些心理—生理资源上了。

尽管心理学在泰勒制出现之前，就已经是一门早已成立的科学，但是这门学问直接应用于企业，研究如何适应和转变工人的心理、激发工人的动力，以发挥生产效率，是20世纪初期才开始探索的。

一、读心理论的形成探索

（一）雨果·芒斯特伯格

雨果·芒斯特伯格（Hugo Munsterberg，1863—1916），是工业心理学的创始人、行为科学的先驱，他在《心理学与工业效率》（1912）、《应用心理学要点》(1914)、《企业心理学》中，研究了人员甄选、职业伦理、工作绩效的心理因素。

雨果·芒斯特伯格的主要观点如下：

1. 寻求如何使人们的智能与其所从事的工作相适合；

2. 在什么样的心理条件下，才能从每个人的工作中获得最大和最令人满意的产出；

3. 企业如何去影响工人，以便从他们那里获得最好的结果。

(二) 莉莲·吉尔布里思

莉莲·吉尔布里思(Lillian M. Gilbreth)在1914年发表了自己的博士论文——《管理心理学》，该文主要内容如下：

1. 把早期的心理学概念应用到科学管理实践中；

2. 关心工作中人的因素；

3. 必须首先关注工人，并且要了解他们的个性和需要；

4. 工人很多的不满，并不是因为工作的单调，而是因为管理人员对工人的关心不够。

(三) 沃尔特·迪尔·斯科特

沃尔特·迪尔·斯科特(Walter Dill Scott)作为人事管理创始人在《量化考核方法选择雇员》一文中开创了用可控的实验方法进行心理测试，应用于职业选拔和培训。

无论是雨果·芒斯特伯格(Hugo Munsterberg)、莉莲·吉尔布里思(Lillian M. Gilbreth)，还是沃尔特·迪尔·斯科特(Walter Dill Scott)都只是读心理论形成的先行探索者。读心理论真正的开山鼻祖是乔治·埃尔顿·梅奥(George Elton Mayo，1880—1949)，梅奥先后在澳大利亚的昆士兰大学、美国宾夕法尼亚大学、美国哈佛大学任教。霍桑试验，才真正进一步把心理学、社会心理学、人类学、管理学等各项学科结合起来，对企业中人的心理与行为进行综合探索、试验。

读心理论诞生的标志是著名的“霍桑试验”，霍桑试验提出的“人际关系学”成为读心核心理论的一个主要内容。

二、梅奥的“霍桑试验”及人群关系学说

1924—1932 年，梅奥等人在美国芝加哥郊外的西方电器公司的霍桑工厂进行了具有读心理论里程碑式意义的“霍桑试验”。霍桑工厂是一个制造电话交换机的工厂，具有较完善的娱乐设施、医疗制度和养老金制度等，但工人们仍然充满抵触，效绩不佳。

霍桑试验包括以下四个方面的主要内容：

（一）照明试验

梅奥等人的这个试验是研究照明条件的变化对生产效率的影响。试验结果，增加或减少照明对生产产量没有什么影响。生产条件的改变并没有按人们预期的那样导致生产效率的相应改变。相反，让工人们在特定条件下进行试验，参加人员认为这是管理当局对他们的格外重视；同时由于在试验中管理人员与工人之间，以及工人与工人之间有融洽的关系，因而促使了试验中两组产量的提高。这充分表明，良好的心理状态与人群关系比照明条件更为重要，更有利于提高工效。

（二）福利试验

梅奥选出 6 名女工在单独的房间里从事装配继电器的工作。在试验过程中逐步增加一些福利措施，如缩短工作日，延长休息时间、免费供应茶点等。试验进行了 2 个月之后取消了各种福利措施。而试验的结果仍与学者们的设想相反，产量不仅没有下降，而是继续上升。经过深入地了解分析发现，这依然是融洽的人群关系在起作用。这个试验表明，人群关系在调动积极性、提高产量方面，是比福利措施更重要的一个因素。

（三）群体试验

梅奥等人在这个试验中选择 14 名男工在单独的房间里从事焊接和检验工作。对这个班组实行特殊的计件工资制度。实验结果表明，产量只保持在中等水平，每个工人的日产量平均都差不多，而且基于他们群体的利益，自发地形成了一些规范。他们约定，谁也不能干得太多，突出自己；谁也不能干得太少，影响全组的产量。工人为了维护班组内部的团结，可

以放弃物质利益的引诱。梅奥由此提出“非正式群体”的概念，认为在正式的组织中存在着自发形成的非正式群体，这种群体有自己的特殊规范，对人们的行为起着调节和控制作用。同时，加强了内部的协作关系。

（四）谈话试验

梅奥等人在霍桑工厂组织了大规模的态度调查，这项谈话试验收到了意想不到的结果，霍桑工厂的产量大幅度提高。这是由于工人长期以来对工厂的各项管理制度和方法有许多不满，无处或不敢表达。调查者使他们发泄出了积蓄已久的不满，因而使人感到心情舒畅，从而大幅度地提高了产量。

以上四项试验一直进行到 1932 年方告结束。最后得出的结论是：

生产条件的变化固然影响劳动者的生产热情，但生产条件与生产效率之间并不存在着直接的因果关系；生产条件并非是增加生产的第一要素；改善劳动者的士气（态度）及人与人的关系，使人们心情愉快地工作并对自己的工作感到满足，才是增加生产、提高工效的决定性因素。

1933 年梅奥出版了《工业文明中的问题》一书，全面地总结了霍桑试验的结果，系统地提出了人群关系论的许多重要的管理观念：

一是传统管理思想把人假设为“经济人”，认为金钱是刺激积极性的唯一动力。霍桑试验认为，人是“社会人”，影响人的生产积极性的因素，除物质条件外，还有社会、心理因素。

二是传统管理思想认为，生产效率主要决定于工作方法和工作条件。霍桑试验认为，生产率的提高和降低主要取决于职工的“士气”，而士气则取决于家庭和社会生活，以及企业中人与人之间的关系。

三是传统管理思想只注意“正式群体”问题，诸如组织结构、职权划分、规章制度等。而霍桑实验还注意到存在着某种“非正式群体”。这种无形的组织有其特殊的规范，影响群体成员的行为。

四是霍桑实验还提出了新型领导能力问题。它提出领导在了解人们合乎逻辑的行为时，还须了解不合乎逻辑的行为。要善于倾听和沟通职工的意见，使正式组织的经济需要与非正式组织的社会需要取得平衡。试验的结果证明，新型的领导能力在于通过职工心理需求的满足度来达到提高劳动生产率和工作效率的目的。新型的领导艺术在于使正式组织满足职工经济需求的功能与非正式组织满足职工的心理需求之间保持平衡。

霍桑试验的结论以及在此基础上所总结出来的人群关系理论，在企业管理领域有着重要的意义与深远的影响。它第一次正式地把社会学、心理学引入到企业管理领域中来，因而有力地冲击了传统的管理理论，使管理者认识到他们的下属都是一些有思想、有情感的活生生的人，而所谓团体，就是由这些具有不同心理特征的人所组成的人群组织。因此，作为一个管理者或领导者，不仅必须具有组织、协同和控制整个组织经营运作的能力，还必须具备满足职工社会与心理需求以激发职工积极性和创造性的能力、控制或操纵整个群体的能力。所以，人群关系论的出现，使得西方国家的企业管理开始注重人的因素的研究，使企业家认识到，人和物比较起来，人是企业的主体，只有充分发挥人的主动作用，才能充分发挥现代技术的作用。因而使企业的管理手段，由原来的只重视机器的作用，逐步改变为更加重视人的作用。

梅奥通过霍桑实验提出的“人际关系”理论，为读心理论的形成奠定了实验的理论基础。梅奥在西方心理学界和管理学界被公认为工业社会心理学的创始人和管理心理学的先驱。

人际关系学说为管理科学和管理实操开启了崭新的路径和方向。它突出了生产中人的因素，标志着读心理论的真正形成。

三、莫雷诺的社会测量学

社会测量学的创始人是雅各布·莫雷诺（Jacob Levy Moreno，1889—1974），他提出了社会测量学理论。作为一种测量技术，现已得到广泛的运用。这种技术主要是采用填写问卷，让被试者根据好感或反感对伙伴进行选择，并把这种选择用图表示出来，这样可以使人们对群体中各成员之间的关系进行分析。

莫雷诺认为，社会测量学是“一种确定和测量个人对社会生活中的其他人作出的社会反应的方法，这是一种用来描述个人希望同其伙伴结成何种程度和何种形式的密切关系的手段”。

四、勒温的群体动力理论

拓扑心理学的创始人、实验社会心理学的先驱、德裔美国心理学家库尔特·勒温（Kurt Lewin）借用物理学中“磁场”的概念，把人的过去、现在形成的内在需求解读为内在的心理力场，把外界环境因素看成是外在的心理力场。人的心理活动是现实生活空间内在的心理力场和外在的心理力场相互作用、影响。因此要测定人的心理和行为就必须了解完成这一行为的内在的心理力场和外在的心理力场的情境因素。

勒温据此提出了心理力场的理论公式：

$$B = f(P, E)$$

其中 B 是个体行为，P 是个性特征，E 是环境，f 是函数。这个公式表明，人的行为是个性特征与环境相互作用的函数关系或结果。

勒温最初用“场”的理论研究个体行为。后来又把“场”的理论扩大到群体行为的研究，提出“群体动力”的概念。所谓“群体动力”就是指群体活动的方向和对其构成诸因素相互作用的合力。勒温认为，正像个体和他的环境形成心理场一样，群体和它的环境则形成社会场。社会行为来自现存的社会实体，也发生于现存的社会实体中。为此，群体行为决定于特定时间内现存的整个场的情景。

群体动力学的研究结果认为，人们结成的群体并不是静止的、不变的，而是处于不断相互作用、相互适应的动态过程。勒温在他的著作《群体动力学的新领域》中，进一步说明群体成员之间各种力量相互依存和相互作用的关系，认为群体不是个体的简单的总和，而是超越了总和。群体对个体能发生巨大的影响，个人在群体中会产生不同于处在单独环境中的行为反应。因为群体活动的方向同样取决于内在的心理力场与外在的心理力场的相互作用。

群体动力理论对于读心理论的形成和发展有着重大的影响。在群体动力理论的影响下，不少学者开始研究不同的领导类型对集体心理气氛和群体行为的影响，领导行为的训练，意见沟通，团体审议等课题，对于丰富发展读心理论做出了贡献。

五、马斯洛的需要层次理论

需要层次理论由美国心理学家马斯洛（Abraham H. Maslow）创立。20世纪40年代，马斯洛发表了《人的动机理论》新作，论述了作为人的动机基础的需要层次理论。他认为人的需要可分为五类：生理需要、安全需要、社会交往需要、尊重需要和自我实现的需要。这五类需要从低级向高级依次发展，形成金字塔形的层次。要激发人的心理的内在诱因去努力工作，提高工作效率，就要采取有效的管理措施去满足职工的上述需要。马斯洛的需要层次理论对于管理学、管理心理学、读心理论的发展具有很大的影响。当前在全球尤其是西方各国的管理学、管理心理学、读心理论中几乎都把这个理论作为重要的基础理论。

以上是对读心理论发展有较大影响的几种基础理论，这些理论构成读心理论形成时期的基本内容，成为读心理论发展的基石。

第四节　读心理论的发展与成熟

第二次世界大战以来，由“霍桑试验”产生的“人群关系论”已经影响到企业管理，企业界开始注重从社会学、心理学的维度调动企业中人的积极性问题。

20世纪50年代初，读心真正发展成为一门独立的学科。1949年，在芝加哥大学召开的一次跨学科的讨论会上，正式把这门综合性的学科定名为“行为科学”。至此，行为科学取代了人群关系理论，形成了行为科学学派，从而促进了读心理论的进一步发展。

20世纪70年代，除亚洲新兴市场外的全球经济动荡、政治骚动，达到空前的程度。石油危机雪上加霜，企业所处的环境凸显出不确定性。但科学管理理论、行为科学理论等，主要侧重于研究企业内部组织的管理，追寻普适的、合理的模式，而这些管理理论在解决企业面临瞬息万变的外部环境时显得无能为力。正是在这种情况下，人们不再相信管理会有一种最好的行事方式，而是必须随机地处理管理问题，于是形成一种管理取决于所处环境状况的理论，即权变理论。

菲德勒提出的“权变领导理论”开创了以权变思维研究读心理论的崭新阶段，使以往盛行的领导形态学理论研究转向了领导动态学研究的新轨道。他本人被西方管理学界称为“权变管理的创始人”，对当代领导学和管理学的发展产生了重要影响。

读心理论起步虽晚，但是这门科学理论的开创和发展，得到了学术界、企业界、军界的高度认可。它已被广泛地应用于现代企业、现代政治和现代军事的管理之中。它的普遍应用的结果，对于激励组织内的个体和群体积极性、缓和紧张的劳资关系、上下级关系起到了重要作用。

一、西方相关理论的动态成果

(一) X 理论和 Y 理论

美国著名的行为科学家、人际关系学派最具有影响力的思想家道格拉斯·麦格雷戈（Douglas M. McGregor），是人性假设理论创始人，麦格雷戈创立了“X 理论”和“Y 理论”。

1. X 理论

（1）X 理论是指领导和控制的传统观点，它的假设是：

①一般人有一种不喜欢工作的本性，只要有可能，他就会逃避工作；②由于人类的不喜欢工作的本性，对于绝大多数人必须加以强迫、控制、指挥，以惩罚相威胁，以便使他们为实现组织目标而付出适当的努力；③一般人宁愿受指挥，希望逃避责任，较少有野心，对安全的需要高于一切。

麦格雷戈认为，在现代工业实践中流行的是这种 X 假设。各类管理思想大抵都是以“X 理论”的假定为基础而推演出来的。

（2）根据 X 理论，必然会导致下述的管理思想与措施：

①任何一个组织绩效之低落都是由于人的本性所致；②人必须在强迫与控制之下才肯工作，因而在管理上要求由分权化管理回复到集权化管理；③由 X 理论推导出的组织的基本原则被称为“阶梯原则”，即通过权威的运用以执行督导与控制；④从 X 理论出发，强调“组织要求”重于“个人需要”。

2. Y 理论

（1）Y 理论是指个人与组织目标融合的观点，它的假设是：

①运用体力和脑力从事工作，正同游戏和休息一样是自然的。一般人并不是天生不喜欢工作的；②外来的控制和惩罚的威胁并不是促使人们为实现组织目标而努力的唯一方法，人对自己所参与的目标能实行自我指挥和自我控制；③对目标的参与是同获得成就的报酬直接相关的，这些报酬中最重要的是自我意识和自我实现的需要得到满足，它们可能是为实现组织目标的的直接产物；④一般人在恰当条件下不但能接受、而且会追求责任，逃避责任、缺乏雄心和强调安全，一般是经验的结果，而不是人的天性；⑤不是少数人，而是许多人都具有解决组织的问题的相当高度的想象力、独创性和运作力；⑥在现代工业生活的条件下，一般人的智慧潜能只是部分地得到了发挥。

（2）根据 Y 理论，必然会导致下述的管理思想、原则与措施：

①任何一个组织绩效之低落都应归之于管理。例如，职工表现懒散，态度冷落，不愿承担责任，缺乏创造性，也不肯合作，是因为管理阶层所用的组织方法和控制方法不当。因为，按照 Y 理论，在组织的舞台上，人与人之间的协调合作假如有所限制的话，则决非由于人类本性所限制的，而是由于管理阶层的能力不足，未能了解如何充分利用人力资源潜力的缘故；②人是依靠自己的主动性、天资禀赋去工作的，因而在管理上要求由集权化管理回复到参与管理；③由 Y 理论推出组织的基本原则称为“融合原则”，即创造一种环境，以使组织中的成员在该环境下，既能达到各成员本身的个人目标，又要努力促进组织的成功；④从 Y 理论出发，强调要同时兼顾组织的需要与个人的需要。显然，职工要按照管理阶层的看法来调节他们自己的行为，适应组织的需要，而不是脱离组织目标，单纯地追求个人目标。职工努力的结果，使企业获得了成功，从而能分享这份成功的果实。

3. 超 Y 理论

超 Y 理论对人性的假有下述几点：

①人们带着各式各样的需要和动机来到工作单位，但主要的需要是取得胜任感。胜任感是指一个工作组织的成员，成功地掌握周围的世界，其

中包括所面对的任务而积累起来的满意感；②取得胜任感的动机尽管人人都有，但不同的人可以用不同的方式来实现，这取决于个人的信任感需求与其他需求，诸如权力、独立、结构、成就和交往的相互作用；③如果任务和组织相适合，胜任感的动机极有可能得到实现；④即使胜任感达到了目的，它仍继续起激励作用。一旦达到一个目标后，一个新的、更高的目标就树立起来了。

（二）四种人性的假设

1. 经济人

经济人，也称“实利人”。这种假设起源于亚当·斯密（Adam Smith）关于劳动交换的经济理论，认为人的行为动机就是为了满足自己的私欲，工作是为了得到经济的报酬。需要用金钱和权力，组织机构的操纵和控制，使员工服从与维持效率。

（1）雪恩（Edgar H. Schein）在此基础上进一步指出，经济人假设包括以下几点：

①职工们基本上都是受经济性刺激物的激励的，不管是什么事，只要能向他们提供最大的经济效益，他们就会去干；②因为经济性刺激物是在组织的控制之下，所以职工们的本质是一种被动的因素，要受组织的左右、驱使和控制；③感情这东西，按其定义来说，是非理性的，因此必须加以防范，以免干扰人们对自己利害的权衡；④组织以能够而且必须控制住人们感情的方式来设计，因此也就是要控制住人们的那些无法预计的品质。

雪恩进一步认为，有关 X 理论中的人性假设是以上说明之外的附加的假设。这说明 X 理论中的人性假设与上述经济人假设是一致的，二者互为补充、说明。

（2）根据经济人假设而制定的管理策略：

①组织是用经济奖酬来获取职工们的劳务与服从；②管理的重点是工作效率，而对人们的感情和士气方面应负的责任是次要的；③如果人们工作效率低、情绪低落，解决办法就是重新审查组织的奖酬刺激方案，并加以改变。

（3）雪恩已经看到并认为，采用经济人假设而设制的管理策略，会造成一定的消极影响与负作用。这些消极作用表现为：

①管理者只能指望人们所干的工作，不会超过奖酬与控制制度所鼓励并允许他们所干工作的范围。这说明，管理者奖酬什么，人们就干什么，更多的奖酬之外的工作是不会去干的；②管理者认为人们只靠钱刺激才能动一动，由此而采取的管理策略会把人们训练成为仅以此方式工作的人，造成“多给钱多干，少给钱少干，不给钱不干”的一切向钱看的消极后果。

2. 社会人

社会人假设，人的最大动机是社会需求，只有满足人的社会需求，才能对人有最大的激励作用。

这一理论以人际关系为重，以人的社会性为基础，提出用“社会人”的概念来代替“经济人”的假设。认为人的社会因素是不能忽视的，不能单纯从物质刺激方面着眼。而且在正式组织之外，还存在着非正式组织，这种非正式组织以人际关系为基础并存在着自定的行为准则，影响着人的生产行为。

社会人理论认为，要满足员工的社会性需要，培养他们对企业的归属感和整体意识。让员工充分发表自己的意见，提合理化建议，有助于生产积极性的提高。

（1）社会人假设可以概述如下：

①社交需要是人类行为的基本激励因素，而人际关系则是形成人们身份感的基本因素；②从工业革命中延续过来的机械化，其结果是使工作丧失了许多内在的意义，这些丧失的意义现在必须从工作中的社交关系里寻找回来；③和管理部门所采用的奖酬和控制的反应比起来，职工们会更易于对同级同事们所组成的群体的社交因素做出反应；④职工们对管理部门的反应能达到什么程度，当以管理者对下级的归属需要、身份感的需要能满足到什么程度而定。

（2）从社会人假设出发，采取的管理策略与措施：

①管理者不要把自己的注意力局限在完成任务上，而应更多注意为完成任务而工作的那些人的需要；②管理者不仅要注意对下属的指导与监控，更应关心他们心理上的健康、归属感与地位感；③管理者要重视班组

的存在，因此，在奖励时不仅考虑个人奖酬，更应考虑集体奖酬；④管理者的作用，不仅要抓计划、组织与控制，更要充当下级职工与更上层领导者之间的联络人，将下情（下级的需要与感情）上达。管理者不是简单的任务下达者，还要给职工创造条件、方便、富有同情心。

管理理论中的参与管理的新型管理方式就是在社会人假设基础上建立和发展的。

3. 自我实现人

自我实现人假设，人们力求最大限度地将自己的潜能充分地发挥出来，只有在工作中将自己的才能充分表现出来，才会获得最大的满足感。人们追求的是工作的成就、自我价值观的实现。即使能力低的人也会寻求任务完成的满足感。

（1）自我实现人假设概述如下：

①人具有寻求最大限度地利用自己的才能与资源的需要，即自我实现的需要。人的需要可以归结为由低到高多种需要组成的一个层次系统。当人的最基本的需要得到满足后，就会转而致力于较高层次的需要的满足；②厌恶工作并非是普通人的天性。相反个人总是追求在工作中变得成熟起来。他们通过行使一定的自主权，采用了长远的观点来看问题，培养了自己的专长和能力，并以较大的灵活性去适应环境等表现方式，来使自己真正变得成熟；③人主要还是由自己来激励和控制自己，外部施加的刺激物与控制很可能对人变成一种威胁，并把人降低到较不成熟的状态中去；④自我实现与组织的绩效这两方面并没有什么矛盾。如果给予适当的机会，职工们是会自愿地把他们的个人目标和组织的目标结合为一体的。

（2）根据自我实现人假设而设计的管理策略与措施，主要有以下几个方面：

①管理的重点：管理者要较多地考虑怎样才能使工作本身变得具有内在意义和更高的挑战性。经济人假设的管理重点是重视任务而轻视人的因素；社会人假设的管理重点是重视和关心人的需要；而自我实现人假设的管理重点又从重视人的因素转移到了重视工作环境上来，注重人的价值与尊严；②管理者的职能：管理者的主要职能应该是生产环境与条件的设计者、调节者。管理者与其说是一位激励者、指导者或控制者，不如说是一位

起催化作用的媒介者，是创造与提供方便的人。管理者要为发挥人的聪明才智创造适宜的条件，减少和消除职工在自我实现过程中所遇到的障碍；③奖励方式：强调内部奖励。

4. 复杂人

复杂人假设人是很复杂的，人们的需要与潜在欲望是多种多样的，而且这些需要的模式也是随年龄与发展阶段而变化，随所处境遇及人际关系而演变，随着角色的演变而变化。

雪恩在 20 世纪 60 年代末 70 年代初经研究表明，无论是经济人、社会人，还是自我实现人，虽然各有其合理的一面，但并不适用于一切人。在一个人的不同年龄、不同时间和不同的地点会有不同的表现。

（1）复杂人假设，可以概述为以下几点：

①人类的需求是多样的，并且会随着个体的发展和环境的变化而变化。各类需求对每一个人而言，其重要性程度不同，从而形成了一定的需要等级体系；②由于需求与动机彼此作用并组合成复杂的动机模式，所以满足需要达成激励目的的方式是复杂多变的。例如，当有人把金钱作为第一需求时，就需要通过满足金钱的需要来激励他；当有人将良好的人际关系作为第一需求，就需要与这些人建立良好的人际关系来激励他们；当有人将工作成就作为第一需求时，就需要让这些人在工作中达到自我实现获得满足；③人们可以在生活和工作情境中获得新的动机。这也意味着一个人在某一特定的职业生涯中或生活阶段上的总的动机模式是他的原始需求与他的组织经历之间一连串复杂交互作用的结果。④每个人在不同组织中或是同一组织中的不同部门中，可能表现出不同的需求；一个在正式组织中受到冷遇的人，可能会在工会或非正式群体中寻求满足其社交需求和自我实现需求。如果工作职务本身包含多样性的技巧要求，那么在不同时间及对不同的工作任务，就可能有众多动机发挥作用。⑤员工能够对多种互不相同的管理策略做出反应，这要取决于他们自己的动机和能力，也决定于工作任务的性质。换句话说，不会有什么在一切时间对所有的人全能起作用的唯一正确的管理策略。

（2）基于复杂人假设的管理策略与措施，主要有以下几个方面：

①管理者应注意采用不同的组织形式，以提高管理效率。组织形式必

须适应工作性质和职工的复杂的动机模式。换句话说，所谓正确的组织、管理或领导方式是要随大量的实际情景而定的。②管理者应根据企业的实际情况，采用弹性、应变的领导方法，而不能过于简单化、一般化。例如，在企业任务不明、工作混乱时，较严格的管理措施是适当的；而在工作秩序走上正轨，任务明确、分工合理时，民主的、授权的领导方式则是适当的。

（3）管理者应善于发现职工在需要、动机、能力和个性上的差异，因人、因时、因事、因地制宜地采取灵活多变的管理方式和奖励模式。复杂人假设的管理策略核心强调的是领导、管理、组织方式和方法的灵活性和变化性，即所谓的权变。

二、中国相关理论的研究概况

中国古代就有丰富的读心思想萌芽。譬如，最具代表且有史典记载的重要人物：姜尚、鬼谷子、孙子、诸葛亮。但是，中国古代读心思想仅仅处于萌芽和碎片思想闪光点状态，萌芽期长达2000多年之久，一直未能形成独立的学科。

科学、系统的读心理论在中国一直是一个空白区，20世纪80年代，中国学术界开始自西方大量引进相关理论，如管理心理学、心理学、管理学、运筹学等。中国企业界、学术界对行为科学与管理心理学的研究和应用也开始活跃起来。经过30多年努力，我国读心理论已取得了一些成果。

但是，我国在读心理论研究上并没有实质性突破，主要表现在：

第一，研究成果微薄，甚至趋于零成果。学术界要么依然活跃于对西方相关理论的引介和翻译界面；要么沉醉于以古之孔子、孟子、荀子、管仲、老子、庄子先贤等只言片语的萌芽思想牵强附会与西方现代读心相关理论进行不伦不类粘合。

第二，研究方法仍然停留在理论分析、糅合和求证之上，缺乏读心研究中不可或缺的现场研究方法（观察法、个案法、比较法），缺乏读心研究中必备的实验研究方法（自然实验法、实验室实验法、现场试验法），缺乏读心研究中常规的必需的调查研究方法（访谈调查法、问卷法、心理测验法），更缺乏量化研究方法（数理模型研究法）等现代科学研究方法。

李亚轩20余年来一直潜心于读心理论和应用研究，基于现代科学研究方法精心深耕该学科。李亚轩创建的亚轩实验室和亚轩社会调研所对个体、群体、领导者进行长期动态实验研究和调查研究，建立了读心理论的大型实验和调研数据库，并建立了相关数理模型。

第二篇

人的心理与管理

第一部分　个性心理与管理

个性，是人在一定的时间和情境条件下形成和发展得比较稳定的、倾向性的、本质的心理特征的总和，又称人格。个性包括气质、性格、能力等。

个性受空间情境和历史跨度影响制约，个性展示的是具象的、活生生的、动态变化着的人；每个人的个性都是不同的；个性特点是可以基于历史环境改变的。

第一节　个性（人格）心理特征及分类

一、个性的形成与发展

（一）遗传因素

如身高、体型、相貌、性别、生物节律、气质等。

（二）后天因素

即环境因素：文化背景、社会群体规范、生活条件等都可以影响甚至改变个性特征。

个性的后天形成和发展，大体都经历三个时期：

1. 婴幼时期：受父母、兄长及亲友的熏陶和影响，家庭成员在孩子的个性发展中起到关键基础作用。

2. 学生时期：受师长和同学的影响较深，师长和同学在个体的个性发展中起到关键成长作用。

3. 社会时期：这是个性发展最复杂的阶段，有许多因素影响和丰富着个性的发展。如融入群体的特质、结构，社会制度，经济发展，政治体制，文化教育等都对一个人个性的发展有重要影响。这个阶段通常是个性发展的成熟期。

二、个性的特征

（一）总和性

蕴含了人的各种心理特征（如气质、性格、能力、态度、价值观等）。

（二）稳定性

人的个性形成是一个渐进的过程，一旦形成，就会保持相对的稳定性。

（三）差异性

人与人之间个性特征存在明显的差异。

三、个性（人格）的分类

（一）按人的职业与感情特征分

1. A 型人格表现为：

①节奏快、效率高；②争强好胜；③精力充沛，同一时间可以处置若干事项；④无法处理休闲时光；⑤着眼于数字与数量。

2. B 型人格表现为：

①节奏低缓、不注重效率；②趋众取中；③事业心和责任心弱；④喜欢悠闲和散漫；⑤注重过程享受而非结果。

（二）按人的认知风格分

1. 感觉—感情型：通常表现为凭感觉办事，讲究实际，重视人与人之间的感情因素；

2. 直觉—感情型：通常表现为思考问题更多地带有理性色彩，富有想象力，希望别出心裁，重视感情因素；

3. 感觉—思考型：通常表现为讲究实际，重视细节，习惯于逻辑推理，循规蹈矩，喜欢与数字打交道；

4. 直觉—思考型：通常表现为重视抽象，习惯于不带有感情色彩的理性思维，喜欢在不涉及人际关系的部门工作。

（三）亚轩人格分类法

1. 高稳静中激扬型，通常表现为个性稳健，重效果、重数据，细致入微，善于观察和思考，学习力、表达力和感染力强，喜欢独立处置工作事项，对上级或相关人员的干预和点评非常反感，精力旺盛充沛。

这种类型的人宜于担任团队领导者、导演、系统架构师、资本运营专家、飞行和航海家、工艺或建筑设计师、律师、企业家。

2. 高稳静低激扬型，通常表现为个性稳定，内向聚敛，忠诚且有责任，重经验、重过程、重规则，细致入微，因循守旧，缺乏创新，缺乏进取，对新业态、新事物、新方案、新人具有极大的排斥性。

这种类型的人宜于从事军人和军事指挥官、产业工人和基层管理者、纪律监察、警察、安保、票据或物品管理、财务或金融、品质控制。

3. 中稳静高激扬型，通常表现为外向发散，积极进取，热情大方，学习力、理解力、表达力优秀，感染力极强，重形象、重诚信、重情义，精力旺盛充沛，多会因情感迷惘、因失败而气馁。

这种类型的人宜于从事外交官、政治家、牧师、传教士、营销和营销管理、广告和传媒、演说、教师、培训师、企业高级管理者。

4. 中稳静中激扬型，具有典型的双格性格，通常表现为稳健平和，活泼生动，热情进取，行动敏捷，具有极强的表达力、学习力和感染力，有较强的坚定性和毅力等，但当热情和行动消退时，表现出放弃后的烦恼和自责。

这种类型的人宜于从事军事指挥官、物业管理者、银行家、律师、驯兽师、乐师、医生、护理人员、企业职业经理人。

5. 中稳静低激扬型，通常表现为内倾平和，深沉低调，有限忠诚，细致入微，缺乏创新，缺乏进取，情绪波动而压抑，热情快速产生且快速消退。

这种类型的人宜于从事司机、产业工人和基层管理者、法官、统计和数据管理者、纪律监察、安保、财务、票据或物品管理、品质控制。

6. 低稳静高激扬型，通常表现为感情外倾，热情四溢，积极向上，充满阳光和正能量，善于交际，表达力强，情绪波动起伏较大，热情和悲情速起速落，始乱终弃，精力旺盛充沛。

这种类型的人宜于从事服务业从业者、潜水从业者、高空作业从业者、运动员、摩托车赛手、歌手、演员、驯兽师。

7. 低稳静中激扬型，通常表现为感情外倾，趋众轻信，人云亦云，性格直率，缺乏独立思维，学习力和理解力弱，可塑性差，情绪大起大落，忠诚度高，做事缺乏逻辑、方案和毅力。

这种类型的人宜于从事底层基础军人、警察、安保、采掘业和冶炼业基础员工、农民、渔民、保险推销员、实体零售店推销员。

第二节　气质

一、气质的概念和特性

（一）气质的概念

气质，是指人的高级神经活动特征（速度、强度、指向性）在个体感情与心理中的重要表现。它是人的一种独特而稳定的心理特征。

（二）气质的特性

1. 先天性，表现为遗传、天生的原生本性。

2. 气质作为个性特征，具有典型稳定的特性。但是，气质的稳定性并不意味着它完全不可变。在环境和教育条件的影响下，气质可以被掩蔽，甚至也可以得到部分的修调、改造。

3. 气质的动力性特点（强度、速度、倾向性、灵活性等）不受需要与动机制约。

二、气质分类

(一) 希波克拉底四分法

希波克拉底（古希腊文：⍰πποκράτης，公元前460年—公元前370年）为古希腊伯里克利时代的医师，被西方尊为“医学之父”，西方医学奠基人。根据希波克拉底的观点，气质可分为四种典型的类型：胆汁质（黄胆汁）、多血质（血液）、黏液质（黏液）、抑郁质（黑胆汁）。

1. 气质四种类型的特征

（1）胆汁质（Choleric temperament，黄胆汁），表现为如下特征：

①反应速度快，具有较高的反应性和主动性；②脾气暴躁、不稳重、好挑衅，但态度直率、精力旺盛；③能以极大的热情埋头工作，并克服前进道路上的障碍；④但有时表现出缺乏耐心，当困难太大而需要持续努力时，有时显得意气消沉、心灰意懒；⑤可塑性和稳定性差。

（2）多血质（Sanguine temperament，血液），表现为如下特征：

①行动有很高的反应性；②好动，对吸引他注意的一切会做出生动的、兴致勃勃的反应；③行动敏捷，有高度的可塑性，容易适应新环境，也善于结交新朋友；④情感外倾，姿态活泼，表情生动。言语具有表达力和感染力；⑤具有较高的主动性，表现出精力充沛，有较强的坚定性和毅力等；⑥但有时热情易消退，表现出萎靡不振。

（3）黏液质（Phlegmatic temperament，黏液），表现为如下特征：

①心理反应缓低，感情不易发生，也不易外露；②态度持重，交际适度，对自己的行为有较大的自制力，遇事不慌不忙；③可塑性差，表现为不够灵活。这一方面使他们能有条理地、冷静地、持久地工作，另一方面又使他们容易因循守旧、缺乏创新精神；④行为内倾，对外界的影响很少做出明确的反应。

（4）抑郁质（Melancholic temperament，黑胆汁），表现为如下特征：

①具有较高的感受性和较低的敏捷性，他们的心理反应速率缓慢，动作迟钝，说话慢慢吞吞；②多愁善感，情绪容易发生，但表现微弱而持

久；③内向，不善交往。在困难面前常常优柔寡断，在危险面前出现恐惧和畏缩，在受挫以后，常心神不安，不能迅速转向新的工作；④主动性较差，不能把事情坚持到底；⑤往往富于想象，比较聪明，对力所能及的任务，表现出较大的坚忍精神，能克服一定困难。

希波克拉底四分法心理指标

气质类型	感受性	耐受性	敏捷性	可塑性	情绪兴奋度	倾向性	速度	不随意反应度
胆汁质	低	较高	不灵活	小	高	外向	快	高
多血质	低	较高	灵活	大	高	外向	快	高
黏液质	低	高	不灵活	小	低	内向	慢	低
抑郁质	低	低	不灵活	小	低	内向	慢	低

2. 希波克拉底四分法在管理中的应用

（1）气质有差异但无优劣，它不决定一个人的社会价值和成就的高低；

（2）气质和职业有极大的关联性匹配：

①胆汁质的人：适于应急性强、冒险性较大的工作，如抢险、救护、高空高危作业、一线军人特警；②多血质的人：适于社交性、多变性的工作，如外交官、营销、供应链运营管理、采购、公关、谈判；③黏液质的人：适于原则性强的工作，如法官、检察官、监察监督、组织人事、调查、保管；④抑郁质的人：适于平静的、刻板的、按部就班的工作，如会计、统计、制造业一线职员、服务业一线职员、安保、环卫。

（二）体型分法

德国心理学家、精神病学家恩斯特·克瑞其米尔（Ernst Kretschmer）主张气质取决于人的体型，并把体型分成三类：肥满型、细长型和筋骨型。

美国临床心理学家谢尔顿·科钦（Sheldon J. Korchin，1921—1989）也致力于研究体型与人格的关系，通过拍摄，分析几千张受试者的照片，提出了体型分类的三个维度：

1. 内胚叶型（柔软、丰满、肥胖）：贪图舒服，好饮食，会找轻松的事，追求社会的认可和社会感情。

2. 中胚叶型（肌肉发达、坚实，体态呈长方形）：武断，过分自信，体格健壮，咄咄逼人，主动积极。

3. 外胚叶型（高大、细瘦、体质虚弱）：善于自制，受社会约束，爱好艺术，并倾向于智力活动，这种人敏感，反应迅速，睡眠差，容易疲劳。

谢尔顿发现，气质与体型之间的相关度约为0.80。但是，气质与体型之间确实存在着某种相关，相关度的高低可能需要增加样本量后予以重新评估。

李亚轩经过大量实验数据比对发现，克瑞其米尔和谢尔顿关于气质与体型的相关关系分析结论基本可以得以求证，但气质与体型间并不存在着因果关系。同一个人在年轻时较瘦，而进入中年后体型渐胖变型，人的气质并不随体态的变化而变化；同样一个人在某一时期因忙碌过度瘦而体弱，而轻松闲暇后逐渐变胖，人的气质并不随体态的变化而变化。所以，李亚轩认为，体型分类法并不严谨和科学。

（三）MBTI 模型

MBTI 气质理论的基础是瑞士著名心理学家卡尔·古斯塔夫·荣格（Carl Gustav Jung，1875—1961）关于心理类型的划分，后由美国的心理学家凯瑟琳·库克·布里格斯（Katharine Cook Briggs）与伊莎贝尔·迈尔斯（Isabel Briggs Myers）研究并加以发展。MBTI 已经成为了当今全球最为著名和权威的性格测试，是目前国际上应用较广的人才甄别工具。

1. MBTI 模型

MBTI 四维度：气质共有四个维度，每个维度有两个方向，共计八个方面。分别是：

外向（E）和内向（I）：EI 外向—内向；

感觉（S）和直觉（N）：SN 感觉—直觉；

思考（T）和情感（F）：TF 思考—情感；

判断（J）和知觉（P）：JP 判断—知觉。

MBTI 十六种类型：四个维度两两组合，共有十六种类型。以各个维度的字母表示人的气质类型如下：

ESFP　ISFP　INFP　ENFP
ESTP　ISTP　INFJ　ENFJ
ESFJ　ISFJ　INTP　ENTP
ESTJ　ISTJ　INTJ　ENTJ

2. MBTI 十六类型描述：

（1）ISTJ

①严肃、安静、集中心志、全力投入；②行事务实、有序、实际、逻辑、真实、可信赖；③负责任；④照设定成效来作出决策且不畏阻挠与闲言会坚定为之；⑤重视传统与忠诚；⑥传统性的思考者或经理。

（2）ISFJ

①安静、和善、负责任且有良心；②行事尽责投入；③安定性高；④愿投入、吃苦及力求精确；⑤兴趣通常不在于科技方面，对细节事务有耐心；⑥忠诚、考虑周到、知性且会关切他人感受。⑦致力于创构有序和谐的工作与家庭环境。

（3）ISTP

①冷静、安宁、预留余地、弹性、无偏见的好奇心；②有兴趣于探索原因及效果，探寻技术事件因由、运作，使用逻辑的原理组构事实、重视效能；③擅长于掌握问题核心及找出解决方式；④分析成事的缘由且能实时从大量资料中找出实际问题的核心。

（4）ISFP

①羞怯、安宁、和善、敏感、亲和、谦虚；②喜于避开争论，不对他人强加己见或价值观；③无意于领导却常是忠诚的追随者；④办事不急躁，安于现状，非成果导向；⑤喜欢有自有的空间及照自订的计划办事。

（5）INFP

①对价值观和认知的领导或重要人物具有忠诚心；②理想主义，追求生活形态和内在价值观相吻合；③好奇心强，易于快速发现商业机会所在；④除非价值观受侵犯，行事具弹性、适应力高；⑤擅于发掘和发挥他人潜能；⑥对所处境遇及拥有不太在意；⑦抗压能力强，做事全神贯注。

（6）INTP

①安静、自持、弹性及具适应力；②特别喜爱追求理论与科学事理；

③习惯以逻辑思维进行分析和解决问题；④喜好创意事务，对聚会和闲聊无兴趣；⑤追求可发挥个人强烈兴趣的职业生活；⑥追求对有兴趣事务之逻辑思维。

（7）INFJ

①坚忍性、创意性、计划性强；②工作进取性强；③热心、诚挚、细微关注和关心他人；④因坚守原则而受敬重；⑤因擅长提出造福大众利益的明确远景规划而为人所尊敬与追随；⑥追求创见、关系及物质的意义及关联；⑦擅长洞悉和激励他人；⑧光明正大且坚信其价值观；⑨有组织且果断地履行其愿景。

（8）INTJ

①具有强大执行力；②有宏大的愿景，且能快速从众多外界事件中找出有意义的参照或模版；③具有良好的策划能力和执行力；④具有多疑、挑剔、独立、果决特质；⑤对所管理的项目或团队组织成员的专业水准及绩效要求高。

（9）ESTP

①擅长现场实时解决问题；②乐于工作，乐于享受工作过程；③喜好技术类、运动类项目或职业；④具有适应性、容忍度、务实性；⑤工作专注，成效显著；⑥不喜欢冗长概念的解释及理论；⑦专精于可操作、处理、分解或组合的事项或职业；⑧喜欢交结同道好友。

（10）ESFP

①外向、和善、善于接受和分享；②喜欢与他人共同行动；③对未来发展预判力较强，并乐于参与其中；④最擅长人际关系的处理和整合，能够弹性地适应他人与环境；⑤热爱和享受生活。

（11）ESTJ

①务实、真实、求实；②不喜欢抽象理论，最喜欢学习和处置可操作性强的工作；③喜好组织与管理活动，专注效率；④决断力强，关注细节，行事缜密；⑤忽略他人感受；⑥领导欲强。

（12）ESFJ

①诚挚、多言、阳光、亲和、善合作、受欢迎；②重和谐，长于创造和谐；③做事益人；④坚信鼓励、赞许会提高工作绩效；⑤直率、执着；

⑥喜欢与他人合作。

（13）ENFP

①充满热忱、活力充沛、聪明、富于想象力；②相信生命充满机会，期望能得到他人的肯定与支持；③有兴趣的事项达成率较高；④面对困境和难题可以快速形成对策；⑤对有困难的人施以援手；⑥缺乏运筹和计划；⑦为达目的常能找出强制自己为之的理由；⑧即兴执行者。

（14）ENTP

①反应迅速、聪明、敏捷、直言不讳；②擅长激励伙伴；③长于争辩；④面对挑战和新问题富有策略，但会忽略或厌烦常态的工作任务和细节；⑤兴趣多元，易倾向于转移至新生的兴趣；⑥对其所需总会有技巧地找出逻辑理由；⑦长于看透他人。

（15）ENFJ

①热忱、负责任；②具有鼓励他人的领导风格；③对他人所求会表达真正关切并用心去做；④能怡然且有技巧性地带领团体讨论问题和制定方案；⑤爱交际、善交流、受欢迎、富有同情心；⑥非常在意他人的认可或批评；⑦喜欢领导团队，擅长引领他人或团体发挥潜能。

（16）ENTJ

①坦诚、具决策力；②专精于具内涵与智能的谈话和公众演讲；③乐于经常吸收新知且能广开信息管道；④易于过度自信，会强于表达自己创见；⑤喜于长程策划及目标设定。

3. MBTI 模型应用

MBTI 模型在管理实务中得到广泛应用，尤其是在欧美国家的现代企业、医院、教育和军事组织获得普遍使用。如苹果、施乐、通用电气（GE）、3M、AT&T、欧美主要医院、欧美主要教育机构、美国空军。近几年，日本、韩国等部分跨国公司也逐渐引用了 MBTI 模型。

三、气质在现代管理中的应用评价

1. 气质类型，是人心理活动和行为的动力特点的总和，其本身无优劣好坏之分。因为任何一种气质类型都有其积极的一面，又有其消极的一面。例如，胆汁质的人积极、生机勃勃，但也有暴躁、任性、感情用事等缺点；多血质的人既有灵活、亲切、机敏的一面，也有轻浮、情绪多变的一面；黏液质的人有沉着、冷静、坚毅等优点，也有缺乏活力、冷淡等缺点；抑郁质的人既有情感深刻稳定的优点，但也有孤僻、羞怯等缺点。

气质类型，如同美餐烹饪所需的各种材料，本无好坏优劣之分。但是，各类材料掌握在不同技艺水平的厨师手中，其出品是完全不同的。因此，我们既要认清和发扬自己气质的积极一面，同时也要关注和克服自己气质消极的一面；在人力资源管理、教育管理、军事训练等方面必须量材而用、因材施教。

2. 气质类型，并不决定一个人的社会价值，即一个人的成就大小或对社会贡献的大小。事实上，在人类文明发展进程中有杰出成就的哲学家、政治家、科学家、教育家、文学家和企业家气质类型并不集中和聚类。

3. 气质类型，会影响人的活动方式和效率。

（1）不同气质类型对职业和工种有不同的契合度和贡献度。要求作出迅速灵活反应的工作，对于多血质和胆汁质的人较为合适，而黏液质和抑郁质的人则较难适应。反之，要求持久、细致的工作对黏液质、抑郁质的人较为合适，而多血质、胆汁质的人又较难适应。如大型动力系统的调度员必须反应迅速，冷静理智，受惊不慌，承担此项工作以多血质的人为最佳，而会计工作则应选拔踏实、细致、注意力稳定的人为最好，黏液质和抑郁质则属于此种类型。

（2）不同气质类型组合对于群体是至关重要的。对于一个工作群体而言，相辅与互补的气质搭配更有利于提高群体工作的效率。原因是：

①群体分工对于个性存在着特定的要求；②工作效率的达成需要不同气质类型的人协同完成；③个性的相辅与互补有助于融洽和谐的人际关系的建立。气质类型相同的人易产生共同语言，也可能出现针锋相对无休止的矛盾摩擦。而不同气质类型的人组成团体，则可产生互补作用，各自扬长避短，彼此互补，从而形成一种合作的气氛，既有利于提高工作效率，又有利于身心健康。

4. 气质类型，可以影响人的情感和行动。气质对于形成和改造人的某种情感与行动特点，或个性特征等方面，都具有很大的影响。严厉的批评对于多血质的组织成员会快速起到教育、改良、提升的效果，但对抑郁质的组织成员则可能加剧其怯弱的不良后果。这就要求管理者在团队管理过程中根据成员的气质特点，因人予理、因材施教。例如，胆汁质的人易冲动，吃软不吃硬，遇到问题要冷处理，避免顶牛；对多血质的人，可采取多种方法加强其自制力，培养其扎实专一的作风；对黏液质的人要有耐心，不要操之过急，要多给锻炼的机会；对抑郁质的人要多关心，避免公开指责，对其较小的进步也要给予肯定，以鼓起他们前进的勇气和信心。

第三节　性格

一、性格的概念

人的性格，是指人对现实的稳定的态度和习惯化了的行为方式中所显示出来的心理特征，它是个性特征的核心成分。人与人之间的个别差异，首先就表现在性格上。例如，有的人热情、开朗，有的人则深沉不露；有的人大胆、勇敢，有的人则谨小慎微。

1. 性格不是天生的，是人在成长过程中主、客体相互作用、相互影响形成积累的结果。每个人对于现实给予他的影响，总有他自己的反应方式，即对待事物的态度和相应的行为方式。一个人对待外部情境的态度和行为方式常态化、稳定化、习惯化，就构成了他的性格。性格具有态度倾向性、社会制约性、稳定性及可塑性等特点。

2. 性格体现社会属性，性格和气质都是人格的组成部分。但性格与气质完全不同，气质更多具有先天性，体现了人格的生物属性，但是，性格则体现了人格的社会属性。

二、性格的特征

性格是十分复杂的心理构成物，它具有如下特征：

（一）性格的态度特征

根据不同的态度体系，性格特征可以概括为四个方面：

1. 表现为个人对社会、团队和他人的态度：责任、忠诚、热情、善良、同情、冷淡、狡诈、虚伪、无情等等。

2. 表现为个人对待劳动、工作的态度：勤劳、认真、创新、马虎、懒惰、墨守陈规等等。

3. 表现为个人对待生活的态度：勤俭、节约、有条不紊、挥霍浪费、杂乱无章等等。

4. 表现为个人对待自己的态度：自尊、自爱、谦虚谨慎、自卑、自弃、狂妄自大等等。

（二）性格的意志特征

性格的意志特征，指对待自己行为的自觉调节方式的特征。

1. 行为目的：是自觉行动，还是盲目行动；是具有明确目标，还是盲目蛮干；是具有独立见解，还是人云亦云。

2. 自我控制：是具有自制力，还是易冲动；是主动控制自己，还是消极放任。

3. 紧急状态：是沉着镇定，还是惊慌失措；是机智果断，还是优柔寡断；是大胆勇敢，还是胆怯畏缩。

4. 常态工作：是严谨，还是松懈；是坚持到底，还是半途而废；是博采众长，还是刚愎自用；是坚定不移，还是摇摆不定。

（三）性格的情绪特征

性格的情绪特征，主要表现在四个方面：

1. 情绪强度：有的人情绪强烈，一经刺激就失控；有的人则情绪微弱，即使有很大的刺激也不能使他产生情绪反应。

2. 情绪稳定性：有的人情绪容易波动，忽高忽低；有的人情绪稳定，比较容易控制。

3. 情绪持久性：有的人情绪活动持续的时间长，能给人留下深刻的印象；有的人情绪活动持续的时间短，转瞬即逝，几乎不留什么痕迹。

4. 主导心境：由于情绪活动的持续影响常常使人构成某种心境，其中有积极的心境，也有消极的心境；欢乐愉快的心境使人精神饱满，心情舒展，抑郁低沉的心境则使人心绪烦乱，忧郁不安。

（四）性格的理智特征

性格的理智特征是指人们在感知、记忆、思维、想象等认识过程方面所表现出来的行为模式和态度特点。

1. 在感知方面，有的人仔细、精确，能够保持观察判断的独立性；有的人则粗糙、模糊、易受人暗示。

2. 在记忆方面，有的人善于形象记忆，有的精于抽象掌握；有的人记忆中善于材料罗列，有的人长于对材料的整体概括。

3. 在思维方面，有的人善于独立思考，有的喜欢借用别人的答案。

4. 在想象方面，有的人富有想象，有的人缺乏想象；有的人广阔想象，有的人狭隘想象。

在以上四个方面的性格特征中，性格的态度特征和意志特征是性格最重要的两个组成部分。因为二者是与人的生活目的、价值、理念紧密联系在一起的。它可以反映一个人的本质。

三、性格的类型

性格的类型，是指在许许多多的性格中聚合分类，形成具有共同的或相似的性格特征的性格组别。心理学上关于性格的类型有以下几种分法：

（一）按心理机能分类

英国苏格兰著名的哲学家、心理学家，联想主义心理学晚期代表亚历山大·培因（Alexander Bain）和法国心理学家T·李波特（T. Ribot）提出了以心理机能来确定性格类型，它是按照理智、意志和情绪三者结构占比来分类的方法。

1. 理智型：理智占优势，能够冷静地以理智来评价周围所发生的一切，并且以理智来支配和控制自己的行动。

2. 情绪型：情绪占优势，情绪体验深刻，言行举止易受情绪所左右，不善于思考，好感情用事。

3. 意志型：意志占优势，目标明确，行为主动，富有原则性。

此外，在理智型、情绪型和意志型之间均无绝对优势，属于非优势型，通常称为中间型或混合型。

（二）按心理活动的某一倾向分类

瑞士心理学家希格根据心理内部和外部倾向度大小，把人的性格分为内向和外向两种类型。

1. 内向型：心理内倾，较集中于内心活动，语言少，情感深沉，好幻想，不善社交，性情孤僻，一般表现为待人接物小心谨慎，考虑问题沉着多思，反应慢，但具有自我分析和自我批评精神。

2. 外向型：心理活动倾向于外部，一般表现为开朗、活泼、感情易外露，善社交，反应快，不拘泥于小节，但比较轻率，缺乏自我分析和自我批评的精神。

（三）按思维行为的独立性分类

美国心理学家威特金（Herman A. Witkin）在认知风格领域研究成就颇丰，他依据个体的独立性程度来划分，把人的性格划分为独立和顺从两种类型。

1. 独立型：具有个人信念的坚定性和作出决定的独立性。善于发现问题、解决问题，喜欢把自己的意志和意见强加给别人，不容易被外来因素干扰；

2. 顺从型：缺乏独立思维力，容易受暗示，屈于权势，办事盲从，没有主见，这种人比较亲近、随和。

四、性格的发展

性格的发展，是一个有顺序的、连贯渐进的过程，但发展的连线由若干关键节点组成。

（一）性格发展的特点

1. 内涵的发展

性格的发展主要表现在内涵层面：知识与技能，力量、速度与动作技巧，智慧与解决问题能力，语言与沟通能力，社会关系的扩大，兴趣、活动与价值观的改变，等等。

2. 发展的连贯性

发展是一种成长与衰退互相抗衡的过程。个人自出生至死亡的整个过程中，是一条贯通生死的生命轴线。在生命初期是成长占优势，到了生命晚期是死亡占优势。因此，人的生命永远不会处在静止状态，而是一直处于变化之中。

3. 发展不同步

生理衰退早于心理衰退。个人在发展过程中的早期，身体的变化与心理活动的改变是同时进行的。但生命体进入中晚期，生理开始衰退，而人的心理活动能力却有增强的趋势。所谓“力不从心”，就是这个道理。

4. 发展曲线

个人在发展过程中，其生理发展速度的快慢，呈钟形曲线状态，开始发展速度很快，曲线突然上升；到中年期，发展速度缓慢，其曲线呈水平状；到老年期，发展速度又加速，曲线突然下降。

（二）性格发展的因素

影响个人性格的因素虽然有很多，但就其形成和发展而言主要有先天（生理）和环境（后天）两方面。

1. 先天（生理）因素主要包括下列几种：

（1）遗传：由于基因组成的千差万别和基因表现形态的多样性，而导致外显性格的不一样，构成与他人行为特征的差异。

（2）体格与体型：由于个人外表形象、个人体质的不同，而产生不同的性格。如体格健壮者，性格外向、较活跃、富于进取精神；体格瘦弱多病者，性格内向、沉静、胆小。

（3）性别：男女个人基于生理上差异在性格方面存有较大不同。男性比较具有好强心、进取心、创造力，对政治活动及团体活动较感兴趣，而对艺术及美的欣赏则不如女性；男性对抽象理论及空间关系的领悟力强，对推理及逻辑的运用力较优，而女性则在语言及文字记忆上较强。

2. 后天（环境）因素主要包括以下几种：

（1）家庭：家庭是人类社会中最基本的单元，是个人最早接触到的学习环境，凡语言、知识、行动、生活习惯，多从父母、兄姐学起。因此，家庭是培育个人性格的摇篮。儿童成长期间是性格发展的主要阶段。孩子在 4 岁时的视觉、听力与学习能力，大致已具备了性格向成熟发展的基本智力。

（2）学校：儿童一旦入学，即面临着新的环境，承受新的压力，他不但要学习许多新的知识技能，而且还要学习如何与同学相处，并服从老师的指导。因此，过去在家庭中的学习环境，必须加以调整来适应学校的学习条件。学校教育对儿童和青少年的身体、知识、性格的发展具有十分重要的影响。因此，学校的任务，不仅是知识与技能的传授，以弥补家庭教育的不足；而且需要帮助儿童及青少年走向社会，懂得正确的自我成长道路和超自我的标准。

（3）社会文化：社会文化包括的范围十分广泛，如历史典籍传说、政治经济制度、宗教信仰、民族风俗等，对人的激励与抑制作用十分强烈。如某些行为受到当地文化的激励，会强化个人在这方面行为的表现；如某些行为受到当地文化的抑制，则会削弱或消除个人在该方面行为的表现。随着人的年龄的增长，活动地区逐渐扩大、接触的人和社会现象越来越多，因而受社会文化的影响也越来越大，对个人性格的影响力也增加。

（4）职业：从事一种职业，除需要具备该种职业的知识和技能外，还要具备该种职业所应有的兴趣、道德、志向、工作习惯、纪律等。因而长期从事某种职业的人，就会逐渐养成该种职业的性格，如医师、教师、律师、工程师、科学家、艺术家、企业家、政治家等对同一件事所表示的意见、价值观常常出现明显不同。如律师重视公平合理，科学家偏重于研究探源，教师喜爱说教解惑，政治家喜好因循守旧，企业家专注于创新创造。

（三）性格发展的阶段

性格是在生命发展中成长的。奥地利心理学家、精神分析学派创始人西格蒙德·弗洛伊德（Sigmund Freud，1856—1939）认为人的性格受着本我、自我和超我等力量的支配，并经过三个阶段趋向成熟。所谓本我，就是本能的我，完全处于潜意识之中；自我是面对现实的我，是通过后天的学习和环境的接触发展起来的，是本我和外界环境的调节者；超我，是道德化了的我，是从自我中分化和发展起来的，是人在儿童时代对父母道德行为的认同，对社会典范的效仿，是接受文化传统、价值观念、社会理想的影响而逐渐形成的。对于大多数人来说，在青春期之前性格已定型。

美国著名心理学家、精神分析学家爱利克·埃里克森（Erik H. Erikson，1902—1994）提出了另一种观点，认为在青春期以后，性格仍然可以重塑，并且贯通整个成年时期。他和弗洛伊德一样，认为性格发展有阶段，且每一阶段都有它的特征，如果第一阶段的发展受到阻碍将会导致性格的某种缺陷，即性格缺陷。

埃里克森把一般人的性格发展按年龄分为八个阶段，每个阶段性格发展特点如下：

序号	阶段	年龄	特点	
			成功	失败
1	早婴儿期	出生日 ~1 岁	基本的信任心	不信任
2	晚婴儿期	1 ~3 岁	自主	羞耻和困惑
3	早儿童期	4 ~5 岁	创造心	犯罪感
4	中儿童期	6 ~11 岁	勤奋	自卑
5	青春期	12 ~20 岁	自我认识	对自我认知模糊
6	早成年期	21 ~40 岁	合群	孤僻
7	中成年期	41 ~64 岁	继续成长	停滞
8	晚成年期	65 岁以上	完善	失望

（四）性格发展的研究

美国哈佛大学学者克里斯·阿吉里斯（Chris Argyris）认为，个人的性格改变是持续的，健全的性格由不成熟趋于成熟。这些改变只是一般的倾向，但是，它使人们对成熟有了较多的了解。一个人的文化水平和个性可能会使这些改变受到限制，但是随着年岁的增长，人的性格总是有日趋成熟的倾向。

阿吉里斯认为，以“X 理论”假设的人具有先天性抑制个人性格成熟的“功能”。因为组织为了使集体达到既定目标，人（组织成员）成为“可互相替换的零件”。正式组织的权力和权威掌握在少数高层管理者手中，下级只是被动执行决策而已，缺乏主动性，导致“性格不能趋于成熟”。

阿吉里斯同美国心理学家道格拉斯·麦格雷戈（Douglas McGregor）一样，要求管理者提供给职工一种可以成长与成熟的环境，予以适当激励，人们可以自动自觉地工作且具有创造力。因此，以“Y 理论”假设的管理方式对组织及个人都较有利。

互联网和物联网技术的快速发展，使企业管理工具和方式的现代化替代成为可能，古典管理思想、现代管理思想、行为组织管理思想、人本或民主管理思想已互不对立，且呈现出大融合、大裂变趋势。

从公司顶层的企业战略、企业价值系统、企业文化、企业目标和计划，到管理系统设计改良、流程再造、制度整合、技术创新、组织变革，甚至到现场管理、班组配置、工艺改良、项目技改、成本控制、供应链改良，公司的决策层仅仅是一个策划、发动、组织者，所有运作皆由公司高中层和基层组织完成。

互联网时代的技术进步，就管理维度而言，最大的获益是管理模式在变革中缩小和减少了层级，使管理组织体系和业务管理流程日趋短平和弯曲。创新和创造、运营和管理成为企业的全员行为，个人性格会在动态成长中选择或被选择“性格向岗位或职位”（适于自己性格和气质的工作岗位或职位）。这是现代企业管理者和员工共同期许的模式。

第四节　能力

一、能力的概念和类别

（一）能力的定义

能力，是个人达成设定目标或计划所必备的并直接影响其行为效率的个性心理特征的总和。

能力，由显性能力（成就）和隐性能力（智力、性向）组成。智力是指个人拥有的知识、技能等一般能力，性向是指个人可以发展的潜在能力；成就是指个人通过学识、知识和技能方面提升积累应用而达成到较高层级的成果或绩效的展示形式，成就则是显性能力。显性能力也称为直接能力，隐形能力也称为间接能力。间接能力（智力和性向）是直接能力（显性能力）的基础，直接能力是间接能力（隐性能力）的直接表达。

人的智力水平的高低是呈正态分布的，大多数属于中常水平，超高常和超低常的人数很少，大约只占 5‰。知觉方面有综合型、分析型、分析综合型之分；在表象方面有视觉型、听觉型、运动型和混合型之分，在记忆方面有形象记忆、动作记忆、情绪记忆、抽象逻辑记忆之分；在思维方面有再造与创造、聚合与发散、抽象与具体之分；有的人在儿童时期就表现出某方面的优异能力，心理学上叫“人才早熟”，也有的人表现得较晚而被称为“大器晚成”。

（二）能力的分类

1. 按照能力构造可以分为一般能力和特殊能力。

一般能力，是指在多种基本活动中表现出来的能力，如观察力、记忆力、抽象概括等；特殊能力，是指在特定专业活动中表现出来的能力，是在某种特殊领域的能力系统。知识精深、内容新颖、讲解透彻、条理清楚，是教师的特殊能力；善于鉴别色彩、形象记忆、掌握线条比例，是画家的特殊能力；一个优秀的管理者，应该具备深刻的观察力、敏锐的思考力、果断的判断力以及与此相应的语言表达能力、组织活动能力、情感体验能力、宣传鼓动能力。

2. 按能力发展的高低程度可以分为能力、才能和天才。

3. 按能力所涉及的领域可以分为认知能力、操作能力和社会交往能力。

4. 按创造的程度可以分为模仿能力、再造能力和创造能力。

5. 按能力的显现程度可以分为实际能力和潜在能力。

二、能力的形成、发展和影响因素

（一）先天因素

先天因素，是能力发展的自然前提，这是能力形成和发展的天赋基础。生来或早期聋哑的人难以发展音乐能力，双目失明者无从发展绘画才能，严重的早期脑损伤或脑发育不全的缺陷是智力发展的障碍。

先天因素，是能力发展的自然基础，但并不是能力本身。作为先天生成的生理结构，不能直接形成能力。刚出生的婴儿没有能力，只是由于他生来具有一定的解剖生理特点，因而他具有能力发展的一般可能性。只有经过后天环境，解剖生理才显露并发展起来，逐渐形成“能力”这一心理特征。先天因素主要包括：

1. 天资（遗传因素），主要包括智力天资和体力天资。

（1）智力天资，对数量（计算能力）、空间（图形）的理解能力，对数量、空间的记忆能力，协调以及控制精度的能力；

（2）体力天资，速度能力，灵巧性（平衡性、协调性）能力，耐力（持续力）能力。

2. 性别（男性、女性），在总体年龄阶段上，男性能力明显优于女性。乳婴期~15 岁，女性智力略优于男性；15 岁之后，男性智力逐渐明显高于女性。

成人男女性别能力内部结构呈现非均衡分布，通过能力层次分布实验数据表明，成年男性优秀的占 27.2%，中等的占 41.7%，低劣的占 31.1%；成年女性优秀的占 4.7%，中等的占 81.7%，低劣的占 13.6%。成人男性优秀和低劣占比均比女性大得多，而女性集中度非常高，中等者占有绝对优势。

（二）后天因素

1. 教育环境

教育，是后天因素的基础和核心元素，是掌握知识和技能的具体途径与方法。教育不仅在幼婴、儿童、青少年的智力发展中起着主导的作用，而且对个体能力的培育、形成、发展起着主导的作用。教育不但使个体掌握知识和技能，而且通过知识和技能的传授，还能促进心理能力的发展。

教育按时间顺序分为幼婴家庭教育、学校教育和成人继续教育（在职职业教育和培训）三阶段，是获得能力的基本和主要条件。

2. 职业职位环境

职业，对各种特殊能力的发展起着重要的作用。不同职业，影响和制约着能力发展的方向，如色浆加工厂的工人，辨别色谱、色差的能力比一般人高；餐饮业烹饪师和酒业勾兑师的嗅觉和味觉的感知判断能力比一般人高。这些能力是同从事这一职业的特殊要求分不开的。

根据“二战”中服役人员登记的资料进行聚类研究，结果发现，律师、会计师、工程师等职业组平均智商为120以上；办事员等职业组平均智商也高于100；而矿工、农业工等职业组平均智商则在100以下。

职位，对个体能力结构方向发展起着重要作用。不同职位，影响、调节和制约着能力发展的方向，例如，一个公司的高管、中级管理和基层管理者能力结构大相径庭。

能力 / 职位	技术能力	人际能力	战略管理能力	班组管理能力
高层管理者	5%	35%	50%	10%
中层管理者	25%	25%	15%	35%
基层管理者	40%	5%	5%	50%

3. 社会文化

社会文化，对个体能力和结构发展起着重要作用。不同社会文化背景，影响、调节和制约着能力发展的高度、宽度、深度和方向。

基督文化圈层的管理者对于民主管理、利益共享、员工福利、社会责任理解更深透，运作更到位；佛文化圈层的人掌握动物屠宰技术的能力会永远遥不可及；长期生活在西伯利亚的鞑靼、蒙古人对于套马、驱狼、养鹰、牧羊技能具有特殊技能，但面对现代农业、大型装备制造业、纺织服装业、电子电器制造业、软件信息产业技术只能望洋兴叹；印度人对于基于数学和逻辑的软件编程技术可以快速获得，而对于化学、印染、机电、生物、生命工程技术能力只能忘中日韩之项背。

4. 政治制度

政治制度，影响、调节和制约着个体能力发展的方向。

一个朝鲜人对动作和行为的一致性、同一性根深蒂固，但很难理解能力差异性和差异性管理、员工自决和自治管理、自组织体系、工会和工人自发组织等现代管理概念；一个成长在中国十年动乱“文革”年代的中国人对于集体舞、集体操、广场舞等技能会无师自通；一个欧美人很难理解中国一家巨型上市公司的创始人带领整个家族成员围绕企业所有上游供应端产品集成供应。

三、能力结构理论

能力是具有复杂结构的心理特征的总和。研究能力的结构，分析能力的构成因素，有利于深度研究能力，设计能力测量的手段，拟订能力培植培育计划。

（一）“二因素结构”理论

20 世纪初，英国理论和实验心理学家查尔斯·爱德华·斯皮尔曼（Charles Edward Spearman）根据智力测验研究提出了著名的智力结构二因素论，认为智力可被分析为 G 因素（一般因素）和 S 因素（特殊因素）：

斯皮尔曼认为，人类的智力内涵包括两种因素：

一为普通因素（general factor），简称 G 因素。人的所有智力活动，如掌握知识、制订计划、完成作业等，都依赖于 G 因素，即每一项智力活动中都蕴含着这种普通因素。如果某一人的 G 因素数量高，他就聪明；如果某一人的 G 因素少，他就愚笨。心理学家若想界定一个人的智力高低，则需想方设法测出他的 G 因素数量。

二为特殊因素（specific factor），简称 S 因素。斯皮尔曼发现有五类特殊因素：

1. 口头能力，即语言表达力；
2. 数算能力，即计算能力和逻辑推演能力；
3. 机械能力，即对设备、仪器、交通工具等的掌控操作能力；
4. 注意力，即对待事物的沉着、稳静、专注、执着的处置能力；
5. 想象力，这是再造和创造能力的前提和基础。

他后期又增补了第六种因素，即智力速度（F）。

如果说 G 因素参与所有智力活动的话，那么 S 因素则以一定的形式、程度不同地参与到不同的智力活动中。根据斯皮尔曼的解释，人的普通能力 G 得自先天遗传，主要表现在一般活动上，从而显示个人能力的高低。S 因素代表的特殊能力，只与少数活动有关，是个人在某方面表现的异于别人的能力。一般智力测验所测量的，则是普通能力。

斯皮尔曼的这一理论是最早的智力理论之一，智力结构二因素论相对于当时流行的遗传决定论，无疑是对后天教育的一种鼓舞。

（二）群因素结构理论

美国著名心理计量学家塞斯登（Louis L. Thurstone）于1938年提出群因素结构理论，又称“基本心理能力论（primary mental abilities）”，突破过去的智力因素理论的框架。塞斯登认为，个体的智力可分析为几种基本能力因素，这些基本能力因素的不同配搭便构成每一个人独特的智力整体。他的观点与斯皮尔曼的智力二因论不同，斯皮尔曼的观点是先有一个总的智力，然后有许多特殊智力，塞斯登则提出智力包括七种平等的基本能力：

1. 语词理解（Verbal comprehension，V），理解语词含义的能力；
2. 语词流畅（Word fluency，W），语言迅速反应的能力；
3. 数字运算（Number，N），迅速正确计算的能力；
4. 空间关系（Space，S），方位辨别及空间关系判断的能力；
5. 联想记忆（Associative memory，M），机械记忆能力：
6. 知觉速度（Perceptual speed，P），凭知觉迅速辨别事物异同的能力；
7. 一般推理（General reasoning，R），根据经验做出归纳推理的能力。

塞斯登的七种基本心理能力是根据其中的六种能力的相关计算而成。各种心理能力并不是彼此独立的，它们之间有一定的相关量。例如，推理（R）与语词流畅（W）的相关度为0.48；数字运算（N）与语词理解（V）的相关度为0.38；语词流畅（W）与语词理解（V）的相关度为0.51。

塞斯登后期修正各因素之间独立性的看法，提出二阶因素（Second order factor）的概念，即在彼此相关的第一阶因素的基础上，再度进行因素分析，但此时分析的不再是各种测验间的共同因素，而是各种因素间的共同因素。

在评价一个人的智力时，分析特殊能力更有用。塞斯登在1941年根据上述七种基本能力编成的“基本心理能力测验”（Primary Mental Abilities Test，PMAT）是著名的智力测验之一，已经成为心理学工作者研究智力结构的重要工具。

(三) 智慧结构理论

美国南加州大学的心理学家乔伊·吉尔福德（Joy Paul Guilford）在20余年因素分析研究的基础上，于1967年创立了智力三维结构模型理论（Three dimensional structure model of intelligence，SOI）。

吉尔福德认为智力结构应从操作、内容、成果三个维度研究。智力活动就是个体在大脑里加工（操作过程）客观对象（内容），产生成果（加工结果）的过程。

进一步细分，智力的操作过程包括认知、记忆、发散思维、聚合思维、评价5个因素；智力加工的内容包括图形（具体事物的形象）、符号（由字母、数字和其他记号组成的事物）、语义（词、句的意义及概念）、行为（社会能力），共4个因素；智力加工的成果包括6个因素，即单元、类别、关系、系统、转换、蕴含。这样，智力便由 $5\times4\times6=120$ 种基本能力构成。

吉尔福德于1971年把内容维度中的“图形”改为视觉和听觉，使其增加为5项，智力组成因素变为150种。

吉尔福德于1988年又将操作维度中的“记忆”分为短时记忆和长时记忆，使其由5项变为6项，智力结构的组成因素便增加到 $6\times5\times6=180$ 种。吉尔福德认为每种因素都是独特的能力。例如，学生对英语单词的掌握，就是语义、记忆、单元的能力。又如，说出鱼、马、菊花、太阳、猴等事物哪些属于一类，回答这类问题进行的操作是认知，内容是语义，产物是类别。

1. 内容

引起心理活动的各类刺激，指呈现给受测者的材料或信息的性质，共5项。

视觉：由视觉通道输入的信息，呈现在眼中的图片；

听觉：由听觉通道输入的信息，呈现在耳中的声音；

符号：本质上就是各种有特定意义的图形元素，如数字、字母、公式、单词；

语义：语言系统，即词、句子的意义及概念等；

行为：各类活动的总和。

2. 操作

各种刺激所引起的智力活动方式，也就是解决问题的心理过程，共6项。

短时记忆：记住项目中的单一信息，如一串数字；

长时记忆：记住项目中的整体和连贯信息，如事件背景、过程、结果；

认知：发现、感知、领会或熟知某些信息，如图形认知是观察出一个物体是方的还是圆的，语义认知是知道一些词的意义；

发散思维：从记忆中提取出特定类别的物品，如说出既硬又可食用的物品；

聚合思维（集中思维）：归纳，演绎推理，从记忆中提取出一个正确项目，如在字谜中填入正确的词；

评价：判断一个项目中所包含的信息能够多好地符合特定的逻辑要求。

3. 成果

为获取正确答案，大脑产生的不同种类的心理结构，是智慧活动的产物，从简单到复杂分为6种：

单元：单一的实体，是关于属性或特征独一无二的组合，如单词、数字或概念；

类别：一系列相似单元所具有的共同特点，如都是长方形或菱形；

关系：在两个项目之间可观测到的联系，多指单元或类别的关系，如两个音相隔一个八度；

系统：三个或更多项目形成一个可以被识别出的整体，指用逻辑方法组成概念，如一段旋律或者一个包含一系列行动的计划；

转换：从一个事物的认识转换到另一种事物上，指一个项目中的信息发生了改变，如改正错误拼写；

蕴含：从已知的信息中观察某些结果，指单个项目中蕴含的信息，如预期雷声会出现在闪电之后。

由于SOI模型能够反映智力的复杂性而受到广泛赞誉。吉尔福德将智力结构的模型推荐为认知心理学的参考系统。吉尔福特的智力结构论中引人瞩目的内容之一是对创造性的分析。他把以前曾被从智力概念中忽略的创造性与发散性思维联系起来；还将发散性思维与聚合性思维相对应。他认为发散性思维具有流畅性、变通性和独创性三个维度，是创造性的核心。吉尔福德还提出人格是由态度、气质、能力倾向、霰态、生理、需要和兴趣 7 种特质组成的一个统一的整体。它是一个七角形的交互体，从不同角度可以观察到七种不同的人格特质。

吉尔福德的智力结构理论虽然否定了 G 因素的存在，但他的理论却提出创造能力的研究和创造性测验，这为深度和广度研究智力提供了崭新思路。

四、能力、性格、气质的关系

（一）能力与性格的关系

1. 能力是性格形成的基础。个体在教育过程中形成发展了体力和智力，性格也就相应形成。在观察过程中，一方面发展着观察力，另一方面也形成着性格的理智特征。

2. 能力的发展水平受性格特征的影响。例如，高度责任感、首创精神、热爱团队、严于律己、自信心强等等，这些表现在对待工作、对待团队与个人等方面优良的性格特征，对能力的发展都具有很大的促进作用。反之，如果具有工作不负责任，不关心团队，缺乏自信心等不良的性格特征，则会使能力的发展受到很大的阻碍。

3. 优良的性格特点往往能补偿某方面的能力弱点。例如，特定条件下作为性格特性的“勤奋”，就可以弥补部分的能力缺陷。

（二）性格与气质的关系

性格与气质既有区别，又互相渗透，彼此制约。

1. 性格和气质，都是以高级神经活动类型为其生理基础，但气质更多地体现神经系统类型的自然影响，而性格更多地受生活环境的制约。

2. 气质对性格有深刻的影响。首先，在性格形成过程中，气质影响着性格的表现方式。例如，同样是勤劳的人，具有多血质气质的人，在劳动中容易表现出情绪饱满，精力充沛；而具有黏液质的人，则可能表现为踏实肯干，操作精细。可见，气质给同样的性格特征添上独特的“色彩”；其次，气质对性格的影响，还表现在气质可以影响性格形成和发展的速度和动态。例如，对于自制力的性格特征的形成，具有胆汁质的人，需要经过极大的克制和努力，而对抑郁质的人则比较容易和自然。

3. 性格对气质的影响也是明显的，性格会在一定程度上掩盖和改造着气质。特警特勤人员在行动中沉着冷静、机智勇敢等性格特征可能掩盖或改造胆汁质易冲动的气质物征。

4. 相同气质类型的人可以形成不同的性格特征，而不同气质类型的人也可以形成同样的性格特征。作为个性心理特征的气质与性格两者是不同的。从气质的自然性质而言，气质似乎是性格的基础；而性格则可以在一定程度上掩盖或改造气质。但是这种区别，不能截然对立起来，两者是彼此制约互相渗透的。

（三）三者关系

1. 能力、性格、气质是个性心理特征的三个方面，三者之间相互制约，彼此关联，密不可分。

2. 能力、性格、气质是心理学的范畴，对管理行为有着重要的作用。就气质而言，管理中正确分析气质与生产效率的关系，区别使用不同气质的人员是气质管理的重要内容；就性格而言，通过科学方法鉴定性格进而了解性格的特点，区别对待不同性格类型的员工，营造有利于员工性格发展趋向成熟的环境，是性格管理的重要内容；就能力而言，正确处理用人所长与人的能力全面发展的关系，是能力管理的重要内容。

第二部分　知觉与管理

第一节　知觉基本理论

一、知觉的基本概念

知觉，是个体对客体总体和系统的反应、推测与判断的过程，即对客体的认知和解读。知觉是感觉的深化，是若干器官综合分析产生的结果，是各种感觉的总结、归纳、整合。知觉包含自然（物体）知觉、社会知觉两类。

自然（物体）知觉包括空间知觉（物体的形状、大小、方位、深度），时间知觉（客观现象的顺序性与延续性的反映），运动知觉（物体位置移动和位移速度）；社会知觉包括他人的知觉、人际知觉、角色知觉和自我知觉。

1. 知觉是心理学研究的重要问题，是人心理过程的一个重要阶段。

2. 知觉不同于感觉，感觉，是单一器官的反映和分析的结果，是人脑对客体个别属性的反映；知觉，是各种感觉综合分析和深化的结果。感觉是知觉的基础。

3. 人的心理是以知觉为基础，由于人的大部分决策是知觉决策，所以知觉直接影响决策的结果。

4. 知觉是在感觉的基础上产生的，人们通过知觉，有助于对事物整体和全面的认识。

二、知觉的基本特性

(一) 知觉的选择性

知觉的选择性，是指当人们感知外部事物时，能优先把知觉对象从其他非知觉对象以背景形式清晰地分离出来。

案例：首尔之聚

2010年春天，同学金在韩国首尔举行了一个盛大的 Birthday Party。生日宴会上，音乐声、欢笑声、谈话声、脚步声、碰杯声，窗外霏霏细雨敲击地面、墙体和窗体的声音相互交织，喧嚣热闹。

“金，Richard 还没有到吗？”

这声音那么熟悉，那么富有磁质，那么具有激活力和穿透力！

这声音音量很低，但仿佛将 Party 各种相互交织的喧嚣声背景化而渐渐隐退淡化。

“他昨天就到了，我帮你找找”。金急促地回答。

“Shirly！”

我情不自禁循着那个声音走去。

1. 影响知觉选择性的客观因素

(1) 知觉对象本身的特征：视觉冲击力强大的色彩或标识，嘹亮或悦耳的声音，均容易被人清晰地知觉。

(2) 对象与背景的差别：二者反差越大，越容易被识别。

(3) 对象的组合方式：知觉对象在距离和形态上的接近，更容易被人们视为一个整体被知觉。

2. 影响知觉选择性的主观因素

(1) 兴趣：人们常常把知觉集中在自己感兴趣的事物上，而其他事物作为背景则被排除在知觉之外。

(2) 需求与动机：能够满足人们需求，符合人们动机的事物，常常被人们当作知觉对象。

（3）个性特征：人们的气质、能力、性格特征都会对知觉产生影响，如多血质的人群对事物感知速度快，而抑郁质的人群则对事物感知细致入微。

（4）经验：对知觉对象熟知时，则对事物具有更加深度和广度的感知；对知觉对象陌生时，则对事物感知效果相应较差。

（5）环境与文化

不同环境与文化背景的人在感知同一知觉对象时，会有不同的知觉。

（二）知觉的理解性

知觉的理解性，是指当一个人知觉某一对象时，可以根据自己的经验去加深理解，并做出解释。

面对一张化工配方调整方案表，公司研发部和技术部工程师、生产部配料专员非常清楚数字和字符表达的内容，而其他员工则如同揣摩天书，不知所云。

当知觉时，对事物的理解是通过知觉过程中的思维活动达到的，而思维与语言和文字有密切关系，因此语言和文字的指导能使人对知觉对象的理解更迅速、更完整。例如，项目负责人对项目实施团队的工作部署，专业导师对学生的指导，等等。

（三）知觉的整体性

知觉的整体性，是指人们可以根据经验，按照事物的局部特征和个别属性去感知事物的整体。

1. 在知觉活动中，人们对整体的知觉优先于对个别成分的知觉。

一架在空中飞翔的飞机，人们最先看到的是飞机的整体，然后才能辨其机翼、机体等各种细节；远处走来的熟人，虽然看不清面孔，但可凭借身体外形、走路姿势及其他线索辨别出来。

这三个图形没有完整的，全是由一些不规则的线和面所堆积而成的。可是，我们不难看出，各图均明确显示其整体意义。

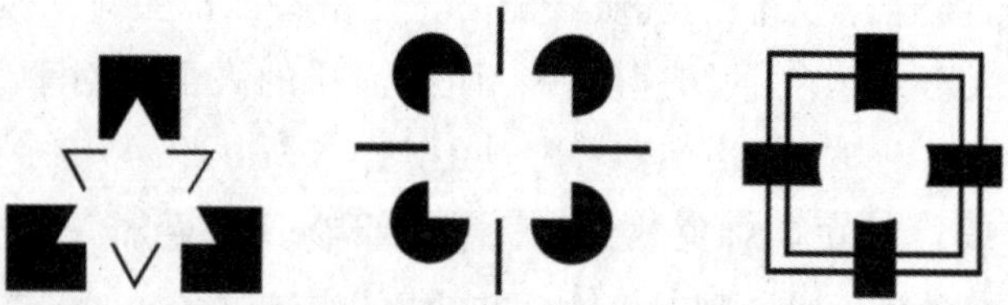

2. 影响知觉整体性的因素：

（1）连续性

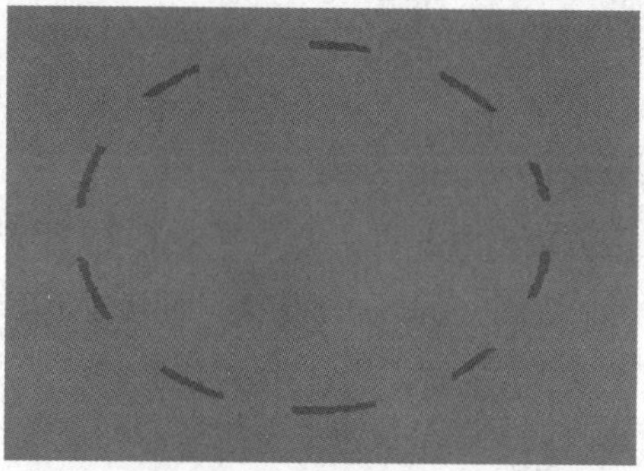

（2）接近性

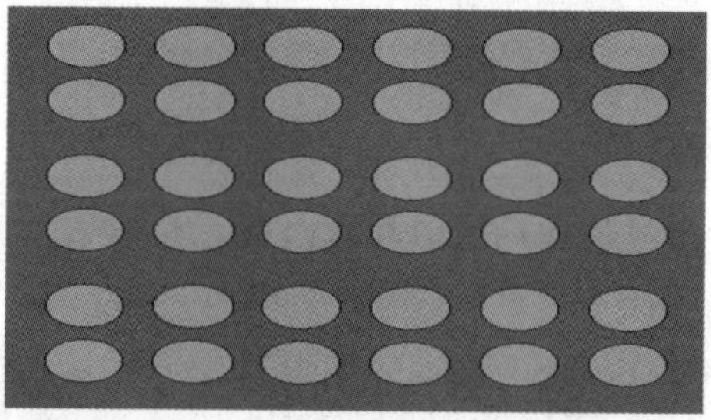

（3）相似性

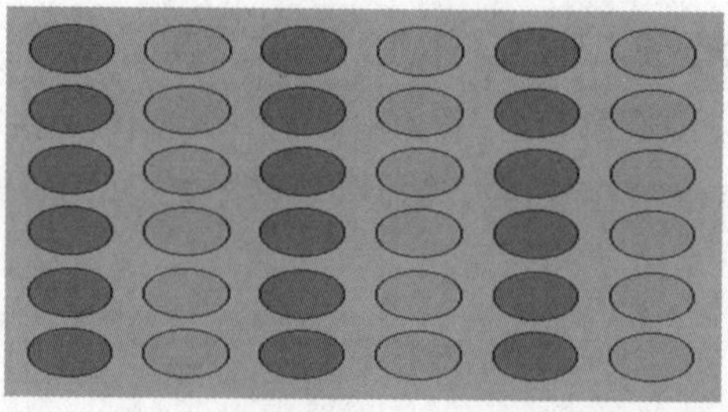

(四) 知觉的恒常性

知觉的恒常性，是指当知觉的条件在一定范围内发生某些变化时，而知觉的映象仍然保持不变。

1. 形状和大小恒常：如从不同距离看同一个人，由于距离的改变，投射到视网膜上的视像大小有差别，但我们总是认为大小没有改变，仍然依其实际大小来知觉他。

2. 颜色和明度恒常：一张红纸，一半有阳光照射，一半没有阳光照射，颜色的明度、饱和度大不相同，但我们仍知觉为一张红纸。正是由于知觉具有恒常性，才使我们能客观、稳定地认识事物，从而更好地适应环境。

三、知觉过程

知觉是一种包含观察、选择、组织、解释和反映的认知过程。

1. “观察 = 环境刺激 + 感觉”组成；

2. 选择 = 外部因素（大小、强度、对比、活动程度、重复程度、新颖性）+ 内部因素（学习、刺激、个性）；

3. 组织 = 图形和背景 + 知觉效应；

4. 解释：对知觉对象的判断、评价、整合、深化。

四、影响知觉的基本因素

影响知觉的因素主要有三：知觉者、知觉情境、知觉对象。

(一) 知觉者

知觉者影响知觉的因素如下：

1. 需要和动机；

2. 个性特征：气质、性格、能力；

3. 个性倾向：态度、动机、兴趣、期望、价值观；

4. 经验、知识和知识结构。

案例：用人如弈

陈晓诚怏怏离去，一脸的无奈，一脸的无神。

国庆节过后的第一天特别忙碌，周而复始重复着那么多烦琐的事情。但是，作为全球领先技术的CDL项目是重中之重。下午17：00，我在我的办公室与项目负责人陈晓诚专门对CDL项目作了1个多小时的工作指导。

会谈结束后，晓诚按惯例向我表达了满腔的崇敬之情，但神态有些异样。

晓诚在我领导的这家公司工作刚刚满一年，一直是制模车间主管职位，他渴望提升至生产部副经理之职，已是全公司人人皆知的。但是，他对这个职位的能力贡献与其几个前任相比可谓平平。

关键让我无法忍受的是：他的任何一个上司一旦对他的工作提出批评或意见，他总是强烈反弹，他会判定自己的上司有意挑剔或压制。当然，从心理上分析，这属于欲望强烈而易于形成的知觉错觉，但他的反弹太过于强烈，气度太过于狭隘。

生产部副经理职位已有1年半虚位以待，必须快速安排到位。外聘是必要的，但如果条件大致相同时，我会选择内生。我再次陷入了沉思。

相比而言，染制车间的主管王鹏业绩一直较佳，执行力较强，公司的几位高管对其评价距离生产部副经理的职位要求仅仅是咫尺之遥。但让我头疼的是，他擅长拉帮结党，他把他的安徽老乡全部安排在重要岗位和薪高轻松的工作。

更令人无法接受的是，他一直把下属的出色工作视为对自己职位的威胁，以至于他手下强手外流，弱者云集。当然，这是王鹏心理缺乏安全感以及由此引起的知觉错误所致。

聚合车间的张扬主管、成品车间的朱涛主管、涂布车间的任勇主管、技术部的黄羽主管，无论素质、能力、性格和业绩表现都难以胜任此职。

不妨放大视角，对啦，品控部的蒋明光主管倒是一个不二人选。

小蒋34岁，本地职业学院大专生，对公司生产体系的每一部门的工艺、流程、制度都如数家珍。在他管控的品控部3年时间内，KPI一直遥遥领先。

小蒋做事缜密，安静稳重，情绪收敛，专注专一，稳重踏实，但反应缓慢，甚至呆板，墨守成规，面对公司重大变革都需要比常人更长时间的适应认知期。一旦认知，便具有极强执行力。属于典型的黏液质气质类型，具有内倾性。

好啦，生产部副经理非小蒋莫属。

（二）知觉对象

知觉对象，指被知觉的客体（人、物、资金、信息、事件、过程），包括被知觉客体的特性、被知觉客体与背景的关系。

知觉对象影响知觉的因素如下：

1. 知觉对象刺激强度：说话的语调、声音等；
2. 知觉对象的运动：运动着的物体可以吸引注意力，如动画片；
3. 知觉对象差异：音量、高度、颜色和其他特征：

在人群中，声音最洪亮的人更容易受到关注，个子特别高或特别矮的人更醒目、更注目，穿着奇异的人更引人重视；外面一声巨响会引起办公室所有人员的恐慌和热议；马路上环卫工人明亮的服装易引起司机的注意。

案例：邂逅

2004 年 8 月 23 日，雅典奥林匹克运动场曲棍球赛，这是第 28 届夏季奥林匹克运动会最为激动人心的赛事之一。

“加油”！一个洪亮的声音从我身边发出。在那激动人心的一刻发出的任何声音都应该是洪亮的，但是，我听到的是来自中国南方春雨柔风般的语韵。令我震惊、激动、亲切、酸楚！

我侧目望去，她穿着一件火一样的红裙，长着一张火一样的、青春的、靓丽的面孔！

我们几乎在同一时间对视着对方，或许我是观众席上唯一一位黑头发、黑眼睛、黄皮肤的华人。我下意识地向她挥了挥手，她向我挤了过来。

她来自中国的上海，在法国巴黎笛卡尔大学攻读博士学位。

5 年后，我通过各种渠道寻找到她的相关资讯，而她已回国就职于上海一家名不见经传的小型资产管理公司。

2009 年圣诞节次日，我在上海浦东花旗银行大厦内找到这家公司，当我在着装统一的人群里见到了这个非常不起眼的梦中人时，竟然未能马上认出她。

（三）知觉情境

知觉情境，是指知觉者和知觉对象发生互动的场所。

知觉情境影响知觉的因素如下：

1. 时间：年代、季节、月份、日期、白昼或夜晚、具体时间（年、月、日、时、分、秒）；

2. 空间（地点）：星际、国家、地区、海洋或岛屿、沿海或内陆、林草或沙漠、经纬度；

3. 自然环境：雪天、雨天、阴天、晴天、温度、湿度、光线（亮度）、色彩（色差）；

4. 社会环境：政治制度、民族文化、宗教信仰、教育环境、职业环境。

五、知觉的防卫机制和错觉

（一）知觉的防卫机制

知觉的防卫机制，是指为了防止自己受到威胁性刺激的侵扰，人们自动地抑制自己对它们的知觉和反应的倾向。

知觉防御是一种回避需求的知觉倾向。它既是对社会知觉的歪曲，又是一种有效的心理防护手段。如对“癌症”的知觉。

知觉的防卫机制，其积极作用在于知觉者能够对刺激的冲击加以缓冲，以增加心理承受能力。

案例：家规

我自幼不断接受家长训诫，不可玩麻将、纸牌，不可抽烟，这都是我家族成员不可逾越的家规之一。当我有了自己的孩子之后，就开始与自己的父亲探究这一奇特家规的奥秘所在。

我的父亲告诉我，“麻将、纸牌虽是普通的娱乐项目，却是产生赌的工具源头；抽烟虽是简单的生活偏好，却是吸食毒品（鸦片）的喜好源头。与其戒毒赌，不如清源头”。

我不得不对我的祖上在清朝立下的这一家规肃然起敬。我的祖上为了家族持续良性健康延续发展竟建立如此高山仰止的知觉防卫机制。

（二）错觉

那些完全不符合刺激本身特征的失真的或扭曲事实的知觉经验，称为错觉（illusion），即对客观现实的不正确知觉。

人们知觉器官认识事物上的局限性，如视觉、听觉、嗅觉等感知上的局限性加工，可以产生知觉错觉；由于感知器官不适应外部条件的变化，反映迟钝和固守经验也能导致错觉。

1. 我们常见的错觉通常有如下几类：

（1）艾宾浩斯错觉

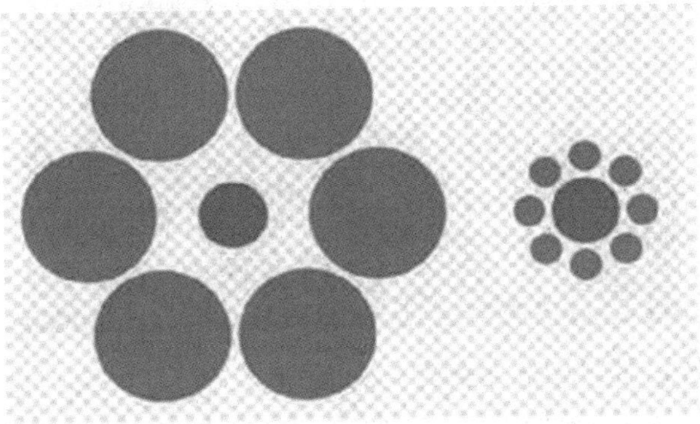

（2）缪勒—莱尔错觉

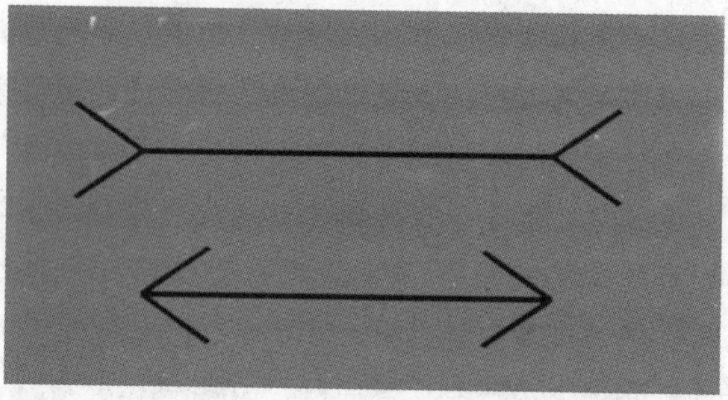

（3）赫氏错觉

（4）左氏错觉

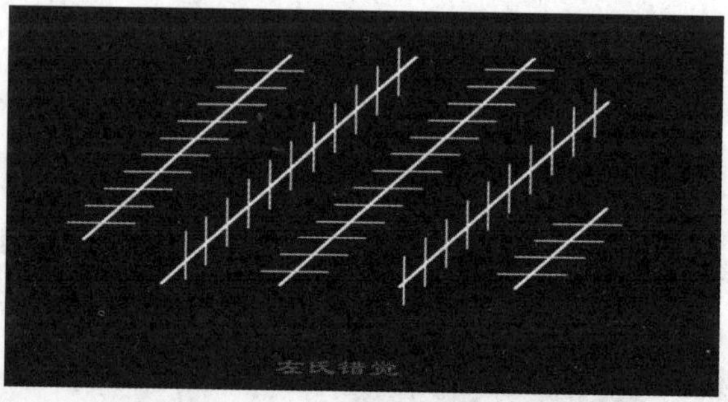

（5）条纹错觉：横线条的图形显得更宽，而竖线条则显得更高。为此，在人们进行服装选择时，偏胖的人不宜穿着横条衣服，而偏瘦的人不宜穿着竖条衣服，否则，胖人显得更胖，瘦人显得更瘦。

（6）颜色对比错觉：黑可以被白色衬托得更黑，白可以被黑色衬托得更白。黑皮肤的人不宜选择穿白色的衣服；而白皮肤的人可以通过穿黑衣服显得更白。

（7）深度错觉：

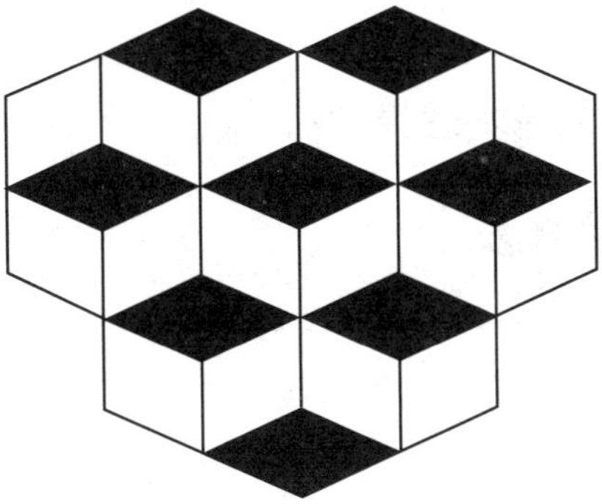

（8）承重错觉：通常来说，人们感觉白色的物质（棉花联想体）较轻，而感觉深色的物质（铁块联想体）较重。

（9）空间大小错觉：将狭小的房间的墙面换成镜子，就会感觉这个狭小的房间宽敞明亮。现代房屋的装修装饰设计大多运用这一空间错觉原理来克服环境太小带来的压抑和束缚感。

（10）时间错觉：同样一小时在不同情景下的感觉是完全不同的。

同样的时间内，忙碌会使人感到时间短，而等待则会使人感到时间长。例如，如何消除人们等待电梯时的无聊感？许多比较人性化的电梯内都会安装电视、音乐、视频广告等设施，以丰富人们的等待时间，减少无聊的感觉。

2. 在管理过程中，如何巧用错觉以达到预期目的？

知觉错觉是一种消极因素，但如果运用得当，也能产生积极效果。鉴于此，错觉理论已经广泛运用于视觉艺术，如绘画艺术、表演艺术、电影电视艺术、服装设计、建筑设计、市场营销、军事领域。

3. 在你的真实世界中，未必真实。因为你的“真实”是你的知觉结论。

知觉到的世界≠现实的世界；你知觉到的世界≠他知觉到的世界。在现实世界，人们的行为通常是以对现实的知觉为基础，而非以现实本身为基础。所以，在你真实的世界中，未必真实。

第二节　社会知觉

一、社会知觉的基本理论

（一）社会知觉的概念

社会知觉，是指人对社会对象（自己、他人、群体）的整体心理状态、行为动机和意向作出反应、推测与判断的过程。

社会知觉的概念最早由认知心理学家杰罗姆·布鲁纳（Jerome Seymour Bruner）提出，社会知觉不仅是对人的外部特征（外貌、姿态、举止）的知觉，而且是在人与人的交往过程中，通过对人的外部行为（特征）来判断人的内在气质、性格、能力、需求、动机、情操、价值理念，从而形成对人的认知和评价。

社会知觉是人的社会行为的基础，不仅表现个人对社会对象的态度，也影响了个人对社会对象相互之间的交往进程。

（二）社会知觉的种类

社会知觉就知觉对象的不同可分为对他人的知觉、人际知觉、角色知觉和自我知觉。

1. 对他人的知觉

对他人的知觉，是指与他人交往时通过对他人外部特征的观察，来判断他人的需要、动机、兴趣、情感和个性等心理活动的过程。

当认识某人时，首先接触到的是这个人的外部特征：仪表、仪容、仪态。例如，一个体态潇洒，仪表堂堂，言谈举止文明的人，会给知觉者留下良好的印象。

人的外部表情常常作为一种重要的社会刺激，来表现人的身心状态，反映其内心世界。一般来说，根据人的外部表情来认识、判断其内心活动的指标有四种。

（1）面部表情：是以面部肌肉活动变化来表达其情绪状态以及对现实的态度。对他人面部表情的判断，受多种因素的制约和影响。例如，文化知识的高低程度、社会经验、他人的暗示和帮助等在一定条件下都起相应的作用，但仍存在共性：面红耳赤是羞愧，嘴唇噘起表示生气，口角下垂为悲哀，口角向上为欢乐，面部肌肉抽动为痛苦，咬牙切齿为愤怒、仇恨，垂头丧气表示失望。

（2）眼部表情："眼睛是人类心灵的窗户。"通过眼神可以洞悉他人的内心活动。目光的活动还可以传递感情和信息，如双目张大表示惊异，含情脉脉表示爱情，怒目圆睁表示愤怒等。

（3）体部表情：是以人的体态和动作的变化来表达其情绪状态和思想感情的一个重要标志。知觉者通常可以通过他人的身体姿态和手势感知、判断、评估其性格、气质、能力等个性及心理活动状态。例如，低头表示屈服，垂头表示丧气，摇头表示反对，扬手表示再见和致意，张开手且手掌向上表示邀请。一个人如果是高傲的，往往是高视阔步，趾高气扬；如果是谦虚和善的，则是俯首躬身，点头恭顺。前者力求引人注目，制造声势，后者则力求平淡而不引人注意。

（4）语言表情：是以他人说话的语音、声调、节奏、速度的变化来判断其情绪状态。一个人的言语表情的流露，往往是真实的感情。如语调低沉、节奏缓慢表示悲哀；言语生硬表示愤怒，语调高昂、节奏明快表示高兴。

对他人的知觉中，单凭察颜观色是不足的，还须察其言观其行，长期、细致、全面、真实地了解他人，否则就会形成误判和错觉。

2. 人际知觉

人际知觉是指人与人之间关系的知觉，是知觉者和被知觉者情感交流过程的知觉。它是社会知觉最核心的部分。

人际知觉过程是知觉者和被知觉者基于相互理解形成的态度和情感。例如，对某些人反感、疏远，对某些人亲近、同情；对某些人喜欢，同时也希望别人同样地喜欢自己等。一般来说，人们越是彼此接近，交往频繁，有较多的相似之处，就越容易产生同情、好感和友谊。

影响人际知觉形成的因素有如下两方面：

（1）客观因素：人际关系发生时的情境，直接影响到人际关系的性质。例如，排队购买商品，按序依次进行，是文明行为的表现，如果"走后门”到柜台里去买，或不守序插队抢先，人们就会同声反对，表现出强烈不满的情绪。如果是特殊情况或者是老弱、病、残者，说明情况提前购买，就会得到人们的同情和支持；社会舆论也直接、间接地，有形或无形地影响着人际关系的维系和后果。

（2）主观因素：知识量和知识结构、经验、态度倾向、个性特征都会影响人际知觉的效果。

3. 角色知觉

角色知觉，是指个体对于自己所处的特定的社会与组织中的地位的知觉。角色是社会对某一特定对象所期望的一种行为模式。它反映一个人在社会系统中的地位以及相应的权利、义务和责任。

每个人在社会上都扮演着各种不同的角色。一个人可能在家中既当父亲又是儿子，在单位里既是领导又是被领导，等等。而每一种角色都具有一定的行为标准。对角色行为标准的不同认识，会影响一个人在社会上采取不同的角色行为。例如，人们对“经理”角色行为标准的定位不同，会影响其采取不同的行为和管理方法。假如认为经理的主要职能定位是对营销的组织管理，那么市场的开拓、客户的维护管理、应收管理、保障销售业绩良性持续增长则是经理主要的管理方式；假如认为经理的主要职责任务是生产组织管理，则控制生产成本、提高产品质量、梳理整合管理体系、改良工艺技术、保证生产任务的顺利完成，则是经理主要的管理方式。

在角色知觉中的社会地位、身份是客观存在的，任何人都不能自行创造角色和担任角色，也就是说，不是想当什么杜会角色就能成为什么角色的，例如丈夫和妻子，医生和病人，教师和学生，都是对应客观存在的。所以，角色都从属于某种群体，其举止行为无不受群体规范的制约，角色知觉和角色行为的获得也要受多种因素的影响。例如，社会角色期待的影响，社会角色冲突的影响，社会刻板印象的影响以及社会文化发展水平、社会政治、经济条件等。

4. 自我知觉

自我知觉，是指对自己的心理和行为状态的知觉。就是自己对自己的看法和评价，是个体的自我观，也是对他人或社会对自我心理和行为判断评价的期望。

（1）个体对自己内在状态的认识，主要根据他们对自己的外显行为和该行为发生的环境进行观察而推断出来的。因为在某种程度上内在的线索是微弱的、模糊的、不清楚的，因此个体就要站在外界观察者的位置上依据外部线索去推断个人的内在状态。

（2）“自我”作为一个社会实体，不仅是认识客观世界的主体，而且也是被自己认识的客体。这种主客体统一的观点决定了“自我”实质包含两层含义：从广义上来说，自我是指一切个体都能够称之“我的”之总和；从狭义上来讲，自我仅指个体对自己心理活动的认识与控制。它决定着个体行为的基本形式及生活的态度。

（3）自我知觉的内容：

①身体的自我知觉（体像）；②态度的自我知觉；③情绪的自我知觉。情绪的自我知觉中最重要的因素是生理唤起，其次是个体要对这种唤起进行认知评定，即寻找唤起的原因。内部唤起状态微弱的时候，情绪的体验必须依靠个体对外在情境的认识。

（三）社会知觉的特征

1. 选择性：个人会根据自己的喜恶选择某部分信息，而忽略其他信息；

2. 关联性：个人对于信息的知觉反应会随其与自身关联程度不同而有强有弱；

3. 情绪性：个人对信息的知觉反应会随着个人的情绪状态不同而不同；

4. 完形性：个人倾向于勾勒被知觉者的特性、形象等，使之规则化、完整化。

二、社会知觉偏差

社会知觉偏差，是指在社会知觉过程中，由于知觉主体与知觉客体及环境因素的作用，社会知觉往往会发生这样或那样的偏差。这些偏差是由于某些特殊的社会心理规律的作用，而产生的对人这种社会刺激物的特殊反映。

社会知觉通常会出现如下偏差：首因效应（第一印象）、近因效应、晕轮效应、知觉防御、刻板印象、投射作用、对比效应。

（一）首因效应（第一印象）

首因效应（Primary Effect），指在总体印象形成上，最初获得的信息比后来获得的信息影响更大，知觉影响更强烈。

最先的印象对人的知觉具有强烈的影响。通过对别人外部特征（如声音、神态、眼神、动作等）的知觉，进而推断其需求、动机、感情、个性等，最后综合这些知觉形成对这个人的印象。

1. 影响第一印象的因素

一是被知觉者的特点在知觉者的知觉映象；

二是知觉者的感情状态。

两方面诸多因素中的某一种或几种因素的变化，都会影响到第一印象。其中，价值理念、政治态度、宗教信仰的异同直接左右着第一印象的好坏。如蓄须，有人觉得不靠谱，有人则觉得是新潮；食用肉食，有人认为是满足生理营养的基本要求，佛教徒则认为这是杀生而拒绝。

2. 印象递减原理

第一印象对人们后来形成的总印象具有较大的决定力和影响力，即先入为主。人们常常根据这种第一印象的先入为主作用来决定自己第二次之后的交往行为。

最初接触陌生人，注意力投入完全充分，此时形成的印象鲜明强烈，对后继信息注重度游离递减，信息影响作用下降。

3. 首因效应的局限性

第一印象又往往有很大的局限性。由于人们对开始得到的信息较重视，并以此为依据对社会知觉对象进行评价，以致疏忽了后来得到的与最初不一致和不协调的信息量。第一印象是在与被知觉者初次接触中形成的，而一次接触所看到的、听到的，并由此推测到的都很有限。由甚少的信息而得出的印象常常是肤浅的、不全面的、不准确的。所以我们在承认第一印象重要并尽量给人以好的第一印象的同时，亦要正确分析对待。

案例：首次晤面

我带着司机小陈和张敏来到了恒盛集团，恒盛大厦坐落在恒盛工业区的右部。我们直接到了三楼方总的办公处。走出三层电梯，扑面而来的是一尊笑佛雕塑和大型水景背景幕墙。与笑佛雕塑相伴的还有：达摩、孙悟空、宋江、鲁智深、林冲、岳飞等雕塑。雕像群中传来阵阵詠经梵语和木鱼的击打伴乐，还夹杂着水幕景观流水的声音。

“方兄，公司文化管理很丰富、很特别啊！”我对着张敏感叹地说。

“呵呵，是的，是的。”张敏由衷地应答。

恒盛是与我公司已经合作3年多的唯一一家塑料品供应商，我与方总通过10多次电话，我却一直未曾与他谋面。作为我公司负责采购的张敏一直保持与他的联系。

“哎呀！哎呀！我们日思夜想的伟大的李总啊！”一个肥硕的中年男子穿着黑色西装，围拖着长长的耀眼的金色围巾，张开双臂疾步向我热情似火地走来。

“这是我公司的李总。李总，这位是恒盛的方总。”张敏慌忙介绍。

“知道知道，一看就知道是李总！”方总激动地搀扶着我走进他的办公室。

方总打着发胶的乌黑的头发闪着光泽，说话时露出褐色的牙齿，身上散发出难以适应的低廉的香水和烟草的混杂气味。

方总的办公室较为宽敞，有200平方米左右。大型办公台的背后是摆放佛像和佛经的装饰柜，左前方是一处饮茶用的大型玉雕茶台，右前方是一处用于打麻将的麻将台。

会谈的时间大概不到半个小时，我就托辞离开了恒盛。

至此，我再也没有去过这家公司。我公司常态合作的塑料品供应商也由恒盛独家变成了4家。

（二）近因效应

近因效应（Recency Effect），是指在总的印象形成上，最近获得的信息比原来获得的信息影响更大的现象。

近因效应形成的因素：不断有足够引人注意的新信息提供；原来的印

象已经随时间推移而淡忘，即印象时间递减。

首因效应与近因效应在人们的认识过程中起作用的条件不同。假如对某人的两类不同社会知觉信息连续地被人感知，人们总是倾向于相信前一种，并对其印象较深，这就是第一印象。假如这两类信息不是连续地先后被人知觉，而是先知道第一类信息，隔较长时间才了解到第二类信息，这第二类信息便成了最新的。这最新的信息则会给人们留下较深的印象。这就是近因效应。

常态条件下，知觉者在与陌生人交往时第一印象起较大作用，即首因效应明显，而在与熟人交往时近因效应起较大作用。每一次接触形成的知觉既在修正、丰富着知觉印象，同时也不断冲淡着旧信息。时光的作用使最后出现的刺激有着较深刻的印象。

近因效应使最新的信息刺激在人们的知觉中占主导，造成认识的摇摆和倾斜。如一个一直表现不错的人最近做了件错事，人们就认为他在走下坡路。

案例：全福师兄

“这是四师兄，全福。”杨师傅向我介绍。

全福个子比我高出一头，应该有26岁左右，体型硕壮，手掌掌面平削，掌骨冷挺，掌上功夫应该非凡。杨师傅向我介绍的七位师兄中，我最为认可四师兄的功夫。

每天的训练项目除站桩、弓步、马步外，重点训练的是缠、裹、扫、铲、钩、摆、弹、点、扣、外旋腿和内旋腿。这是杨氏梅花拳的精华。

一个月后的月圆之夜，我们进行常态的对招实战演练，与我对招的是全福师兄。

“我肯定不是师兄的对手。不过也好，通过实战向全福师兄好好学习，这是难得的机会。”我心里暗暗嘀咕。

杨师傅一声“开始”，全福使用外摆腿直取我的面门，我半马步下倾，双掌合十，使用观音拜佛切其脚尖，他失衡倒地。我旋即使用连环铲脚直取其中盘，他被我铲中三脚而告败。

虽然对招成功，我却无法高兴起来。全福怎么会败呢？又怎么会败在我的手里？而且竟败得不堪一击。唉，全福师兄的武功悟性确实不敢恭维！

（三）晕轮效应

晕轮效应（Halo Effect），又称光环效应，刮风天气之前晚间月亮周围的大圆环（即月晕或称晕轮）是月亮光的扩大化或泛化，故称之为晕轮效应。在读心理论中，是指对一个人形成了某种印象后，这种印象会影响对其他特质的判断，人们会习惯以与这种印象相一致的方式去评估其所有的特点。

1. 晕轮效应是一种以点概面、以偏概全的效应。人们在知觉社会对象时，以事物的某一特性为依据进行推论，而忽视事物的其他特性。如由一个女子衣着艳丽、性感，就得出其作风随便、不正经、不正派、轻浮、工作态度不认真、办事不严谨的结论。

知觉者的情感因素，尤其是价值理念起着重要的作用。一个将“知识”视为美德的人在知觉他人时只要对象不具备大学文化程度时，那么对他的总体评价就要大打折扣了；相反，一个具有“小学文化”特征的人对同一对象的知觉会与前者有很大的区别。至于实际情况，则可能与上述二者的推论都有相当的距离。知觉者主观突出、夸大了的特性就像闪闪发光的晕轮掩盖了知觉对象的全貌，阻碍了知觉者对知觉对象全面而深刻的认识。

2. 晕轮效应在社会知觉的歪曲中占有重要的位置。社会知觉的歪曲都源于对知觉对象的不完全、不正确的认识。这既是晕轮效应的关键所在，也是知觉错误的关键所在。在知觉错误中，当晕轮效应与知觉他人相关时，即有第一印象和近因效应；当晕轮效应与知觉自己相关时，即为知觉防御；而当晕轮效应与知觉社会群体相关时，则表现为刻板印象。

3. 晕轮效应出现机会最大的情形：

（1）当被知觉的特质在行为表现上模棱两可时；

（2）当这些特质含有道德意义时；

（3）当知觉者根据自己有限的经历来判断时。

案例：戴恩实验

1972 年，戴恩（Dion）做过一个实验，用科学数据证明了晕轮效应。他们让被研究者分别看高吸引力、无吸引力和吸引力一般的三类人的照片，然后让他们对照片上这些人的某些特征进行评定，结果如下表：

特性的评定	无吸引 （丑陋）	一般吸引 （一般）	高吸引 （漂亮）
人格的社会合意性	56.31	62.42	65.30
被知觉者的婚姻能力	0.37	0.71	1.70
被知觉者的职业地位	1.70	2.02	2.25
被知觉者的社会和职业上的幸福	5.28	6.34	6.37
被知觉者的总的幸福状况	8.83	11.60	11.60
被知觉者的结婚的可能性	1.52	1.82	2.17

（四）刻板印象

1. 概念

刻板印象，又称刻板效应或定型效应，是指对某个群体产生一种固定的看法和评价，并对属于该群体的个人也给予这一看法和评价。刻板印象虽然可以在一定范围内进行判断，不用探索信息，迅速洞悉概况，节省时间与精力，但是往往可能会形成偏见，忽略个体差异性，人们往往把某个具体的人或事看作某类人或事的典型代表，把对某类人或事的评价视为对某个人或事的评价，因而影响正确的判断。

人们不仅对接触过的人会产生刻板印象，还会根据一些不是十分真实的间接资料对未接触过的人产生刻板印象，例如，老年人是古板的，年轻人是冲动的；英国人是保守的，美国人是热情的。

2. 特点

（1）对个体、群体过于简单化的分类；

（2）在同一社会、同一群体中，刻板印象有惊人的一致性；

（3）多是偏见，甚至完全错误。

3. 形成原因

刻板印象是在了解、掌握感知对象感性材料不充分、不全面的基础上对一类人或事作出判断的依据。它的形成受以下三种因素的影响：

（1）每一个知觉者性格、气质、兴趣、社会地位和价值观念差异。这些因素的不同，导致对各种类型的人（如东方人和西方人、知识分子和农民、老年人和青年人）和事有不同的、较固定的看法。

（2）受大众信息传播的影响。人们对各类人物的直接接触是非常有限的，更谈不上广泛与全面，因为人们通常借助广播、电视、电影、书报杂志、网络、新媒体和社会舆论获得信息。白人对黑人的“印象”，大陆人对台湾人的“印象”，无不受大众传媒的影响。

（3）受历史、地理、文化原因的影响。由于历史、地理、民俗文化和宗教的原因，以及由此产生的不同政治、经济、文化传统的影响，造成不同地区、不同民族、不同职业、不同性别甚至不同家族形成对人和事不同的固定的看法。

刻板印象一旦形成，具有非常高的稳定性，难以被改变，人们即使出现与其相反的事实也会坚持它，并否定或“修改”事实。

4. 克服方法

克服刻板效应的具体方法：

一是要善于用“眼见之实”去核对“偏听之辞”，有意识地重视和寻求与刻板印象不一致的信息。

二是深入到群体中去，与群体中的成员广泛接触，并重点加强与群体中有典型化、代表性的成员的沟通，不断地检索验证原来刻板印象中与现实相悖的信息，最终克服刻板印象的负面影响而获得准确的认识。

5. 刻板印象的正负面

（1）刻板印象的积极面：

第一，刻板印象中包含了一定的真实成分，它或多或少反映了知觉对象的若干状况；第二，刻板印象可以对所知觉的对象进行分类，简化人们的认识过程，起到执简驭繁的作用；第三，刻板印象能帮助人们更有效地了解和应付周围的环境。

（2）刻板印象的消极面：

第一，使人们的认识僵化和停滞，阻碍人们接受新事物，阻碍人们开拓新视野；第二，持有刻板印象的人在判断他人时，把群体所具有的特征都附加到他人身上，也常常导致过度概括的错误。

6. 刻板印象在管理中的作用

在管理工作中，要注意利用刻板印象的积极方面，克服刻板印象的消极方面。要经常乐于改变或者增加信息来提高刻板印象的准确性。不能靠歪曲知觉对象，而要依据客观知觉修正自己心中的模式。

案例：亚轩刻板实验

李亚轩领导的亚轩研究院在2011年做过这样一次刻板实验：

试验者将一名广州市番禺区黄姓中年男人和一名福建省晋江市林姓中年女人的照片分别给三组被试者观察，黄先生蓄须且小眯眼，林女士清瘦且眼窝深陷；两张照片上的人并不相识且无任何关系。试验者向三组被试者分别介绍情况，给A组介绍情况时说“这个男人是这个女人的哥哥，这个男人是哲学家，女的是保姆”；给B组介绍情况时说“这个男人是这个女人的病人，这个男人是金匠，女的是护士”；给C组介绍情况时说“这个男人是这个女人的受害人，这个男人是小区管理员，女的是犯人”。然后，请三组被试者分别对照片上二人的特征进行评价。

三组被试者对照片上二人的特征的评价截然不同，评价结果如下：

A组被试者认为：男人蓄须表明他具有创新、求索、坚韧的个性，小眯眼表明他具有敏锐洞察力、思想深邃；女人清瘦表明她身体虚弱、营养不良、生活拮据，眼窝深陷表明她烦躁、苦恼、郁闷。

B组被试者认为：男人蓄须表明他邋遢、不求进取、得过且过、做事踏实，小眯眼表明他小气、心胸狭隘、关注细节、缺乏格局；女人清瘦表明她精明能干、做事利索、心细如丝，眼窝深陷表明她勤奋、刻苦、善良、进取、坚强。

C组被试者认为：男人蓄须表明他勤奋而没有计划、忙碌而没有思想，小眯眼表明他迟钝、笨拙、懒惰；女人清瘦表明她凶残、狡猾，眼窝深陷表明她顽固、歹毒、邪念频频。

为什么三组被试者对同一照片的面部特征所做出的评价竟有如此大的差异？原因很简单，人们对社会各类的人有着一定的定型认知。刻板效应实际就是一种心理定式。

（五）投射效应（Projection effect）

1. 投射效应的概念

投射效应，是指个体将自己所拥有的特性（感觉、倾向或动机）推而广之到他人身上的倾向，即以己度人，把自己的特质投射到他人身上并强加于人的一种认知障碍。

投射效应，会导致对其他人的知觉产生失真。人们在对他人形成印象时，有一种强烈的倾向就是假定对方和自己有相同之处，即“以己推人”。比如心地善良的人总也不相信有人会加害于他；而敏感多疑的人，则往往会认为别人不怀好意。

投射效应，使人们倾向于按照自己是什么样的人来知觉他人，而不是按照被观察者的真实情况进行知觉。当观察者与观察对象十分相像时，观察者会很准确，但这并不是因为他们的知觉准确，而是因为此时的被观察者与自己相似。因此，导致了他们的发现是正确的。投射效应是一种严重的认知心理偏差，辩证地、一分为二地去对待别人和对待自己，是克服投射效应的良方。

2. 投射效应的表现形式

投射效应的表现形式是多种多样的，主要有两种：

一是感情投射，即认为别人的好恶与自己相同，把他人的特性硬纳入自己既定的框框中，按照自己的思维方式加以理解。例如，自己喜欢某一事物，跟他人谈论的话题总是离不开这件事，不管别人是不是感兴趣、能不能听进去。引不起别人共鸣，就认为是别人不给面子，或不理解自己。

二是认知缺乏客观性，例如，有的人对自己喜欢的人或事越来越喜欢，越看优点越多；对自己不喜欢的人或事越来越讨厌，越看缺点越多。因而表现出过分地赞扬和吹捧自己喜欢的人或事，过分地指责甚至中伤自己所厌恶的人或事。这种认为自己喜欢的人或事是美好的，自己讨厌的人或事是丑恶的，并且把自己的感情投射到这些人或事上进行美化或丑化的心理倾向，失去了人际沟通中认知的客观性，从而导致主观臆断并陷入偏见的泥潭。

3. 投射效应的形成

投射效应通常会在如下两种情况下形成：

（1）对方的年龄、职业、社会地位、身份、性别等与自己相同。同一个群体的人总是具有某些共同的特征，因此，在认识和评价与自己同属一个群体的人的时候，人们往往不是实事求是地根据自己的观察所得到的信息来判断，而是想当然地把自己的特性投射到别人身上；另外，人们总是喜欢评价与自己有某些相同特征的人，总是习惯于与这些人进行比较，但是，人们又不希望在比较中自己总是落败，处于不利之地，而投射作用在此正好起了一个保护作用，把自己的特点投射到别人身上，自己和别人就都一样了，没有什么区别。

（2）当人们发现自己有某些不好的特征的时候，为了寻求心理平衡，就会把自己所不能接受的性格特征投射到别人身上，认为别人也具有这些恶习或观念。中国有一则“五十步笑百步”的寓言，自己因为临阵逃脱而觉得难堪，突然发现别人比自己逃得更远，便大肆嘲笑，以减轻自己心里的不安。这时候，投射作用也是一种自我保护措施，这样做可以保证个人心灵的安宁，但往往影响自己对人和事的正确判断。在这种时候，人们更喜欢把自己所具有的那些不好的特征投射到自己尊敬的人或者比自己强得多的人身上，这样一来，心里的不安就会大减，因为名人尚且不可避免地具有这些特征，何况我一个无名小卒呢？

案例：佛心自现

宋代著名学者苏东坡和佛印和尚是好朋友，一天，苏东坡去拜访佛印，与佛印相对而坐，苏东坡对佛印开玩笑说：“我看见你是一堆狗屎。”而佛印则微笑着说：“我看你是一尊金佛。”苏东坡觉得自己占了便宜，很是得意。

回家以后，苏东坡得意地向妹妹提起这件事，苏小妹说："哥哥你错了。佛家说'佛心自现'，你看别人是什么，就表示你自己是什么。"

第三节　归因理论

一、归因的基本内容

（一）归因的概念

归因，顾名思义是"因果归属"。指知觉者对别人或自己的行为进行分析、解释和推测其原因或者动机的心理活动过程。

归因作为一种心理现象在生活和工作中普遍存在。人们总是不断地对自己或他人的行为提出"为什么?"即通过对人的外部知觉来推测其内在的意图和动机。

（二）归因的内容

1. 心理活动的归因。

2. 行为的归因，即根据人的行为和外部表现，推测其心理活动，这是社会知觉归因的主要内容。行为的归因会影响对人根本特征或特质的判断。

3. 对人们未来行为的预测。

（三）归因的过程

归因共包括三个步骤：

1. 对行为的知觉。

2. 对行为意图的判断。

3. 对个性的归因。

经过实验研究发现，97.5%以上的知觉者或知觉对象在分析行为或外部表现形成的原因时已经定格、固化前设。但伴随着重大事件的影响、经济政治社会文化环境变化、自身素质改变、兴趣爱好调整，归因也会动态改变。

譬如，一个成功的影视明星、运动健将、企业家、学者皆将自己的业绩表现原因解读为：勤奋努力或天资异类，虽然他（她）们会强加修饰，要感谢父亲、母亲、朋友、爱人、认识或不认识的人、各个政治组织、各个媒体机构。但是，影视明星、运动健将、企业家、学者多年后看到业内新星已远超过自己的专业地位时，归因的调整便成为必然。

二、归因理论

归因理论就是研究如何说明和分析人们行为活动因果关系的理论。

归因理论认为我们对个体的不同判断取决于我们对给定行为归因于何种意义的解释。换言之，当我们观察某一人的行为时，我们总是试图判断它是由内部原因还是外部原因造成的，从而达到解释、控制和预测随这种环境而出现的行为的目的。

（一）海德的二归因论

1958 年，海德（Fritz Heider）在他的著作《人际关系心理学》中，从通俗心理学的角度提出了归因理论，可以认为海德是归因理论的创始人。他指出人的行为原因可分为内部原因和外部原因。

内部原因（个性倾向归因），是指存在于行为者本身的因素，如能力、性格、需要、情绪、兴趣、态度、信念、努力程度等等，内部原因（个性倾向归因）是把个人行为的根本原因归结为个人的自身特点。内部原因具有稳定性和高强可控性。

外部原因（情境归因），是指行为者周围环境中的因素，如自然条件（如温度、湿度、海拔高度）、社会条件（如教育程度、人口素质）、经济条件（如地区或企业经济体量、居民可支配收入）、法律法规、政策政令、技术条件、装备与技术、期望、奖励、惩罚、指示、命令，工作的难易程度等等。情境归因是把个人行为的根本原因归为外部力量。外部原因具有不稳定性和低弱可控性。

海德的归因理论认为：人们把过去的成功或失败主要归结于四个方面的因素：努力、能力、任务难度和机遇。这四种因素又可按内外因、稳定性和可控性进一步分类：从内外因方面来看，努力和能力属于内因，而任务难度和机遇则属于外部原因；从稳定性来看能力和任务难度属于稳定因素，努力与机遇则属于不稳定因素；从可控性来看，努力是可以控制的因素，而任务难度和机遇则超出了个人控制范围。

海德的归因理论开创了归因问题的先河，他对行为原因所做的个人—环境的逻辑分析一直是归因的基础，影响深远。

海德还指出，在归因的时候，人们经常使用两个原则：一是共变原则（Principle of covariation），它是指某个特定的原因在许多不同的情境下和某个特定结果相联系，该原因不存在时，结果也不出现，我们就可以把结果归于该原因，这就是共变原则。比如一个人总是在考试前闹别扭、抱怨世界，其他时候却很愉快，我们就会把闹别扭和考试连在一起，把别扭归于考试而非人格；二是排除原则，它是指如果内外因某一方面的原因足以解释事件，我们就可以排除另一方面的归因。比如一个凶残的罪犯又杀了一个人，我们在对他的行为进行归因的时候就会排除外部归因，而归于他的本性等内在因素。

（二）凯利的三度归因论

美国著名社会心理学家凯利（Harold Harding Kelley）1967 年发表了《社会心理学的归因理论》，对海德的归因理论进行重大扩充和发展。

1. 归因三维度

（1）特殊性或区别性：个人在不同情景中行为相似的程度。行动者是否对同类其他刺激做出相同的反应，即行动者在众多场合下都表现出这种行为还是仅在某一特定情境下表现这一行为。

（2）普遍性或一致性：个人在面对相同的刺激时，行为反应是否与其他被观察人行为一样？即其他人对同一刺激物是否也做出了与行为者相同的方式反应。如果每个人面对相似的情境都有相同的反应，我们就说该行为表现出一致性。

例如，在圣诞派对中所有的嘉宾都选择了轩尼诗（Hennessy），杨先生也选择了轩尼诗（Hennessy），那么这一行为就是一致性高。

（3）稳定性或一贯性：在不同时间点、不同情境中，同一行为人面对同一刺激的反应是否相同？即行为者是否在任何情境和任何时候对同一刺激物都有相同的反应，即行为者的行为是否稳定持久。如果同一行为人在其他的时间和情境下也有同样的行为，那么一贯性高，否则一贯性低。

例如，杨先生无论在国内外的任何邀请演出活动，还是自己组织大型活动，无论在国庆日、圣诞节、元旦、春节，还是自己和家人的生日晚会，都会选择中国古典名曲《汉宫秋月》作为主要演奏曲目。那么，这个行为就是一贯性高。

凯利认为这三个方面信息构成一个协变的立体框架，根据上述三方面的信息与协变，可以将人的行为归因于行为者、客观刺激物或情境。如果一名员工完成目前工作的水平，与其他类似的工作相同，即低区别性，而在这项工作中其他员工的水平总是和他的水平十分不同，即低一致性，并且他的这一工作绩效无论何时都是稳定的，即高一贯性，则他的管理者或其他任何人在判断他的工作时，都会认为他自己对这一绩效负有主要责任（内部归因）。

2. 归因中的错误或偏见

凯利还研究了归因中的错误或偏见。例如，尽管我们在评价他人的行为时有充分的证据支持，我们总是倾向于低估外部因素的影响而高估内部或个人因素的影响。这称为基本归因错误。它可以解释下面的情况：当销售代表的业绩不佳时，销售经理倾向于将其归因于下属的懒惰而不是客观外界条件的影响；还有一种倾向于把自己的成功归因于内部因素如能力或努力，而把失败归因于外部因素如运气，这称为自我服务偏见。由此表明，对员工的绩效评估可能会受到归因偏见的影响。

管理者要认识到员工是根据他们对事物的主观知觉而不仅仅是客观现实作出反应的。员工对于薪水、上级的评价、工作满意度、自己在组织中的位置和成就等方面的知觉与归因正确与否，对于其潜力的发挥和组织的良好运作是有重要影响的；同时，管理者在对员工的行为进行判断和解释时也应该尽量避免归因中的偏见和误差。

3. 归因模式

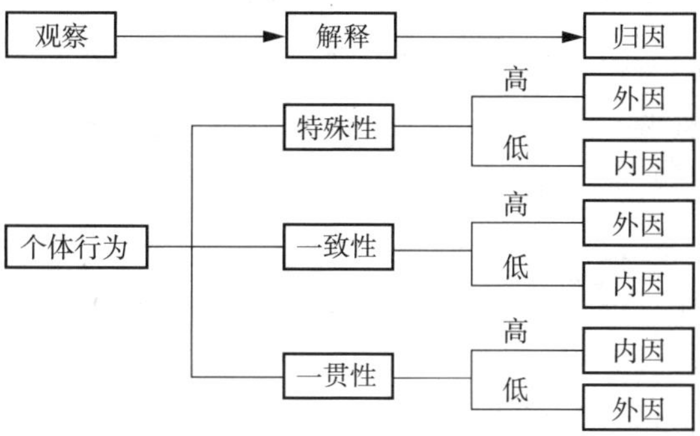

4. 结论

一致性低，一贯性高，特殊性低，则归因于行为者；三性都高，归因于行为者的对手；一致性低，一贯性低，特殊性高，归因于环境。

案例：A 公司人力资源部批评营销部门业绩的归因

组合情况	提供的信息			归因类别	判断结论
	一致性	一贯性	特殊性		
1	低	高	低	归于知觉者本身	人力资源部门评估标准和能力缺失
2	高	高	高	归于知觉对象	营销部门内部运营管理亟待改善
3	低	低	高	归于情境	外部市场和同业竞争对手亟待研究

（三）韦纳的六因三向归因论

1. 美国心理学家伯纳德·韦纳（Bernard Weiner，1974）认为，人们对行为成败原因的分析可归纳为以下六个原因：

（1）能力：评估个人对该项工作是否胜任的实力；

（2）努力：反省检讨在工作过程中尽力而为的程度；

（3）工作难度：判定该项工作由各种因素形成的困难程度；

（4）运气：此项工作成败是否与运气有关；

（5）身心状况：评判个人身体及心情状况对此项工作成效的影响程度；

（6）外力因素：评价体系的公平性、公共资源的利用程度、相关部门和相关人员的协同程度。

韦纳按以上六项因素的性质，分别纳入以下三个向度之内：

（7）因素来源：指当事人自认影响其成败因素的来源，是以个人条件（内控），抑或是来自外在环境（外控）。在此向度上，能力、努力及身心状况三项属于内控，其他各项则属于外控；

（8）稳定性：指当事人自认影响其成败的因素，在性质上是否稳定，是否在类似情境下具有一致性。在此向度上，六因素中能力与工作难度两项是不会随情境改变的而是比较稳定的，其他各项则均为不稳定者。

（9）可控性：指当事人自认影响其成败的因素，在性质上是否能由个人意愿所决定。在此向度上，六因素中只有努力一项是可以凭个人意愿控制的，其他各项均非个人所能为。

2. 韦纳认为，我们对成功和失败的归因会对以后的行为产生重大的影响。如果把一场球赛的失败归因为缺乏能力，那么以后的赛事还会期望失败，这是因为能力是一个稳定性因素；如果把一场球赛的失败归因为运气和环境不佳，那么以后的赛事就不大可能期望失败，这是因为运气是一个不稳定性的因素。这两种不同的归因都会对一个足球运动员产生重大的影响。

有成就需要的人会把成就归因于自己的努力，把失败归因于努力不够。不甘于失败，坚信再努力一下，便会取得成功。相信自己有能力应对，只要尽力而为，没有办不成的事；相反，成就需要不高的人认为努力与成就没有多大关系。他们把失败归因于其他因素，特别是归因于能力不足。成功则被看成是外界因素的结果，如任务难度不大、正好碰上运气等等。

作为对成就需要理论的一个补充，归因理论特别强调成就的获得有赖于对过去工作是成功还是失败的不同归因。如果把成功和失败都归因于自己的努力程度，就会增强今后努力行为的坚持性。反之，如果把成功与失败归因于能力太低、任务太重这些原因，就会降低自身努力行为的坚持性。运气或机遇是不稳定的外部因素，过分地归因于这一因素会使人产生侥幸心理行为，也是具有高成就需要的人所不屑为的。总之，只有将失败的原因归因于内外部的不稳定因素时，即努力的程度不够和运气不好时，才能使行为人进一步坚持原行为。

3. 韦纳进一步提出下列三个论点：

（1）个人的个性差异和成败经验等影响着他的归因。

（2）个人对前次成就的归因将会影响到他对下一次成就行为的期望、情绪和努力程度等。

（3）个人的期望、情绪和努力程度对成就行为有很大的影响。

第三部分　价值观、态度与管理

第一节　价值观

一、价值观概述

“价值观”是一个使用广泛的概念。关于它在人类社会交往中的地位与作用，不少学科，如哲学、经济学、社会学、政治学、教育学、心理学、美学等，都会从不同的维度进行理论、经验或实证的研究。然而，迄今为止，仍未有一个统一的定义。哲学家更关心普遍的价值标准，这是一个至今仍在争论的问题；而心理学家则更看重个体的价值判断是如何影响其行为的。

价值观通常被视为相对稳定的个人选择，它受制于一定的社会历史条件。由于价值观是个性倾向性的核心内容，是浸透于整个个性之中支配着人的行为、态度、观点、信念、理想的内心尺度，因此，要很好地描述、解释和预测个体和群体的行为，读心理论就必须要研究人的价值观。

尽管心理学家对价值观有各自不同的理解，但是他们仍能对其提出操作性定义，并据此对人们的价值观进行测评。

（一）价值观概念

价值观，是指个体在长期的社会环境中形成的比较稳定的、持久的社会信念和价值系统，是人们用来区分好坏标准并指导行为的心理倾向系统。价值观往往容易被看作仅属于认知的范畴，其实它通常是充满着情感和意志的。价值观是浸透于整个个性之中支配着人的行为、态度、观点、信念、理想的一种内心尺度。

价值观涵盖内容和强度两个维度，如追求平等、自尊、刺激、享乐、舒适、友谊。

（二）价值观的特征

价值观具有如下主要特征：

1. 主观性：人们区分好与坏的标准，包括区分得与失、荣与辱、成与败、福与祸、善与恶的标准，都可以称为价值观，是根据个人自己内心的尺度来进行评价的。虽然客体是客观存在的，但个人对客体的认知，对其好坏的评价却决取于主体自身的需要。

2. 选择性：个人的价值观是人出生后在社会环境中逐渐萌发和形成的。儿童时期的“价值观”是模仿和吸取父母和亲近的人的言行而形成的。这一阶段的“价值观”是照搬成人的价值观，具有明显的感性形式。儿童期的“价值观”称为价值感，还不能称为价值观。只有到了青年期随着自我意识的成熟，个体才会开始主观地、有意识地选择符合自己的评价标准，形成个人特有的价值观。

3. 稳定性：个人的价值观形成之后具有相当的稳定性，往往不易改变，并在人的兴趣、愿望、目标、理想、信念和行为上表现出来。

4. 社会历史性：价值观是一种多维度、多层次的心理倾向系统。处于不同历史时代、不同的社会生活环境里的人们的价值观是不同的。如军人会将忠诚、服从视为核心价值观，学者会将自由思想、独立见解视为核心价值观，美国人会将民主、平等视为核心价值观，朝鲜人会将绝对服从领袖意志视为核心价值观。

（三）价值系统的结构

价值观包含以下七个核心成分或因素：

1. 信念：价值观具有比一般看法或意见更高的层次，它是个体追求的最高目标取向，表现为有明确的人生信念。

2. 终极状态或行为：需求是价值观的基础，人对客体结构和属性意义的认识和评价取决于自身的需求。因此，从这个意义上说，价值观是关于满足人自身需求的终极状态或行为。

3. 稳定：价值观是高度概括化的观念结构，是超越特殊情境的一般抽象物。

4. 选择：价值观的基本特征是两极性，表现为好与坏、善与恶、美与丑、公正与不公正等等。由于价值观的这一特点，人们往往对价值观具有选择的取向性。

5. 导向：价值观对行为有指向作用，它指导行为的选择并进行价值评估。

6. 观念的一致：个体的价值系统包含多种因素，如审美价值、道德价值、理论价值、经济价值、职业价值等等，从总体上来看，这些因素并不是相互矛盾的杂乱结构，而是相互联系、相互影响的有机整体。

7. 社会制约：价值观决不是纯个人的体验，它受当时的社会经济文化的影响。因此，不同历史时代、不同国家或地区、不同社会制度、不同宗教文化背景下的人们的价值观是有所不同的。

（四）价值观的作用与功能

1. 能够直接影响个体对事物的看法（态度）和行为。
2. 支配着个体的需要、动机乃至行为。
3. 影响个体的人际关系、决策。
4. 影响对个体及组织的成功的看法。
5. 制约和调整组织行为的内在规范。
6. 激发和引动组织制度创新与经营创新。
7. 凝蓄组织活力的内在源泉。

二、价值观的类型

（一）奥尔波特价值观分类

美国人格心理学家、人本心理学先驱戈登·奥尔波特（Gordon W. Allport，1897—1967）对价值观提出如下分类：

1. 理论型（科学型）：重知识、重能力、重原则、重理性、勤思考，重视以批判和理性的方法寻求真理。

2. 经济型（实用性）：强调有效和实用，重事物的功利价值，重最终结果，以是否有利于个体或集团和社会的生存与发展作为评价事物价值的标准。

3. 审美型（艺术型）：重视外形与和谐匀称的价值。追求艺术美感，做事尽善尽美；讲究生活、学习、工作丰富多彩、和谐完美；以美感、对称、和谐的标准评价与体验事物，讨厌世俗纠纷，漠然面对周围的人。

4. 社会型：重人际关系与友爱，为人处事公平正义；关心他人，乐于助人，诚实可信；喜欢民主有效的集体，建立和谐的人际关系；情谊高于一切，爱他人也希望被他人爱。

5. 政治型：关心国家与民族发展，以振兴国家与民族为己任；追求自尊与自强，责任感强；重视领导管理能力的培养，希望显示自己的能力与影响；勇敢顽强，喜欢奋斗与竞争，这类人喜欢发动组织和支配他人，认为人生就是一场战争，为了胜利可以采取一切手段。重视拥有权利和影响力，与他人交往也是达成目的的一种手段。

6. 宗教型（信仰型）：关心对宇宙整体的理解和体验的融合。追求理想与信仰；喜欢探索人生的意义与宇宙的奥秘；注重精神生活、宗教与自然的力量。

（二）格雷夫斯价值观分类

行为科学家格雷夫斯（Clare W. Graves）为了把错综复杂的价值观进行归类，曾对企业组织内各式人物做了大量调查，就他们的价值观和生活作风进行分析，最后概括出以下七个等级：

第一级（反应型）：这种类型的人并没有意识到自己和周围的人是作为人类而存在的，他们依自己基本的生理需要做出反应。这种人非常鲜见；

第二级（部落型）：这种类型的人依赖性极强，服从于传统习惯和权势；

第三级（自我中心型）：这种类型的人信仰冷酷的个人主义，自私和爱挑衅，主要服从于权力；

第四级（坚持己见型）：这种类型的人对模棱两可的意见不能容忍，难以接受不同的价值观，希望别人接受他们的价值观；

第五级（玩弄权术型）：这种类型的人通过摆弄别人，篡改事实，以达到个人目的，非常现实，积极争取地位和社会影响；

第六级（社交中心型）：这种类型的人把被人喜爱和与人相处看作重于自己的发展，受现实主义、权力主义和坚持己见者的排斥。

第七级（存在主义型）：这种类型的人能高度容忍模糊不清的意见和不同的观点，对制度的僵化、空挂的职位、权力的强制使用，敢于直言。

一般企业人员的价值观分布于第二级和第七级之间。就管理人员来说，过去大多属于第四级和第五级，随着时间的推移，这两个等级的人逐渐被第六、第七级的人取代。

（三）罗克奇价值观分类

米尔顿·罗克奇（Milton Rokeach）于1973年编制的价值系统调查表（Rokeach Values Survey）是国际上广泛使用的价值观问卷。罗克奇的价值系统理论认为，各种价值观都是按一定的逻辑意义联结在一起的，它们按一定的结构层次或价值系统而存在，价值系统是沿着价值观重要性程度的连续体而形成的层次序列。

罗克奇提出了两类价值系统：

1. 终级性价值观（terminal values），指个人价值和社会价值，用于表示存在的理想化终极状态和结果。它是一个人希望通过一生而实现的目标。终极性价值观共18项：舒适的生活、振奋的生活、和平的世界、美丽的世界、成就感、平等、家庭安全、自由、幸福、内在和谐、成熟的爱、国家安全、快乐、永恒、自尊、社会承认、真挚的友谊、睿智。

2. 工具性价值观（instrumental values），指道德和能力，是达到理想化终极状态所采用的行为方式或手段。工具性价值观共18项：雄心勃勃、心胸开阔、能干、欢乐、清洁、勇敢、宽容、助人为乐、正直、富于想象、独立、智慧、符合逻辑、博爱、顺从、礼貌、负责、自我控制。

罗克奇价值观调查（RVS）让被试者按其对自身的重要性对两类价值系统分别排列顺序，将最重要的排在第1位，次重要的排在第2位，依此类推，最不重要的排在第18位。该量表可测得不同价值在不同的人心目中所处的相对位置，或相对重要性程度。这种研究是把各种价值观放在整个系统中进行的，因而更体现了价值观的系统性和整体性的作用。

案例：英特尔的价值观协调

英特尔科技（中国）有限公司总经理李敏达认为，企业在成长过程中，要尽早确定自己的价值观，用企业的价值观来同化每一位员工，从而协调统一企业的所有行动。

英特尔公司的6条价值观包括：

客户至上、纪律严格、质量为本、冒险精神、良好的工作环境和注重结果。

价值观中最核心的就是注重结果和良好的工作环境。

塑造良好的工作环境最重要的是要对员工信任和尊重。有了尊重，就会开放，就会听取员工的意见。在英特尔公司，员工随时可以找上司沟通。

随着社会和经济环境不断变化，价值观也需要不断发展。英特尔公司的价值观一开始是3个，后来发展为6个，最近又在调整6个价值观中的具体解释条款。通过这样的调整，企业始终能在市场中保持正确的航向。

第二节　态度

一、态度概述

（一）概念

态度，是人对某一特定的客体做出反应时所持有的稳定性的心理倾向，包括判断、评价心理倾向。它是心理学中的一个重要概念。

1. 态度是一种内在的心理倾向；

2. 态度总有一定的对象，它包罗万象，如人、物、事件、群体、制度、民族、国家以及代表各类事物的观念；

3. 态度具有价值判断的成分和情感色彩；

4. 态度具有一定的稳定性与持续性。

（二）态度的构成要素

态度的心理结构由三种要素构成：认知、情感和行为倾向。态度的三种成分，是外界刺激与个体反应之间的中介因素，个体对外界刺激的反应受其态度的调节。

1. 认知，是指对个体态度对象的知觉、理解、信念和评价。它是态度形成的基础。一般人都知道香烟有提神的作用，抽烟可以缓解紧张，但我们也知道抽烟会导致癌症，并且对呼吸系统以及心肺功能有害。抽烟同时也是一种开销不小的消费。认知成分可以呈现为直接方式，也可以呈现为间接方式。例如，“降低成本可以增加销量、提高竞争优势”，属于直接表明降低成本的态度；而“降低成本容易忽视质量，继而降低竞争优势”，则属于间接地表明对降低成本的态度。

2. 情感，是指个体对态度对象所持有的一种情感体验。如喜欢或讨厌、尊敬或蔑视、羡慕或不屑、支持或反对、热情或冷漠等，都是人们在交往活动中经常碰到的态度体验。它是态度形成的核心。比如有的人嗜烟如命，饭可以不吃，但烟不可以不抽；而有的人则极端厌恶抽烟，不仅自己不抽，而且别人在其面前抽烟也无法容忍。要解释这些极端性的差异并不容易，需要从个人的人格特质、心理状况以及香烟的功能等多方面综合分析。

3. 行为倾向，是指个体对态度对象所持有的一种内在反应倾向，是个体做出行为之前所保持的一种准备状态。

一般情况下，人们对事物态度的三种要素是互相协调一致的。如通常某一个家庭的成员对待家长的权威、能力，作风、品德及个性的认知与评价是肯定的，对这位家长的情感则应是融洽的、亲近的，而在行为倾向上则会产生愿意去接近这位家长、愿意接受这位家长的指导和帮助的意向。

但是态度的三种成分之间有时并不总是一致的，在生活中有时人们会有这祥的感受，某一件事情从理智上讲应该去接受，但在感情上还难以接纳，因而导致行为上难以一下适应。譬如，我们对 1000 多个家庭的社会抽样调查中发现，70% 的人反对强制性性交易管制；但同时，80% 以上的家庭从情感上无法接受自己的家庭成员参与性交易行为。情感成分在态度中起着极为重要的作用。

虽然人的态度主要是由认知、情感和行为倾向三种成分组成的，但在不同的态度中这三种成分所占的比重是不同的，有些态度可能认知成分占的比重大一些，人们对一些与个人利益没有明显冲突的事物的态度就表现为认知成分较高；有些态度可能情感成分占的比重较大，当涉及一些与个人利益关系较密切的态度表现时，情感成分则占主导地位。

（三）态度的功能

1. 社会判断：态度注入了人们强烈的感情因素，从而形成一种参照框架，在某种程度上影响了判断的客观性和准确性。

2. 学习：态度本身有一定的过滤作用，直接影响学习效果。态度积极，能激发人的学习热情，学习效果则好；反之亦然。

3. 忍耐力：人的忍耐力的大小取决于多种条件。但态度是个人忍耐力的决定性因素之一。坚定的态度，有助于忍耐力的提高。

4. 生产效率：态度端正、积极，会导致较高的生产效率，但是态度消极，则有可能产生两种后果：高生产率或低生产率。因为人的工作心理，常常受到多种因素的影响。对工作不满意，但考虑自身的生存和社会规范，群体约束等因素，也可能会产生高生产率。

5. 价值观：价值观强烈影响个人的态度与心理，它是了解个体态度与动机的基础。当个体的价值观与组织的价值观一致时，则能发挥出更大的作用。

6. 满意度：态度与个体的满意度，呈正相关关系。具体来说，个体满意度受下述因素的影响：

（1）心理挑战性工作，即提供个体发挥能力与作用的机会。特别是中等强度的挑战性工作，对人最有利。

（2）公平报酬，分配制度和晋升制度公正明确。

（3）支持性的工作环境，包括物理环境（如工作场所的安全、舒适、较少的干扰等）和社会环境。

（4）融洽的同事关系，包括上下级之间关系的协调，特别是友好与善解人意的主管。

（5）工作与人格匹配，能使个体发挥自己的特长，技能得到充分施展。

二、态度的形成

（一）态度形成的条件

美国人格心理学家、人本心理学先驱奥尔波特（Gordon Willard Allport，1897—1967）认为，态度形成有4个条件：

1. 经验的积累和整合：从各个零散的、单一的经验中形成相同类型的特殊反应的整合。

2. 经验的分化：开始是笼统的、缺乏特殊的，以后逐渐分化和个别化。

3. 剧烈的、外伤性经验，甚至是仅仅一次的经验，就可以形成永久性的态度。

4. 对社会已有态度的模仿及语言的学习。

（二）态度的形成过程

态度是人们在后天环境形成的，是个体社会化的结果。

婴儿降生时只是一个生物实体，一个自然人。后来，在社会环境和教育的影响下，才逐渐发育成长为社会人，具有了对周围世界的态度。

态度形成的过程，是从没有某种态度到具有某种态度，从简单的态度到复杂的态度，从不稳定的态度到稳定的态度的过程。

态度形成的程序与个人社会化的程序是同步的。开始父母对孩子的需要采取一种固定满足方式和教养方式，这就制约了儿童早期态度的形成。后来，随着个人社会化的发展，特别是各种教育的影响，儿童的态度对象和态度模式也逐渐复杂多样，随后，在社会活动中，态度逐渐和价值观联系起来，变得越来越稳定。

态度形成后，会使个体具有一种内在的心理结构。如果形成了正确态度，就会使个体与外界取得平衡，否则，会阻碍个体在社会中的适应。

（三）态度形成的阶段

社会心理学家凯尔曼（Herbert C. Kelman）提出了态度形成的三阶段理论。这三个阶段分别为服从、同化、内化。

1. 服从阶段，又称为顺从阶段，是指个体为了获得奖酬或避免惩罚按照社会的要求、群体的规范或别人的意志而采取的表面服从行为。这一阶段人的态度和行为的特点是态度受外部压力的影响，或外力的胁迫强制，或是外力的诱惑，表面上顺从，但内心并不相信。服从行为往往是暂时的，有人监督就规规矩矩，绝对服从；没有人监督就违反纪律。从被迫服从，逐步形成习惯，就转化为自觉服从。

2. 认同阶段，又称同化阶段，是指人不是被迫屈服，也不是不自觉地模仿，而是自觉自愿地接受他人的观点、信念、态度与行为影响，使自己的态度和行为逐渐与他人或某个团体的态度相接近的过程。例如，加入同盟会的成员会认识到，作为组织成员，必须遵守组织的理念、行动纲领、纪律、规范，才能维护个人在团体中的利益，于是能够自觉地遵守各种规章制度，这就是与组织成员态度同化的结果。

3. 内化阶段，是态度形成的最后阶段。这一阶段是真正在内心深处相信并接受他人的观点，彻底转变自己的态度。换言之，个体把外部的新思想、新观点归于自己的思想体系之中，成为自己态度体系一个有机的组成部分。内化阶段，是人们的态度真正形成或彻底转化的阶段，也是人的态度和行为最稳定、最持久的阶段。例如，一个真正接受了同盟会理念和信仰的革命者（孙中山、黄兴），就可能面对满清强大的专制机器视死如归，舍身求义。

（四）影响态度形成的因素

1. 先天遗传因素

影响态度形成的因素的主流观点是源于个体行为和社会环境。美国著名心理学家凯勒（Fred Kelller，1992）等人尝试探讨了基因因素对态度形成的作用。他们发现，同卵双生子之间态度的相关程度要比异卵双生子之间态度的相关程度要高。这里的态度涉及从宗教态度到工作满意度等多个方面，而且，不论双生子是一起抚养，还是分开抚养，都存在这种结果。

结果表明，基因对态度形成有一定的作用。但是，基因对态度形成的作用机制尚未完全被揭示出来。

2. 人的自身因素

（1）人的需求是否得到满足：需求的满足与否是态度产生和发展的基础。个体对那些能满足自己需要的事物，或者能够帮助自己达到目标的事物，必然会产生积极的、喜爱的态度。相反，则会产生消极的、厌恶的态度。而对与自己的需要毫不相干或者关系不大的事物，人们往往产生无所谓或不置可否的态度。

（2）经验：从态度形成的内在过程来看，经验的作用是非常重要的，尤其是经验的情绪效应。直接经验，对个人的态度产生强有力的影响。来自直接经验的态度比来自间接经验的态度更强烈、更执着，也更不易改变。

（3）知识结构：知识在态度形成中具有重要的作用。在认知性态度中，知识的作用尤为显著。

（4）价值观：人们对某一事物的态度往往不是直接取决于这一事物客观存在价值，而是取决于对客观价值的认识。人们认为某一事物越有价值，所采取的态度就越强烈。

3. 社会环境因素

（1）家庭：家庭是个体社会化的第一站。父母是个体幼婴成长过程中的第一任教师，是儿童首先认同的对象。个体的价值观、行为习惯很多是在父母的启蒙影响下发展起来的。

（2）同伴朋友：随着个体年龄的增长，父母及家庭的影响力会逐渐减少，而同伴朋友的影响力会越来越大。个体开始把自身所持有的态度、观点与自己同伴的观点、态度作比较，并以同伴的态度、观点作为依据来调整自己原有的态度。

（3）群体参照：个体在价值取向或行为方式上认同自己所属的或所选择的群体。个人在群体中的身份和群体在大社会中的位置，是个人社会同一性的重要方面。首先，每一群体都有自己的行为规范和准则，并要求群体成员共同遵守；其次，个体会认同所参加的群体，自愿采纳群体的态度；再次，对于同一群体的隶属，由于实际上有许多共同的生活内容，使人们有相同或相近的知识、经验和社会视角，这使群体各成员的态度趋向相同或相近。

（4）文化因素：文化作为人们社会化的大背景，深刻地影响到人们态度的形成。美国著名人类学家玛格丽特·米德（Margaret Mead，1901—1978）曾对南太平洋新几内亚岛的3个原始部落进行长期研究，发现文化背景直接决定着人们对许多事物的态度，乃至整个思维方式。米德发现，在一个叫阿拉佩什的部落，男子也同女性一样高度女性化。现代社会强调男子需要有刚毅、善于竞争、敢于搏斗的阳刚之气，而在阿拉佩什部落中，这样的男子是被人看不起的。在另一个叫德昌布利的部落，男子的女性化特征更为明显——敏感、喜欢打扮、情绪容易受感染、斤斤计较、为小事生气、性行为处于被动地位。

三、态度形成的理论

（一）学习论

研究态度和信念的先驱、“耶鲁学派”鼻祖——卡尔·霍夫兰（Carl Hovland，1912—1961），于1953年提出学习理论，霍夫兰对态度改变的研究实质是一种学习理论或强化理论，他相信态度是由学习得来的，并且态度改变与学习同时进行。

1. 联想，就是两个或多个观念（概念）之间构成联结通道，由一个观念可引起另一个观念的活动表现。态度的形成是个体通过联想获得有关信息和情感后，进而予以评价的过程。

美国夏威夷心理学教授斯塔茨（Authur Wilbur Staats，1958）在《态度由于经典条件反射而建立》一文中说：“态度的形成是一个中性概念与一个带有社会积极或消极含义的概念重复匹配的结果。”例如“学生”一词只表明在学校中接受教育的人，是个中性词，但假若它多次与“偏激的”形容词发生联结，其结果就会产生“学生是偏激的”的偏见。如果经历一次事实的印证，这种联结便会更加牢固，成为刻板印象或定型（stereotype）。这就成为对学生所持的一种态度。

2. 强化，对态度形成有相当重要的作用。当个体的态度（如厌恶吸烟、早起锻炼等）得到社会的赞许，它就受到了强化，否则就得不到强化（或称负强化）。态度的强化更多地依赖于赞许。除此之外，态度的强化还受到两种相反的强化，其作用则取决于两者相对的强度。对于青少年来说，来自于同伴的赞许（强化）比来自于父母的反对，其力量要大得多。所以要帮助青少年形成正确的态度，群体舆情导向至关重要。

3. 模仿，是通过对标杆或榜样人物形象的示范而产生的联想反应，即初级学习形式。榜样如果是强有力的、重要的或亲近的人物，引起模仿的作用更大，甚至在没有榜样言语教诲的情况下，也是如此。儿童早期的一些态度大多来自于对父母的模仿，但随后形成的态度来自于对社会上最为亲近人物（老师、同辈好友、英雄人物，名人等）的模仿。

人不仅只模仿榜样态度的外部特征——形象、言谈、举止等，而且也吸取着榜样态度的内涵——思想、情感、价值观念、人格等。例如，父母对物质财富持自私态度的儿童可能内化了这种态度，并会拒绝与伙伴共享玩具，甚至父母告诉他们不应这样时也还会如此待人。直到人们掌握了许多社会规范与形成评价系统，这种模仿学习才逐渐让位给鉴别学习。

美国哥伦比亚大学心理学家伊丽莎白·米德拉斯基（Elizabeth Midlarsky）进行过一项实验，研究者以六年级学生为被试，让受试者玩有奖弹子游戏，赢一次得一张代币（token），积累多了可换一件更好的礼品，并请他们将每次获得的代币放入标有“我的钱”字样的罐内；而同时，在墙上张贴有丹佛儿童基金会为贫苦儿童募捐的招贴画，附近放有一个标有“给穷孩子的钱”字样的罐。在玩游戏前，主试对所有被试说：“让我们使这些穷孩子知道，我们在关心他们”，控制组面临的情境大致如此。实验组除上述情境外，加上榜样的示范行为，即主试将自己赢得的代币放入“给穷孩子的钱”的罐子内。结果发现，控制组被试捐代币者极少，而实验组的被试大都能照主试的样子去行动，假如示范者对他们的实际行动报之以微笑（强化）或说“你们这样做太好了”，那么被试的捐献就会增多。研究者认为，只是口头上指点“照我说的做”，儿童不一定会按你说的去做，而教会儿童以利他主义的态度对待穷苦儿童，最好的方法是在儿童面前展示标杆以引起仿效，即造型（modeling），并给予强化。

（二）诱因论

诱因论，指能够引起有机体定向行为，并能满足某种需求的外部条件。态度形成的诱因理论，是把态度的形成看作是权衡各种可能情况的趋近和退避后采取最好抉择的过程。

20 世纪中期以来，许多心理学家认为，外部刺激（诱因）在唤起行为时起到了重要的作用，心理学家开始用刺激和有机体的特定的生理状态之间的相互作用来说明动机。例如，吃饱了的动物在看到另一个动物在吃食时，将会重新吃食物，这时的动机是由刺激引起的，人类经常追求刺激，而不是力图消除紧张使机体恢复平衡。诱因理论强调了外部刺激引起动机的重要作用，认为诱因能够唤起行为并指导行为。

当一个人感到美食具有美好享受时，他的朋友们也都喜欢这样的聚餐活动，这种考虑使他对美食产生积极的态度。然而他知道美食令他发胖而影响体型，况且这种与他的个人财政状况不符时，这样的考虑使他对美食产生消极的态度。当两者发生冲突时，按照诱因理论，这些诱因的相对强度决定着他最终的态度。

1. 认知反应论

诱因论中对于态度的一个通俗看法是由华盛顿大学社会心理学家安东尼·格林沃尔德（Anthony G. Greenwald，1968）提出的认知反应理论（cognitive response theory）。这个理论设想，人对沟通所作的反应是伴随着一些积极或消极的思想，而且这些思想依次决定着人们沟通的结果，即是否改变其态度。例如，你听到一个人民代表在电视讲话中建议政府削减部分对老年人医药费的支付，如果你对自己说："为什么退休者只有很少的养老金？或者人们不能供养自己，又是残疾者或穷困者呢？如果没有人能去支持他们，那么政府的方案是做这件事的唯一途径。"这种消极的认知反应意味着你不喜欢这个讲话所作的劝说。但假如你对自己说："这是对的，税已经很高，方案已尽可能地为过高的医疗费用作了恰当的支付，人们也无论如何应承担一些他们的医疗费。"这样你很可能出现对讲话者的支持。认知反应论观点的关键设想是，人是积极进行信息的加工从而产生认知反应，而绝不仅仅是对于他所遇见的任何信息的被动接受者。

2. 期望—价值论

爱德华（Ward Edwards，1954）在《决策理论》中提出了期望—价值研究（expectancy - value approach）。他认为，由于诱因冲突的复杂性，人在做抉择时总要对每一种情况进行评价，力图采纳达到最好效果的立场，而拒绝那些似乎会带来坏效果或未必能带来好效果的立场。而人们在进行情况评估时，一般都试图通过预期后果的价值及出现这种后果成功的可能性，即概率的估量，以取得最大的主观效用，其公式为 $U = V \times P$。如果后果价值高、成功概率大，则效用亦大，人就会积极对待与参与；反之，如果效用较小，人就会消极对待或不参与。如果面临两件事或两种行动，成功概率相同，价值大者所得也大，价值小者所得也小。如果遇到一件事存在着两种成功的可能性，得 > 失为正值，人就会采取积极态度或行动；得 < 失为负值，则人会采取消极态度或不去行动。

这个理论把人的态度形成看成是有理性的、主动决策的过程，它比学习论进了一步，但它把人的态度形成都看成是个人为得失深谋远虑的表现。事实上，人所表现出来的态度并非事事都是通过决策造成的。

（三）经验论

态度的形成，是由经验的积累与分化而慢慢达成的。例如，四川人喜爱吃麻辣食品，所以，蜀人认为麻辣是美食的主要标准；湖南人喜爱吃辣椒，所以，湘人视辣椒为珍品；山东人爱吃大葱，所以，齐鲁之人认为有葱才称得上美食。

四、态度的改变

（一）概念

态度的改变，是指个体在对事物已有态度的基础上发生的转变。态度的改变分为两种：一种是一致性的改变，指方向不变而仅仅改变原有态度的强度，即量变。如对某事由有点反对（或有点赞成）变得非常反对（或很赞成），或对某人由热爱（或憎恶）降为一般的喜爱（或反感）；另一种是不一致的改变，指以性质相反的新态度取代原有的旧态度，即方向性的改变，即质变。如对某事的态度由反对变为赞同，对某人由喜爱变为厌恶等。通常所谓态度改变更多是指后者，即方向性的转变。

强度的变化存在引起方向性改变的可能，而方向性改变中也包括着强度的变化，两者是彼此关联和互相包容的。同样，态度的形成与态度的改变之间也存在这种辩证关系，因为态度形成就意味着有改变的可能，而态度改变也意味着新态度的形成。

（二）影响态度改变的因素

1. 态度系统本身的特性

（1）态度的时间长度：态度形成的时间越长，其稳定性和持久性越强，改变的强度越小；态度形成的时间越短，其稳定性和持久性越弱，改变的强度越大。

（2）态度强度：一种态度的强度越大，意味着该态度的支持力量越多，越充分，改变起来也就越困难。

（3）态度向中度：态度的向中度高，其对于个人的意义就越重要，相应的认知与情感支持也越多，改变起来也就越困难。

（4）态度卷入度：卷入是一种动机状态，卷入度越深，态度改变越难。

（5）态度的协调度：人们总是寻求认知和感情的一致性，从而保持态度与心理之间的协调。因此，当个体认知因素和感情因素不一致时，就能提供一个改变态度的良机。

2. 态度主体特性

（1）个体差异：①年龄与性别；②智力；③人格特征：控制点、自尊等；④认知需要；⑤自我防卫倾向；⑥知识背景。

（2）好心情效应。

（3）承诺。

（4）自我卷入的程度。

3. 劝导说服力

（1）劝导传达者的特点：①传达者的可信性；②传达者的吸引力；③与态度主体的相似性。

（2）说服信息的特点：①信息的差异（理智的内容还是情感的内容）；②信息唤起的恐惧情绪。

（3）信息呈现方式：首因与近因。

（4）重复。

（5）单方面论证与双方面论证

4. 劝导情境的作用

（1）分心。

（2）情境的强化作用。

5. 个体所处的客观环境

（1）个体与群体的关系。

（2）个体所面临的信息源：一般而言，如果个体在对信息源持一种消极态度（或积极态度）的同时，对信息源提倡的观点也持一种消极的态度（或积极态度），则个体处于一种平衡的心理状态，在这种条件下，态度不易改变。

（3）个体参与活动的方式（主动参与或被动参与）。

6. 与群体的关系

群体对人的心理有规范作用，既能起到维护和保护自身利益的作用，又能为人的态度改变施加压力和影响。

五、态度改变的理论与模式

研究个体态度的改变理论，不仅有助于我们更深刻地理解人们的社会态度何以突然发生改变或维持原状，而且能使我们把握和运用其中的规律采取某些策略更有效地去改变人们的态度，或协助人们抵制态度的改变。

（一）劝说理论

这一理论是由卡尔·霍夫兰（Carl Hovland）和贾尼斯（Irving Janis）等学者在第二次世界大战后创立的，该理论指出引起态度改变（或不改变）的过程及其所涉及的主要因素和有关变量。

1. 态度改变与抵制

霍夫兰认为，任何态度的改变都是在个体的原有态度与外部发生差异后造成的。这种差异会产生压力，引起内心冲突，称为不协调、不平衡、不一致。

为缩小这种差异，减少压力，个体具有恢复心理协调的能力，其方式之一是接受外来影响，改变自己原有的态度；方式之二是采取各种办法去否定或抵制外部影响，以维持原有的态度。这些抵制的办法如下：

（1）贬损信源：当人们有时无法驳倒对方的论点时，常采用贬低或损坏影响者的声誉来表明信息不可靠或降低劝说信息的价值，从而加以拒绝。比如进行人身攻击以表明对方的论说“一文不值”或“不屑一顾”，就是常见的抗拒手法。这种手法在政治斗争、法庭审判、竞选活动以及日常生活中经常可以看到。这种攻击由于会使对手影响力下降，不仅排除了现有论点威胁，而且也使后继的论述变得失色无力，所以在缩小因差异而造成的压力上常常很有效。然而使用得不当，如完全不顾事实、损害对方人格，也会产生道义上的问题。

（2）歪曲信息：有意无意地或断章取义地将对方某些实质上不同于己的论点看作是和自己的看法相近或相同；或者相反，把对方的论点故意夸大到极端，失去可靠性甚至变得荒唐可笑。前者称作同化作用（assimilation），后者称作反向或逆反作用（contrast）。无论是认为相近，还是认为对方论点完全不可信，都在于缩小或取消差异，因而也就不存在压力而去改变原态度。

（3）掩盖拒绝：掩盖拒绝通常有两种方式：一种方式是以文饰或美化自己的真正看法或态度来拒绝外部的劝说或影响，如一个享受着许多不应有的特权的人面对舆论的非议时，也会偶尔去访贫问苦或标榜自己是提倡人人都享有平等权利的施政者。当人们提到贫困地区人民和他的生活水平有天壤之别时，他会回避这个问题并说：“我讲的平等不是平均主义”或称“我的一切都是由于工作需要”；另一种方式是不理睬，不回答对方的意见，也很少说“不”，而是毫无道理地拒绝对方的一切论据，从而继续维持自己的见解。这后一种现象极为普遍。

2. 影响态度改变的主要因素和各种变量

影响态度改变的主要因素和各种变量如下：

（1）信息源：作为信息来源的劝说者，无论是劝说的内容，还是本身的许多条件都会对目标靶和劝说的成效产生不同的影响。

（2）可信性：一个劝说者被人们所信赖的程度。可信性对劝说的效果有显著的影响。同一劝说的信息内容由几个具有不同可信性的人来发出，则高可信性者比低可信性者具有更大的说服力。可信性通常包括专长性、可靠性、持续性。

①专长性：专业领袖和某一领域权威对目标靶态度改变具有独特性作用。在报刊、电台、电视台上，经常请有关专家、权威宣布或分析某项信息，就是为了增强其可信度。但一个领域的专家能否将其影响转到另一领域，有人作肯定回答，另外有人认为只在相关领域中能有作用（如诗人对戏剧作评论），而在完全悬殊的领域（如诗人对政治学、军事学议论）则无多大影响。

②可靠性：劝说者是否公正和客观。一个传达者即使是专家、权威，一旦人们发现他发表某种见解的动机是出于私利，或常有偏袒性甚至属于偏见，即不可靠，那么其影响力就会下降，甚至比不上一个普通人发表与自身利益相悖的见解所起的作用。

当罪犯提出从严主张，检察官提出从宽主张，都是与自身地位、利益相悖的，因此会被认为更公正、更可靠。换言之，传达者所提出的主张越是与自身利益相反，就越具说服力，对改变人们的态度会有较大的影响作用。

③可信性的持续性（continuity of credibility）：霍夫兰进行了一项“传达者在看法改变延迟测量中的恢复正常”的实验，并在其中发现了“睡眠者效应”。研究者向两组中学生被试出示了一篇“司法制度应从宽处理少年违法者”的读者来信，阅读者在甲组扮演一位知识渊博、公正无私和值得信赖的人（即高可信者，C+），在乙组扮演一个无知、有偏见和不负责任的人（低可信者，C-）。然后让被试表态，即在一份有参照点的表上确定自己对来信内容的赞同程度。结果甲组被试平均分为50，乙组被试平均分为46。两者相差4分。这表明高低可信性信息源对被试的态度具有不同影响。三周后，再询问上述被试对来信内容所持的态度。这次只让两组中各一半被试者重复回忆信息传达者，其余一半不再提及信息传达者。结果发现：两组中回忆传达者的被试者，其赞同程度虽都有所下降（48.8∶44.8），但相差仍为4，说明分歧依然存在。而两组中另一半不再提及传达者的被试者，赞同程度甲组下降，乙组上升（均为47），几乎不存在分歧。

研究者认为，信息源的可信性不论高低，对目标靶的影响在当时较大，三周后就消失了，这意味着人们忘记信息源比忘记信息内容更快。而当人们一旦由于提及或记起信息源时，其影响依然起作用。这里有个特殊的现象，即由于信息源的低可信性的影响使人们不能恰当地估计信息内容，从而形成否定性的态度；随后由于这种影响的消失又能对信息作出正确的估计，使否定的态度变得更肯定。这个反效果被称作“睡眠者效应”，即个体由于某种原因处于朦胧状态往往不能精准判断事物，而一旦醒来就会更好地认知这些事物。

这个实验研究结论：低可信性对态度的影响是暂时的，个体一旦恢复理智就会比较正确地对信息作出估计。换言之，信息本身的价值是影响态度变化的主要因素。

（3）喜爱性

一个传达者是否受到听众或他人的喜欢，对于能否引起目标靶态度改变有正相关关系。由于人们试图等同于所喜欢的传达者，进而往往采取那个人的态度、爱好、行为方式和服装样式，所以喜欢能引起态度变化。换句话说，一个人喜欢劝说者，就易接受其影响；若讨厌劝说者，就易拒绝其劝说。

是否为人们所喜爱，是由许多因素造成的，如是否有能力，是否有吸引力，是否有相似性，是否尊重别人，熟悉和互补。

①吸引力：亚轩研究院对牙膏产品广告效果调查评估发现，医学专家说服接受该品牌的受众者高达30%；而影响力较大、吸引力更大的香港影视明星说服接受该品牌的受众者达47%。所以，吸引力会加大态度改变量。

②尊重的得失：人人都有受人尊重与喜爱的需要，但也不是一再受到赞赏就会对奖励者产生最积极的态度。有时，一个严格的人，把批评和表扬恰当地交替作用反而会产生更大的积极效果。研究者认为开始的否定评价会引起被试的忧虑、自我怀疑，增强了获得肯定评价的需要，而后评价者表现越来越积极时，这种评价就变得更有意义了。

如果一个人一下子就表示肯定和喜欢任何人，则会引起对这个人诚意或辨别力的怀疑。人们对一开始持批评态度的人，虽感到不舒适，但反而认为是很有判断力和靠得住的人，因此，对他后来的肯定觉得更有分量，于是也更喜欢这个人。上述现象的解释也称“得失理论”。

③相似性：人们一般都喜欢和自己相似的人。这种相似包括民族、宗教信仰、政治主张、教育水平、价值观、态度及年龄等。在劝说中，如果劝说者表现出和目标靶有更多的相似点，往往其劝说信息更易于被接受，并引起更多的态度改变。例如，没有专长但与听者有相似性的劝说者比有专长而与听者无相似性的劝说者对消费者的劝说更为有效。

（4）沟通

引起态度改变，不仅有赖于传达者自身的条件，还必须通过沟通的方式到达目标靶。并不是任何沟通方式都能引起目标靶对信息同样的接受，或产生态度改变的同样效果，这取决于沟通本身的许多变量。

①差异：传达者发出的态度信息（见解）和目标靶原有的态度（见解）在程度上的差别。差异会产生改变态度的压力，差异越大，压力越大，态度改变量越大；反之，差异越小，压力越小，态度改变量越小。

实验研究表明，在高可信性信源的影响下，差异度是3，其态度改变量为2. 2；差异度是5，其态度改变量为4；差异度是7，其态度改变量为4. 2。看来态度改变量将随差异度的加大而增多，呈正相关。

进一步实验研究发现，中等差异是态度改变的最高极限（maximum）引起态度变化最大，随着差异度的增大超过中等差异之后，态度改变则会越来越困难，呈递减趋势。由于传达者的极端陈述，还可能引起对这种陈述可靠性的怀疑，以致易于产生抵制。

可信度的水平不会改变差异度与态度改变之间的基本倒U型的关系，但它能改变态度变化极限发生差异点的位置。高可信源引起态度改变极限的差异点在适中偏高的位置上，低可信性信源引起态度改变极限的差异点在适中偏低的位置上。

②恐惧唤起：通过恐惧提示，引发态度改变。这是试图改变别人态度的一种通用方式。例如，母亲常对小儿子说：“你要再吃糖不刷牙，牙就会坏，拔牙可痛呀！”佛教徒说：“你要再不修善，来世就会下地狱，下油锅！”竞选者对选民说：“要让我的竞争对手上台，你们就会遭殃，将永无翻身出头之日！”环境保护者宣传说：“人们要是再任意砍伐树木，将来绿

色的森林田野都将变成荒漠，连水都喝不上！”和平主义者呼吁：“如果大家不起来反对战争，人类就会自取灭亡。”等等。这表明，人们在劝说别人改变态度时较普遍地使用唤起恐惧的办法，但唤起恐惧对于态度改变量是否都有效呢？

案例：亚轩恐惧实验

亚轩研究院做过一项恐惧唤起实验，研究者对300名印刷制造业员工宣讲了苯溶剂对生产者身体和环境带来恶果的严重性、致命性，并告诉员工使用醇溶剂对预防苯溶剂带来恶果的有效性。第一组（100人）描绘非常逼真，高度恐惧情景设计；第二组（100人）描绘得比较逼真，中度恐惧情景设计；第三组（100人）轻描淡写，低度恐惧情景设计。然后，让被试回答使用醇溶剂的重要性如何，和他们是否想使用醇溶剂。结果如下：

恐惧唤起对态度与行为的效应	
条件	使用醇溶剂的意向（%）
高恐惧	88
中恐惧（控制组）	74
低恐惧	32

恐惧唤起是否能有效地产生态度改变，取决于三个因素之间的相互作用。这三个因素是：①事件的有害性；②事情发生的可能性；③处理响应的有效性。

常态条件下，“恐惧唤起”可提高劝说的功效，但太强的恐惧也可能使说服的效果适得其反。任何效果都取决于“恐惧唤起”与其他变量的相互作用。因此，在进行劝说而运用恐惧唤起手段时，一般可采用中等强度的恐惧，同时应考虑其他变量的控制。

（5）一面性或两面性论述

当听众与传达者（即劝说者）的观点一致或对问题不熟悉时，单面论证效果更好；当听众与传达者的观点不一致，面对的问题又熟悉，特别是又受过良好教育，双面论证的效果远大于单面论证。因为单面论证会被看作是传达者有偏见，从而增强抵制作用，即心理对抗作用。而双面论证则被人看作为更公正，更少偏见的讲评，于是就会减少对抗心理或防卫心理而易于被说服。

（6）新颖与重复

新颖性，会使一种沟通更有吸引力，是有效的劝说策略。在许多人的心目中“新”这个词总是蕴含着“较好”和“更有趣”的意思，因而具有“暗示”作用。正因为这样，广告商、营销专家、政治家都常使用这种策略。但是当一个信息新颖到与听众观点相反时，这个策略也可能产生与愿望相反的恶果。

一个人不可能在第一次听到一种新观点时就被说服，增加熟悉性可提高对信息的吸引力和好感。一些以人的防卫减少为目的的信息将有一种“累加效应”。所以适度地追溯以往的某些刺激将提高对它的评价。

（7）目标靶

目标靶，即被劝说者，是态度改变的主体或承载体。作为目标靶的个体是个具有能动性的复杂系统。任何外部影响都要通过目标靶自身的因素来起作用，改变目标靶态度的自变量主要有如下主要因素：

①信奉或承诺：个体对某事所持有的信念和态度，若承担了义务就成为难以放弃立场的全部力量，即信奉。信奉比没有承担义务的态度更难以受外部劝说影响而改变。信奉的强度受制于两种因素：一是公开表态，即公开化；二是在上述态度基础上采取了行动。例如，一个人在内心赞同某一政治主张，他一旦发表了讲话、写过文章，或参加了实现这一主张的组织，宣过誓等，他会对自己所持的态度感到承担了更多的义务，违反或改变它就会觉得为规范所不容并受良心的责备，或怕被人耻笑，因而更不愿改变。这种态度有更大的抗变性。相反，一种态度如未有承诺或达到信奉的程度，则更易于受劝说而被改变。

案例：亚轩信奉改变态度实验

亚轩研究院做了一项野生动物保护行为的从众实验，要求被试者对野生动物保护行为发表评价。第一组共10人，由小乘佛教徒组成；第二组共10人，由绿色和平保护组织成员组成；第三组共10人，由专业知识分子组成；第四组共10人，由社会底层人员随机抽取。在听到主持人（实验助手）对目前世界野生动物濒临消亡的动态通过视频播放和标本展示后观察被试者的刺激反应。第一组所有成员都具有较强烈的反应，严厉谴责滥捕滥杀野生动物行为，30%以上的人有自愿捐助建立野生动物自然保护区的动议；第二组所有成员都具有一定的反应，认为滥捕滥杀野生动物行为是错误的，20%的人要求各国政府应该建立野生动物自然保护区；第三组70%成员具有一定的反应，认为滥捕滥杀野生动物行为是不可取的；第四组20%成员具有轻微的反应，80%的成员认为野兽就应该被杀掉，否则，会对人类造成伤害。

亚轩研究院的这项实验表明，态度能否改变与持有者对此事的信奉程度密切相关，态度改变度与信奉程度呈负相关关系。

②预防注射：一个人如果没有与病菌接触并作斗争的经历，一旦遇到病毒入侵就会因缺乏免疫力而病倒或身亡。为了增强防病能力，人们通常都会采取两种办法：一是补充营养品、开展体育锻炼以增强体质；二是打预防针来注射疫苗，以增强抗病力。劝说的效能也如病毒的进攻，它取决于目标靶自身的防御能力。一个人已形成的态度与看法若从未接触过相反的意见并有与之交锋的经验，就易于被人说服而发生改变；相反，人要使自己的正确看法不被说服，从而不改变态度，就应有更多论点的支援，或通过与相反观点的论争去增强抗变力。

驳倒轻微的攻击，个人会运用并进而实施其所有的防御措施，如准备论点来支持自己的看法，构思相反论点去反对对立的看法，贬抑对立论点的可能来源，等等。这种锻炼就会像打预防针一样，使人建立起一个强有力的防御机制，并增强战胜相反论点的信心与抗变能力。

③人格因素：这是人们在与生俱来的生理特点基础上受后天环境、教育等长期影响下通过个人活动形成的稳定的心理特性，它对个人理解与接受当前的信息，是否或在多大程度及速度上去改变原态度，以及以何种行为方式去表达态度都有种种影响。

在一种条件下易被说服的被试者，在另一种条件下也易被说服。这种高度可说服性的现象是与个人的人格品质相一致的。

④自尊：人估定自己价值大小的表现。许多研究表明，低自尊者往往比高自尊者更容易被说服。低自尊的人并不尊重自己的看法，因此遇到压力时很容易放弃它。高自尊的人往往很看重自己已确立的观点与态度，在遇到他人的说服或攻击时常会认为是对自己价值的贬损，因此加以抵制。

⑤智力：智力高的人比智力低的人难以被说服。高智力者与低智力者相比，前者很少受到阐述不一致和无逻辑论点的影响。因为高智力者一眼就能看穿说服者论点中的漏洞而认为不可信。

⑥性别差异：女人比男人对外界的影响更敏感，因而态度更易变化。但是，亚轩研究院通过近10年的性别动态实验研究后发现，男女在可说服性上的差异开始呈现缩小趋向。如果有差异，更多的是在与双方各有所长的内容有关。如在欧美，从事财政、金融等事业的大多数是男性，女性在这方面可能缺乏自信，因此在财政金融上往往比男性更易于被说服；但在家政、艺术上女性却很自信，因此对来之于这方面的劝说就会比男性有更多的抵制。

（8）环境与情境

环境与情境中的许多因素虽然不是与劝说过程直接相关的变量，但它们也是影响态度改变的间接变量，起着辅助作用。

①强化作用：传达者在进行说服时，周围环境中的一些因素，或有意创设一种气氛能带给人以欢愉或快感，就会使说服性信息由于这种强化而被看得更积极肯定，从而增加其影响力。

各类营销活动，售楼和新项目发布会、商品推广会、学术研讨会甚至大学吸引优秀生报考的参观活动，都适当地佐以茶点招待或赠送纪念品等，无非都是通过强化作用来达到宣传的效果。

②预先警告：在劝说时事先有人透露劝说的企图，可能产生正反两方面的作用：

一是预先坚定或动摇听众与其一致或相反的信念，使其更敏感地接受影响。预先警告能促进低卷入者的改变，是由于低卷入者对这件事本身觉得涉足不深、关联不大，也不一定对原态度有严格坚持的意图，因此预先警告似乎作为一种线索，对于推动他沿着迟早要走的路前进起着一定作用。

二是给听众创设了发展反对论点的机会，于是极大地增强了对劝说的防御性。预先警告发生后的 10 分钟内，足以使某些防御过程和机制发挥作用，类似预防注射引起使用各种策略与战术，如构思支持自己看法的论点，尝试去准备反对的论点，或采取贬损来源等方法。就像一个已做好战斗准备的战士，充满信心地去应战，因此更有可能去夺取胜利。

③分心：由于额外的内外刺激干扰而分散注意力集中的现象。在劝说过程中，若情境中有某些因素（如噪音）引发听者的分心，就会影响劝说的效果。如果引起分心的刺激过强，使目标靶全听不到信息，那么劝说就等于没有发生。

如果情境中有某些“噪声”适当地涣散目标靶的注意力，不让他们去思考或重组反驳的理由，反而更易于受到劝说的影响而改变态度。所以，分心的负效应，可以在军事、营销和管理中获得有效应用。

（二）平衡理论

美国社会心理学家弗里茨·海德（Fritz Heider，1958）认为，在人们的认知系统中存在着使某些感情或评价之间趋向一致的压力。

海德认为，人类普遍地有一种平衡或和谐的需要。一旦人们在认知上有了不平衡和不和谐性，就会在心理上产生紧张和焦虑，从而促使他们的认知结构朝平衡和谐的方向转化。人们喜欢保持心理的平衡关系，而不喜欢心理的失衡状态。

平衡理论涉及一个认知对象与两个态度对象之间的三角形关系。用符号 P 来表示认知的主体，用符号 0 表示客体的人，用符号 X 表示客体事物，通常，认知主体对处于一个单元中两个对象的态度是趋向一致的，如喜欢某人，则对某人所做的事也很赞赏；不喜欢某人，则认为该人的朋友也不是好人。这时其认知体系呈现平衡状态。当对处于同一单元中的两个对象的态度不一致时，如喜欢某人，但对他所做的一些事不能赞同，这时便会出现不平衡状态。因为不平衡的结果会引起人们内心的不愉快和紧张，所以要采取方法去消除不平衡或者是继续喜欢此人而对他所做的事也表示赞同，或者是对人所做的事不赞同，因而也不再喜欢此人，这就产生了态度转变的问题。

Richard（P）喜爱音乐（X），王晓晓（O）也喜爱音乐（X），于是P对O会产生好感、积极的情感评价，并有可能相互建立友好关系。这里就存在一种P—O—X封闭的三角关系模式。由于三者之间都是正向关系，即P对X、P对O以及P认为O对X都具有肯定的态度倾向或积极的情感评价，所以对P来说心理上是平衡的。

如果事情有了变化，如Richard（P）和王晓晓（O）两人已成朋友，P支持和主张参加一个社团，而O则否定和反对参加这个社团。这时P—O—X的三角关系就出现了“两正一负”的模式，P就会感到心理上的不平衡，产生紧张、焦虑，不舒适或不愉快。P为了从不平衡状态恢复到平衡状态，一般可采取两种办法中的一种：一是对O进行劝说，希望他改变对这一社团的看法，由负变为正的平衡态；另一种方法是改变自己对O（或对X）的态度，即疏淡或断绝和O的关系，态度上由肯定转为否定，关系上由正转为负；或改变自己对X的态度，即由赞成这个社团改为反对这个社团。

这种三角关系有许多模式，但大体上可分为平衡态和不平衡态两类。海德认为：“在三个实体的情况下，如果三种关系从各方面都是肯定的；或者两种是否定的，一种是肯定的，则平衡状态存在。”

个人处于不平衡态，就会体验到不愉快，其所引起的应力将驱使人将不平衡态转化成平衡态。这种转化方式除前边提到的两种办法外，还可以采取其他一些办法，例如，①将不平衡三角中某两个因素转变为无关联，（如P对O可作如下设想：“我们认识不久，双方还不一定能成为朋友”）成为一个开放，有待再度确认的、不完全的三角体系；②把不平衡三角中某两个因素之间的关系作新的归因或解释，如设想“我的朋友不是反对这个社团，是反对社团中有一个我也讨厌的人”。或想“我只参加无讨厌者参与的社团活动，我的朋友也就不会反对了”。这时就会使整个系统恢复平衡。

海德的平衡论对态度的形成或改变的机制提供了一种新的说明线索，其平衡态与不平衡态所引发的情感体验也获得后续研究的一些支持的论据。但人们也评论其有如下不足之处：

1. 在几种关系中只有正负的体验方向指标，而无强度指标。因而无法说明 P 在不平衡态时何以会对某一方（如 X）而不是另一方（O）采取改变态度去恢复平衡状态。这里很可能存在着强度原则，即从薄弱处着手解决问题。

2. 人际关系和态度的形成是一种很复杂的过程和体系，绝不会只是个孤立的三角模式。两个人对一件事持有不同意见可能发生不快或影响关系，但也可能不觉得不平衡，更不会影响到双方的友谊。因为友谊关系和爱慕态度是和双方对许多事，特别是对重大事件的共同看法有关联，它绝不会因为一个小分歧、小争执而产生动摇。因此，P—O—X 模式作为一种“细胞”模型是有意义的，而作为一种整体模型则还有待发展。

（三）认知失调论

这是 20 世纪 50 年代发展起来的关于人们在相互作用中其认知因素由失调到协调，从而引起态度或行为变化的理论。最重要的代表人物是美国社会心理学家、国家科学院院士利昂·费斯廷格（Leon Festinger，1919—1989）。费斯廷格认为，任何人都有许多认知因素，如自我、行为、信念、看法或知觉等。它们之间存在三种情况：

1. 相互一致和协调的（如“饮酒危及我的健康”和“我不饮酒”）。

2. 相互冲突和不和谐的（如“饮酒危及我的健康”和“我饮酒”）。

3. 无关的（如“饮酒危及我的健康”和“我偶尔游泳”）。

当人们的两个认知因素 x 和 y，处于第二种情况，即从 y 推出的是非 x 时，人就会感受到不舒适或紧张，并力求减缓。这种由于认知冲突（更多的是心理上的不一致，而非逻辑上的不一致）引起内心不自在的状态，就叫“认知失调”现象。

人出现了认知失调，就会不由自主地驱使自己去减少这种矛盾，力求恢复或保持认知因素之间的相对平衡和一致性。它通常采取以下几种途径：

1. 改变或否定两个认知因素中的一个（如否定 y，将“我饮酒”改为“我不再饮酒”，这将是行为意向或行为的改变；或否定 x，将“饮酒危及我的健康”改为“如果停止饮酒将会使我思路闭滞”，这将是一种对饮酒的看法与态度的改变）。

2. 对两个认知因素重新评价，减弱其中一个或同时改变两者的重要性或强度（如降低 x 的作用，改原认知为“饮酒对我的健康可能有一些影响”，或降低 y 的作用，决心“要少饮些酒”），由于强度的减弱，不协调的程度相应变低，人会感到舒坦一些。

3. 在不改变两个认知因素的情况下，增加一个或几个能弥补鸿沟的新认知或理由（如插入一个理由“饮酒可以让智慧喷薄而发，个人安危是次要的”，或想“世界上饮酒而长寿健康者不乏其例，我可能就属于这种人”等），以这种方式减少不协调，可以不改变 x 与 y，但会出现辩解性理由。有些理由常以歪曲事实为代价，所以往往有害。

基于认知失调理论的维持和改变态度设计：

1. 要想巩固人的原有态度，应力避使他做出与态度不一致的行为（包括言语表态）；假如已经发生了这种行为，最好使他找到产生这种行为的外部原因和充足的辩解性理由。

2. 如果要想改变人的原有态度，最好是引发他做出与原有态度相矛盾的行为（包括表态），同时防止或减少他从外部找到为这种行为辩解的理由或原因。

认知失调论还有许多具体的研究，其方法设计的巧妙与严谨给人以不少启发，其总体理论从一种认知角度探索了态度维持与改变的机制，且可以对态度变化的原因作出局部的解释，颇有新意。然而态度的形成与改变还有许多更深层、更复杂的社会原因与理性原因（如人的价值取向和人对各种态度及其信念依据的评价等），光凭一种内部认知方面的动力倾向性的理论是无法揭开其全部奥秘的。

六、态度改变的方法

1. 劝说改变法

（1）说服者须具有专家资格、可靠性、受欢迎特质，有公信力的人（如一些拥有明显专长的人）比缺乏可信度的人更具有说服力；有吸引力的人（不论是外表上或是个性上的特征）比没有吸引力的人更具有说服力。

但是，劝说者的可信性的影响在其信息刚刚传递后的效果最大，时间一久，就逐渐变小，而原来低可信性的传达者的效果却随时间的推移而上升，即“睡眠者效应”。

（2）说服的方法

①态度的差距：在某一限度内，态度改变随着差异的增加而增加，超过这个水平后，如果差异继续增加，态度改变开始减少。但是如果说服者的可信度高，他能产生最大态度改变的差异水平也就越大。

②信息唤起恐惧感：随着信息唤起的恐惧感的增加，人们改变态度的可能性也增加；但是当信息唤起的恐惧感超过某一个界限之后，人们的态度反而不发生改变。

恐惧唤起提高了信息的影响力，但唤起太大的恐惧却会适得其反。如果需要人们立即采取行动转变态度的话，唤起较强烈的恐惧其效果较好。一般情况下，可采用中等强度的恐惧唤起。

③信息的呈现方式：在说服信息非常复杂的时候，书面的信息效果较好，而当信息简单的时候，视觉最好，听觉次之，书面语最差。在此还需要弄清楚单面与双面说服的问题。

单方面论证：强调自己的立场的言论；双方面论证：对比、比较。

首先，对文化程度低的人而言，单方面宣传的效果较好；而对文化程度高的人来说，双方面的宣传效果更好。

其次，目标靶原来的态度和宣传者所强调的方向一致时，则单方面的宣传比较有效；若目标靶原来的态度与宣传者强调的不一致时，双方面的宣传效果较好。

（3）被说服者

①被说服者的人格：包括个体的可说服性、智力和自尊。

②被说服者的心情：心情好的人在争论出现时卷入较少，不愿去进行较深入的考虑，所以易被说服。

③被说服者的卷入程度：卷入是一种动机状态，它指向与自我概念相联系的态度，卷入越深，态度改变越难。

④被说服者自身的免疫情况：过多的预先说服会使被说服者产生免疫力，从而使态度改变变得困难。

⑤个体差异：包括认知需求、自我检控和年龄。

在沟通过程中分心的听众比未分心的听众更容易被说服；智商低的人

通常比智商高的人更容易受到影响，自尊程度中等的人比自尊程度高或低的人更容易受影响；18～25岁的人更易于改变，25岁以上的人的态度较稳定，不易于改变。

2. 团体影响法

（1）规范改变：运用群体的规范、制度、规章与说服教育相结合的方法，是态度改变的有效方法。

（2）强迫改变：隔离、囚禁、洗脑可以快速转变态度，使被劝说者产生无助感如生理或心理的虐待、睡眠剥夺、侮辱和隔离。当感到精疲力竭，无法继续承受压力和恐惧时，就会抛弃原有信念，态度发生改变。通常洗脑导致的态度转变速度很快，但持续时间较短。

案例：斯德哥尔摩综合症

1973年8月，瑞典首都的一家银行发生抢劫案，2名劫匪绑持了4名人质，在地下金库把他们关押了131个小时，最后劫匪向警方投降。

令人费解的是，危机结束后，所有的受害者都声明并不痛恨歹徒，他们感谢歹徒对他们的照顾，一名被绑架的女子甚至还爱上了一名劫匪并与其订婚。相反，他们对警方倒很有敌意，甚至在警方采取营救措施时还对抗警方。

人质会对劫持者产生一种心理上的依赖感。他们的生死操在劫持者手里，劫持者让他们活下来，他们便不胜感激。他们与劫持者共命运，把劫持者的前途当成自己的前途，把劫持者的安危视为自己的安危。于是，他们采取了“我们反对他们”的态度，把警察当成了敌人。

年轻的、比较容易相信人的和比较天真的人相对而言容易患上这种心理上的怪病。

3. 活动参与法

个体态度的改变依赖于他参与群体活动的方式。个体在群体中的活动方式，既能决定他的态度，也会改变他的态度。

个体在群体中的活动可以分为两种类型：一种是主动型的人，这种人主动参与群体活动，自觉地遵守群体的规范；另一种是被动型的人，他们只是被动地参与群体活动，服从权威和已制定的政策，遵守群体的规范等。

个体态度的改变依赖于在群体中参与活动的方式。

4. 全面宣传法

（1）全面宣传法是指通过传播手段，把信息传递给接收者（被宣传者、目标靶、受众），以改变原有态度的方法。全面宣传法分为单向宣传和双向宣传。单向宣传，只讲有利或不利的一面；双向宣传，既讲有利又讲不利。对于文化程度高的接收者（被宣传者），双向宣传有效；对于文化程度低的接收者（被宣传者），单向宣传容易改变其态度。当员工与管理层的观点一致，或者对问题不熟悉时，单向宣传效果更好；如果员工与管理层的观点不同，对问题又比较熟悉，双向宣传效果好。

（2）宣传手段和效果

宣传是一种信息传递过程，宣传效果的好坏在人们态度改变过程中起着重要作用。在整个宣传过程中，信息发布者，传递过程，以及信息接收者需要有机配合。

①宣传者（信息传递者）：

个性特征（品格、能力、仪表、风度、形象等）决定宣传效果。

权威效应（是否是专家或名人）：因宣传者的威望而产生的使受宣传者无保留地接受宣传信息和观点的影响力与效果。

组织与表达能力决定宣传效果。

与被宣传者之间的关系（心理距离大小）直接影响宣传效果。

②宣传方式：

有效运用口头的、文字的、形象化宣传。

单面与双面、正面与反面的宣传。

交替运用宣传中的情绪与理智因素，强化宣传的真实感和冲击效果。

名片效应：在交际中，如果表明自己与对方的态度和价值观相同，就会使对方感觉到你与他有更多的相似性。恰当地使用“心理名片”，可以尽快促成人际关系的建立。

“自己人”效应：宣传者与宣传对象之间的任何相似之处都会增强宣传效果。相似之处会使人产生认同取向，把对方看作“自己人”，从而缩短心理距离。

七、态度的测量

态度，是可以测量的。在设计态度测量方法时首先必须明确态度对象。态度对象可以是比较具体的，也可以是比较抽象的，但必须能与其他概念清楚地区别开来。态度的主要属性是评价性，亦即对一定态度对象的积极或消极的反应倾向。

态度与个人的基本价值观和基本需要有联系，这会造成自我卷入程度上的差别。态度不是直接观察到的，它的存在是通过可见反应显示出来的。可见反应可区别为 3 类，即认知反应（同意或不同意）、情感反应（喜欢或不喜欢）和行为反应（支持或反对）。评价倾向可以通过上述任何一种反应来估量。信念方面通常只能通过认知反应来估量。

（一）态度测量的内容

态度测量的内容主要包括态度的方向和态度的强度。

态度的方向：指人们对客体的肯定或否定的指向性反应；

态度的强度：指人们对客体的认知、情感表现出的程度，即态度的力量或深度，可以用尺度标示出来。

（二）态度测量的分类

态度测量的组织程度有所不同，大致可区分为无组织测量和有组织测量两大类。无组织的测量方式是由被试自由表达对某事的看法；有组织的测量方式则给被试提供多项选择项目，供其选择。二者各有其用途，前者可以取得较多信息，了解到事先未想到的问题；后者则易于记分，不易发生歪解，使反应集中于主要问题上，并适用于较大的群体。

（三）态度测量方法

态度量表，是最常用的态度测量方法。态度量表使用的前提是假定被试者意识到并愿意表达他的态度，但是在某些敏感问题上被试者可能不愿意表达自己的态度，这时就需要用间接方法补充。间接方法是评价者使被试者不意识到自己受到评价，或者虽然意识到但不知道评价的是什么，可以假借评价其他方面如逻辑思维能力的名义评价态度。

1. 直接法—自陈法

自陈法，直接从研究对象获取资料，是态度测量的直接方法。主要包括等距法—瑟斯顿量表、累加法—李克特量表、语义分化法。

（1）等距法—瑟斯顿量表，一个早期的态度量表，因美国著名的心理计量学家瑟斯顿（Louis Leon Thurstone）首创而得名。

首先搜集一系列有关所研究态度的陈述或语句，一般应在100条以上，包括对主题不利的、中立的和有利的语句，并将其分别写在特制的卡片上。

而后邀请被选定的由20人以上的评定者，将这些陈述按从最不赞同到最赞同方向分为十一类。第一类代表最不利的态度，依次递推……，第六类代表中立的态度……，第十一类代表最有利的态度。

经过淘汰、筛选，形成一套约20条意义明确的陈述，沿着由最不赞同到最赞同的连续分布开来。要求参加态度测量的人在这些陈述中标注他所同意的陈述，所标注的陈述的平均量表值就是他在这一问题上的态度分数。

塞斯登量表法迄今仍是多数量表设计的基础。该量表语句是根据各评定人员的标准差确定的，有一定的科学性；其缺点是量表确定费时、费力，评定人员的选择有一定的差异性，因此，当评定人员态度和实际被调查者态度发生较大差异时，便会使这种方法失去信度。

（2）累加法—李克特量表，是对塞斯登量表的简化和发展，是评分加总式量表最常用的方法，称之为累加法。李克特量表因由伦西斯·李克特（Rensis A. Likert，1932）创立而得名。

李克特选择态度对象不是赞成就是反对的陈述，然后分给被试者中的少数审定者，将其排列成五个等级。

它不需要收集对每个项目的预先判断，只是把每个项目的评定相加而得出一个总分数。李克特量表基本步骤如下：

第一，收集大量（50～100）与测量的概念相关的陈述语句。

第二，研究人员根据测量的概念将每个测量的项目划分为“有利”或“不利”两类，一般测量的项目中有利的或不利的项目都应有一定的数量。

第三，选择部分受测者对全部项目进行预先测试，要求受测者指出每个项目是有利的或不利的，并在下面的方向—强度描述语中进行选择，一般采用五点或七点量表让被试作出反应：

五点量表是从强烈赞同、赞同、中性、不赞同到强烈不赞同；

七点量表则分为强烈赞同、中等赞同、轻微赞同、中性、轻微不赞同、中等不赞同、强烈不赞同。每个被调查者的态度总分就是他对各道题的回答所得分数的加总，这一总分可说明他的态度强弱或他在这一量表上的不同状态。

第五，根据受测者的各个项目的分数计算代数和，得到个人态度总得分，并依据总分多少将受测者划分为高分组和低分组。

第六，选出若干个在高分组和低分组之间有较大区分能力的项目，构成一个李克特量表。如可以计算每个项目在高分组和低分组中的平均得分，选择那些在高分组平均得分较高并且在低分组平均得分较低的项目。

李克特量表易于设计和操作；使用范围广，可以用来测量其他一些量表所不能测量的某些多维度的复杂概念或态度；比同样长度的量表具有更高的信度。所以，李克特量表应用效果较佳，尤其是在市场营销研究实务中应用非常广泛。

（3）语义分化法，又称语义分析法、语义差异法、双极形容词分析法，由美国心理学家奥斯古德（Charles E. Osgood）和其同事创立。语义分析法是运用语义区分量表来研究事物的意义的一种方法。通过人的联觉和联想，运用语义区分量表来研究某一事物或概念的意义的一种方法。该方法以纸笔形式进行，要求被试者在若干个七点等级的语义量表上对某一事物或概念进行评价，以了解该事物或概念在各被评维度上的意义和强度。等级序列的两个端点通常是意义相反的形容词，如诚实与不诚实、强与弱、重要与不重要。

①语义分析法是根据人的联觉和联想建立起来的。例如，当看到红色时，人们常常产生温暖的感觉，而看到黑色时，人们则产生寒冷的感觉；人们总是将声音响亮与大的联想在一起，而将声音柔和与小的联想在一起；好的总是和“光明的”“温暖的”“快乐的”“无上的”结合在一起，

而不好的总是和“黑暗的”“寒冷的”“地下的”结合在一起。在不同的民族、文化中，人们常常存在这种相同或相似的联觉或联想，这表明人类许多语言的意义是相同的、普遍的。根据这一特点，就可以设计出七点等级的语义区分量表，用来研究人们对不同事物或概念的意义的不同理解，对社会或某一问题的不同态度，或根据被试前后两次在寓意区分量表上反应的变化，研究被试态度的改变。

②语义分析法的设计与评价：语义区分量表

语义区分量表（semantic differential scale）又称语义差异量表或语义分化量表，是美国心理学家查尔斯·奥斯古德（Charles E. Osgood）等人于1957年提出的一种区分、衡量概念及其意义的态度测量技术。它是以形容词的正反意义为基础，标准的语义区分量表包括一系列的形容词和它们的反义词，在每个形容词和反义词之间有7～11个区间，我们对观念、事物和人的感觉可以通过所选择的两个相反形容词之间的区间反映出来。语义区分量表创制的基础基于以下假定：人类的行为主要由事件本身的意义决定，由事件的内在属性决定的成分比较少；任何概念的意义都是多元性的，由许多成分构成；大多数情况下，人们使用形容词来描述事物的特征和自己的观点。所以，语义区分量表用于评价、测量受试者个人对概念的内涵、意义的主观评价。这种量尺的编排，是由一个极端到另一个极端，两个极端之间被区分为多个量度，最中间的量度代表中性意义。

研究人员对语义区分量表中所使用的意义描述进行了统计，总结出了量表中所使用概念的三个维度：

性质（evaluation）：泛指对某种事物的价值予以评定的历程。正面的意义有好、美、有益、和平、成功等；负面的意义有坏、丑、无助、战争、失败等。

力量（potency）：指将来有机会学习或接受训练时可能达到的程度。正面的意义有；强、大、硬、重、勇猛等；负面的意义有弱、小、软、轻、柔和等。

行动（activity）：指个体对于各种活动的参与性。正面的意义有主动、积极、活泼、兴奋、吵等；负面的意义有被动、消极、呆板、迟钝、静等。

每一个评价维度下面都设置若干个子项目或者量尺，子项目即确定了评价维度后，在每个维度上选择的具体评价指标，又称量尺。这些量尺是由两个相对的形容词构成的，这两个形容词分别放在量尺的两端，其间分为 7 个等级。如性质维度上可选好与坏；善与恶；喜欢与憎恶。

③语义区分量表的编制

第一，完善的语义区分量表前面应有详细的说明（或者指导语）和如何填写实例，以保证评价者真正理解完成语义区分量表的要求和实际做法。

第二，编制时将意义相反的两个形容词列于等级序列的两边，中间留出代表 7 个等级的线段供评价者选择。但是，不要将性质方向相同的形容词放在同一边（如将重要的、好的、善良的、强的都列在同一边），以防产生心理反应效应，影响研究结果。

以下是一个语义区分量表的形式：

（被评人）

性质维度：好________________坏

力量维度：小________________大

活动维度：慢________________快

力量维度：强________________弱

性质维度：敌对________________友好

活动维度：活跃________________沉闷

第三，语义区分量表的计分有两种方式：

一种方式是将七点等级按性质维度从坏到好、按力量维度从弱到强、按活动维度从慢到快的顺序分别计为 1 ~ 7 分；

例如：善良　7　6　5　4　3　2　1　邪恶

另一种方式是将七点等级量表的中间等级计为 0 分，而两端分别计 +3 和 -3 分，但这种方法在处理时不方便，采用者很少。

第四，语义分析结果的处理与分析。

被评价对象在某一具体评价子项目上的得分，对其既可以单独进行某些比较分析，也可以将其与其他同维度的子项目得分合并起来，算出某一概念或事物在某一因素（或维度）上的得分，然后再进行某些比较分析。

语义分析法可以用数值的形式评分，也就是把各个尺度集合为一个分数，且以表明回答者总体的态度强度。

④语义分析法的评价

语义分析法实施方便，易于被试了解与合作；可适用于较大年龄范围的被试；量表客观统一，易于计算机处理；实施程序与计分程序标准化，信度高；节省人力、时间和经费；可灵活地应用于各类研究，根据研究的具体目的、内容、对象确定被评价的概念、事物和评价的维度与子项目。

语义分析法提出之后，在心理学各研究领域得到了较为广泛的运用。它可以用于检验某些理论，也可以用于文化的比较研究，个人及群体间差异的比较研究，以及人们对周围环境或事物的态度、看法的研究等等。还可以用于诊断，这在儿童心理学领域取得了有意义的成果，值得特别提出的是，语义分析法在跨文化研究中具有独特的作用。

但是，语义区分量表的设计有一定的难度。一方面，当被评价的事物或概念数目较多时，不易选择对它们都有意义的评价项目与维度；另一方面，确定语义区分量表两端的形容词存在一定的难度，多国研究时形容词无法准确翻译；难以对复杂问题进行深入的探讨和研究。

2. 间接法—内隐测验法

内隐社会认知，是指在社会认知过程中虽然个体不能回忆某一过去经验，但这一经验对个体的行为和判断依然具有潜在影响的认知现象。它是一种深层的、复杂的社会认知活动，是认知主体不需努力、无意识的操作过程。

内隐社会认知，是指在无意识情况下发生的一种自动化过程。正是由于其无意识、自动化的特征，脱离了意识的监控，很难通过传统的自陈式的测外显态度的方法来进行直接测量，为此，内隐社会认知研究所采用的是间接测量的技术和方法。

早期的投射测验法是研究内隐社会认知较为有效的方法，而后内隐联想测验以其创新性和有效性迅速奠定了作为内隐社会认知研究新范式的地位。

（1）投射法

自20世纪以下，心理学家们研究发现，人们具有把自己的心理特征（如个性、好恶、欲望、观念、情绪等）不自觉地反映于外界事物或者他人身上的一种心理作用。例如，一个讲故事的人总有一种将自己的个性特征投射于故事主角的心理倾向。

当将一些材料呈现给大家的时候，我们会发现，即使呈现同样的材料，不同的人也会说出不一样的观点。原因在于，我们对外界事物的看法，往往受到自己的心理特征的影响，这种现象称为投射效应。通过分析被测试者对这些材料的解释，便可以探究其内心深处的心理特征。

投射法最常用、最成熟的测验是主题统觉测验（thematie apperception test，TAT）

①主题统觉测验的内容和实施

主题统觉测验（thematie apperception test，TAT）是由美国心理学家亨利·默里（Henry A. Murray）于1935年设计研究幻想的一种方法。该测验几经修改，与其他同性质的测验一起成为心理测验的一个新门类——投射测验，是现在通用的人格测验。

全套测验有30张黑白图片和一张空白卡片。图片内容多为一个或多个人物处在模糊背景中，但意义隐晦。施测时根据被试的性别以及是儿童还是成人（以14岁为界），取统一规定的19张图片和一张空白卡片，每张图片为一题，最正规的测验应分两次进行，因为每一组图片的后10张都比较奇特，容易引起被试的情绪反应。被试的作业是看一张图片，然后据此讲个故事，故事的叙述应该包含三个基本维度：

图片上的情境是怎么造成的；

图片中的情境表示在发生什么事件，并描述其中角色的情绪表现；

结果会怎样。

被试叙述故事时眼看空白卡片，它起着集中被试的注意和刺激想象的作用。

②主题统觉测试范例

当受试者坐入设定的位置后，测验者给出指导语：我要将一些图片给你看，你要根据每一张图片讲一个故事，你要告诉我图画说明了什么情况，此时发生了什么事，图片中主人公内心有何感触，结局如何。每张图片讲大约300字的故事。

如图片上是一位老年妇女和一位青年的半身像。甲可能解释为母亲慈祥地看着他的儿子，乙可能解释为一个早年丧夫的老妇幻想着自己丈夫年轻时的英俊形象。当然还会有更多其他的解释。

另一张图画是两个中年人在谈话，甲可能解释为这两个人在研究公司的重大决策，乙可能解释为这两个家伙在搞什么交易，丙可能解释为两个特务间谍在接头。一个妇女把上述图片解释为母子俩，她的生活可能是幸福的；一个男人把上述另一图片解释为研究公司决策，是进取的；而解释成地下交易或接头，则被测者是偏执型的人，一般难以相处。

③主题统觉测验原理与分析

TAT的原理是让被试给意义隐晦的图片赋予更为明确的意义。从表面上看，这一赋予意义的活动是绝对自由的，如在指导语中，主试就鼓励被试者无拘无束的想象，自由随意的讲述，故事情节越生动越戏剧性越好。但是，默里相信被试在此过程中会不自觉地根据自己潜意识中的欲望、情绪、动机或冲突来编织一个逻辑上连贯的故事，这样，研究者就可以对故事内容进行分析，捕捉蛛丝马迹，从而了解被试特定的内心世界。这一整个过程就是分析过程。

默里还提出了六个方面作为进行这种分析的指导：

第一故事的主角身份：被试者往往会认同故事中的主角（故事人物中总有一个与被试的年龄、性别、身份地位相似），进而把自己的内心欲望或冲突等人格特征投射在主角身上。所以，研究者可以从故事主角是隐士还是领袖，是个有优越感的人还是一个罪犯之类的信息来探测被试的人格特征。

第二主角的行为倾向：分析时应注意主角的行为，若有非常的特点，甚至仅仅是提到的次数多，就可能反映某种动机倾向十分强烈。默里曾指出，行为中反映出像屈辱、成功、控制、冲突、失意之类的特征，几乎都可以按叙述过程中的强烈性、持续性、重复次数以及在故事内容中的重要性，标识在一个五点量表上。

第三主角的环境力量：人与事关系的力量，或者是图片上本没有的、被试者自己想出来的人和物。在故事中，这些环境力量的表征物对主角的影响作用，如拒绝、伤害、失误等等，也可以根据其强度而标识在五点量表上。

第四结局：指主角的力量和环境力量经过相互作用，经历了困难和挫折之后的成乎、败乎、乐乎、悲乎之类的结果。

第五主题：主题是故事主角的内部动机力量，欲求与外部环境力量的相互作用及其结局。主题可以是简单的，也可以是复杂的，但每个具有特定意义的故事的主题是解释的主要依据。

第六趣味和情操：指故事人物的喻指，如老妇喻指母亲，主角之为正面人物还是反面人物，诸如此类。

默里的分析方法意在评估个体的人格特征，而一次全面的分析费时甚长，往往需要 4 ~5 个小时才能评定一份记录，这是典型地把 TAT 当作一个测验来使用的情况。有的研究人员实际上是把 TAT 当作采集当前研究所关心的个人资料的工具，因此若想考察个体的攻击性倾向，则主要留意故事中攻击性行为的表征，若想考察个体的焦虑，就主要捕捉故事中与焦虑有关的迹象，此时采用的图片也就不一定限于 TAT 所提供的了。但是不论怎么使用，基本的原理都是一样的。

④主题统觉测验的事实依据

主题统觉测验所依据的事实是：当一个人解释一个含义模糊的社会情境时，他很容易像他所关注的现象一样暴露出他自己的内心状态来。他完全倾心于解释那个客观的现象，变得非常天真，没有意识到他自己，也没有想到别人正在仔细地看他，这样一来，他也就毫无戒备，没有平日那么有警惕性，参与者暴露出了自己内心深处的一些愿望而丝毫没有察觉。主题统觉测验，目的都是诱导出被试者的生活经验、情感、个性倾向等。

⑤主题统觉测试评价

TAT 是人格测验，不能作为诊断工具，但可以发现被测者的一些病理特征：如情绪不稳的人看图以后情绪反应过分，任意编造故事，或因情感而中断故事；抑郁者讲故事时表现抑郁，观念性活动受阻，回答问题言词简短；强迫症患者描述图时详细得出奇、古怪，出现过多的解释，卖弄学问；偏执者表现为猜疑、神秘兮兮、偷偷摸摸；推断主测者动机者，解释图片过于道德化；精神分裂症患者讲故事时常有妄想性内容、荒诞的幻想、脱离社会现象、前后矛盾、内容过于推敲、象征化或模糊不清，或将同性恋、性反常和违禁的侵犯内容介绍到故事中。

（2）内隐联想测验

①内隐联想测验的原理

内隐联想测验（Implicit Association Test，IAT）是华盛顿大学社会心理学家安东尼·格林沃尔德（Anthony G. Greenwald）于 1998 年提出的测验法，内隐联想测验是一个通过测量概念词和属性词之间评价性联系从而对个体的内隐态度等内隐社会认知进行间接测量的新方法，其采用的是一种计算机化的辨别分类任务，以反应时为指标，通过对概念词和属性词之间的自动化联系的评估进而来对个体的内隐态度等进行间接测量。

由于所呈现的刺激多具有复杂的社会意义，其必然会引起被试心理的复杂反应，这些刺激可能与内在需要或内隐态度相一致，也可能与之相矛盾，刺激所暗含的社会意义不同，被试的加工过程的复杂程度就会不同，从而反应时的长短就会不同。在快速反应条件下，被试对刺激的反应形式是很难有意识控制的，在这种条件下所获得的社会认知结果通常认为是内隐的。

内隐联想测验在生理上是以神经网络模型为基础的。该模型认为信息被储存在一系列按照语义关系分层组织起来的神经联系的结点上，因而可以通过测量两概念在此类神经联系上的距离来测量这两者的联系。在认知上，内隐联想测验以态度的自动化加工为基础，包括态度的自动化启动和启动的扩散。

对评价性的语义内容的加工是一种在视觉基础之上的自动化过程。内隐联想测验就是通过一种计算机化的分类任务来测量两类词（概念词与属性词）之间的自动化联系的紧密程度，继而对个体的内隐态度进行测量。它也是以反应时为指标，基本过程是呈现一属性词，让被试尽快地进行辨别归类（即归于某一概念词）并按键反应，反应时被自动地记录下来。概念词（如国产、进口）和属性词（如喜欢、不喜欢）之间有两种可能的关系：相容的（国产—喜欢，进口—不喜欢）和不相容的（相反的）（如国产—不喜欢，进口—喜欢）。所谓相容，即是指二者的联系与被试内隐的态度一致，或对被试而言二者有着紧密且合理的联系，否则为不相容或相反。当概念词和属性词相容，即其关系与被试的内隐态度一致或二者联系较紧密时，此时的辨别归类在快速条件下更多的为自动化加工，相对容易，因而反应速度快，反应时短；当概念词和属性词不相容，即其关系与被试的内隐态度不一致或二者缺乏紧密联系时，往往会导致被试的认知冲突，此时的辨别归类需进行复杂的意识加工，相对较难，因而反应速度慢，反应时长；不相容条件下的与相容条件下的反应时差即为内隐态度的指标。这样，概念词和属性词关系与内隐的态度一致程度越高，联系越紧密，辨别归类加工的自动化程度就越高，反应时越短；而不相容条件下，认知冲突越严重，反应时自然会更长，表明内隐态度越坚定。总之，内隐联想测验的基本原理是当两个概念相似或者在被试的记忆中有联系的时候，比两个概念不相似或在记忆中没有联系的时候反应快。

②内隐联想测验程序

内隐联想测验分为六个阶段：

第一阶段：呈现目标词，如国产品牌和进口品牌，让被试归类并做出一定的反应（看到国产品牌按 F 键，看到进口品牌按 J 键）。

第二阶段：呈现属性词，如喜欢和不喜欢，并让被试做出反应（喜欢 F，不喜欢 J）。

第三阶段：联合呈现目标词和属性词，让被试做出反应（国产品牌或喜欢 F，进口品牌或不喜欢 J）。

第四阶段：让被试对目标词做相反的判断（国产品牌 J，进口品牌 F）。

第五阶段：再次联合呈现目标词和属性词，让被试做出反应（进口品牌或喜欢 F，国产品牌或不喜欢 J）。

这五个阶段分别做 20 次，各阶段之间可以进行短暂的休息。

第六阶段：数据处理分析：只选取两个测试阶段的数据；删除联合任务测试中前两次测试的数据；将短于 300ms 的反应时记为 300ms，长于 3000ms 的反应时记为 3000ms。不对错误试验反应时进行任何处理，也不删除任何极端被试的数据；对反应时进行自然对数转换；求两个测试阶段反应时的均值；相容和不相容的联合测试反应时的均值相减即为所求得内隐联想测验效应。

③内隐联想测验的应用

由于诸多社会认知现象均涉及评价性联想，故内隐联想测验一经提出，便在内隐态度、内隐刻板印象、内隐自尊等领域迅速得到运用。Greenwald 等率先（1998）运用内隐联想测验对黑人、白人种族刻板印象进行了研究。他们以一些典型的黑人姓氏及白人姓氏和包括积极和消极词在内的形容词作为材料，设计了一个内隐联想测验。结果发现不相容部分的反应时明显长于相容部分，这说明人们更易于将白人和好的属性连在一起，而将黑人和坏的属性连在一起，证实了种族内隐刻板印象的存在，还发现种族内隐刻板印象和相应的外显态度测量之间是相对独立的。

Greenwald 等（1998）还研究了日裔美国人和韩裔美国人对日本民族和大韩民族的态度，发现了明显的内群体—外群体效应，即他们更容易把快乐的词语与具有他们自己的民族特征的名字相连，不快乐的词语与具有对方民族特征的名字相连，并且内隐态度间的差异比外显态度间的差异要大。

李亚轩领导下的亚轩研究院于 2005 年还运用内隐联想测验研究企业投资人和职业经理人对企业运营和管理的态度，发现企业投资人更偏好近期和利润，职业经理人更偏好战略和责任；企业投资人更关注效果，职业经理人更关注流程。

李亚轩还运用内隐联想测验研究了组织内部管理链相邻的平行部门对于协同的态度，发现组织内部管理链相邻的平行部门把“我部门”词和积极的词汇——“正确的”词相联系时比与消极的词汇——“错误的”词相联系时要快得多，把“与我相关部门”词和消极的词汇——“错误的”相联系时比与积极的词汇——“正确的”词相联系时要快得多。

第三篇

领导心理与决策

第一部分　领导

第一节　领导概述

一、领导概念

（一）定义

领导，是指领导者在一定的社会组织或群体中运用法定权力或影响力，对被领导者施加影响并共同作用于客观对象，以实施领导者与被领导者共同预定目标的行为过程。

（二）领导要素

领导是由领导者、被领导者和其所处环境这三个要素所组成的复合函数，三者关系可用公式表示如下：

领导 = f（领导者，被领导者，环境）

（三）领导要素解读

1. 领导者都有部下或追随者，即被领导者；
2. 领导者有影响部下的能力或力量，即领导力；
3. 领导者和被领导者必须在特定环境下达成领导过程；
4. 领导者和被领导者的所有活动都是为了实现设定的共同目标。

二、领导的特征

领导的特征分为领导认识的特征和领导实践的特征。

（一）领导认识的特征

1. 目标性：领导是基于组织或群体目标而展开各项活动的。

2. 超前性：领导是组织或群体战略的发动和推动者，所以领导在组织或群体中最富有前瞻性和超前性。

3. 综合性：领导认识是一种多视角、多层次、多方面整合知识的过程，是高度综合的活动。

4. 创造性：领导要充分发挥并形成新的概念、范畴和思想，善于认识和把握事物的本质规律。

5. 系统性：领导要有机地分析和利用各种要素。

（二）领导实践的特征

1. 权威性：领导意味着权威，领导实践开展的前提和基础是具有权威性。

2. 公平性：领导对被领导者所有成员要公平一致，不可存有偏袒和自私行为。

3. 目标性：领导实践是一种目标取向活动，其本质和目的在于实现目标。

4. 组织性：领导只能在组织中存在与发展，组织是领导的结构系统、活动空间和运行框架。

5. 协调性：领导要协调好各个层面、各个环节的关系。

6. 超脱性：领导必须从战略上、全局上把控运作，不陷于具体事务之中。

7. 依附性：领导必须建立在以设定的目标为取向的领导活动中，随着领导活动的变化而变化。

三、领导的类型

1. 以领导的历史进程为标准，可分为自然式领导、家长式领导、管理式领导。

2. 以领导的行为方式和特征为标准，可分为原始简单领导、集权式领导、民主式领导、公仆式领导和专家式领导。

3. 以领导的工作领域为标准，可分为政治领导、行政领导、军事领导、企业领导。

4. 以领导的层次为标准，可分为高层领导或高级领导、中层领导或中级领导、低层领导或低级领导。

5. 以领导所拥有的权力和影响来源为依据，可分为正式领导、代理领导、非正式领导。

6. 以领导手段为标准，可分为正向领导和负向领导。

四、领导的基础

领导基础是指领导活动赖以存在并发挥作用的根本条件，表现为一种综合影响力。权力是领导综合影响力的基础和前提，但权力并不是一种最有效、更不是唯一的影响力。领导的综合影响力的内容及其构成包括权力、组织和社会影响力、专业知识和才能、思想的传播和行动能力、人才的培育和控制能力。后四者为凝聚性影响力，是决定领导水平和成败的关键因素。

五、领导角色及职能

（一）领导的角色

领导者在组织或群体内扮演着各种角色，主要有：

1. 外交家：认识外界环境，协调与其他组织之间的关系，调动各方资源为组织所用。

2. 传教士：传播和培育组织或群体文化、理念、解释组织目标。

3. 调解人：统一不同意见，化解组织冲突。

4. 观察家：了解环境变化和趋势，洞察组织文化、结构、运作和成员变化。

5. 教练：训练和督导群体成员遵照组织目标和规则，提高其素质。

（二）领导的职能

1. 制定战略目标；
2. 设计并建立科学有效的管理体系；
3. 实施基于战略目标的运营和管理计划；
4. 建立组织机构和规章制度；
5. 选人、用人、建立和谐的人际关系；
6. 建立决策流程体系，合理决策；
7. 建立有效监控体系，实施有效监督和控制；
8. 善于战术运作，应对各种变化和风险。

案例：新加坡国父李光耀

新加坡原总理、资政李光耀是新加坡的开国元老之一，长期以来一直是新加坡的标志性人物，被誉为“新加坡国父”。他曾让日本占领后满目疮痍的新加坡这个弹丸小国迅速发展成为世界上少数几个繁荣、富强和清廉的国家。新加坡取得独立后，李光耀实施了一系列的改革和开放措施。他推动开发裕廊工业园区、创立公积金制度、成立廉政公署、进行教育改革等多项政策。李光耀执政31年，新加坡从一个南洋小国发展成世界人均国民生产总值最高的国家之一，并成为国际加工、物流、贸易和金融中心，世界最富裕繁荣的国家之一。

我们不得不承认李光耀是一名出色的国家领导者，他的高效、强权和清廉的统治方式，时至今日仍然极大地影响着国际政坛，同时也在世界舞台留下了浓墨重彩的一笔。

从领导个性特质分析，成功的领导者需要具有较高的勤奋度、情绪稳定度、创新精神、战略远见。作为新加坡的建国之父的李光耀一生兢兢业业，遇事冷静，情绪稳定，他治下的新加坡独立后就快速与国际世界接轨，引进外资接受外来先进的技术和经验，发挥自己国内低廉劳动力和优质港口的地理位置优势，为新加坡后来的经济腾飞打下了坚实的基础。体现出李光耀创新、开放的战略远见。不独断专行，能够聆听不同的声音和接受不同的观点。这一点在许多领导者身上显得难能可贵。

从领导的文化基因分析，成功的领导者需要具有较高的文化素养、东西交融的文化整合力。李光耀自幼受中国传统儒家文化影响极深，年轻时留学于英国，接受了较为良好的精英教育。他一直追求经济繁荣和政治清明二者协调完美演进，他领导下的新加坡也一度成为世界上最清廉的国家之一，至今新加坡公务员的高素质和极少的腐败行为也一直为民众所津津乐道。李光耀选择“家长式”威权治理的强人政治，是中国专制治理和西方宪政治理的治理文化融合的结果。

第二节　领导权力（领导者的影响力）

权力从何而来，是什么赋予领导者以影响他人的能力？

在组织中，权力和影响是领导者领导行为的核心。领导者之所以能率领和引导组织成员为实现组织目标而努力，是因为领导者拥有与其职务相对应的权力。领导权力来源于组织正式赋予和领导个人形成两个方面。

一、权力的来源

权力来源于正式权力和个人权力。正式权力分为法定权、强制权和奖励权，表现为强制性影响力，影响力由职位决定，来源于行政力量。个人权力分为专家权、典范权（感召权）、神权或准神权，表现为自然性影响力，与职位无关，取决于个人的知识、精神地位和人格因素。

（一）法定性权力

这种权力来自上一级组织的任命或选民选举产生，通常是由组织按照一定程序和形式赋予的。影响力由行政职位决定，具有强制性影响力。

在组织结构中，你处于什么位置，高层、中层、还是低层，由此获得的这种权力就是法定性的权力，一旦有了正式的任命，你就具有了法定性的权力。法定性的权力直接影响到人们对于职位权力的接收和认可。例如，没有给你任命，虽然告诉你要负责这个部门，但是你的这种奖赏性的权力和强制性的权力就会大打折扣。

（二）强制性权力

这种权力是建立在惧怕的基础之上，也就是说，作为下属如果不服从领导，领导就可以惩罚、处分、批评下属。因为你是领导，你是长官，你有这个权力，那么这种权力就叫强制性权力。

除非绝对必要，成功的领导者应尽量避免使用强制权，因为它会引起愤恨。当领导者必须运用强制权时，也须遵循“烫炉原则”：

一是预先警告：如果炉子是滚烫的，任何人都必须清醒地意识到，碰一下，就会被烫伤。

二是即时：如果你敢以身试法，将手放在火红的烫炉上，你立即就会被烫伤。

三是一致性：简单地说，就是每次你傻乎乎地用手触摸烫炉，保证每次都会被烫，不会有一次例外。

四是公正：即任何人，不论男女老少，不论你的地位有多高，你的名声多么显赫，只要你伸手触摸烫炉，一定会被烫伤。

案例：孙子练兵

孙子武者，齐人也。以《兵法》见于吴王阖闾。阖闾曰：“子之十三篇，吾尽观之矣，可以小试勒兵呼？对曰：“可。”阖闾曰：“可试以妇人乎？”曰：“可。”

于是许之，出宫中美女，得百八十人。孙子分为二队，以王之宠姬二人各为队长，皆令持戟。

令之曰：“汝知而心与左右手、背乎？”妇人曰：“知之。”孙子曰：“前，则视心；左，视左手；右，视右手；后，即视背。”妇人曰：“诺。”约束既布，乃设鈇钺，即三令五申之。

于是鼓之右，妇人大笑。孙子曰：“约束不明，申令不熟，将之罪也。”复三令五申而鼓之左，妇人复大笑。孙子曰：“约束不明，申令不熟，将之罪也；既已明而不如法者，吏士之罪也。”

乃欲斩左、右队长。吴王从台上观，见且斩爱姬，大骇，趣使使下令曰："寡人已知将军能用兵矣。寡人非此二姬，食不甘味，愿勿斩也。"孙子曰："臣既已受命为将，将在军，君命有所不受。"遂斩队长二人以徇。

用其次为队长。于是复鼓之。妇人左右前后跪起皆中规矩绳墨，无敢出声。于是孙子使使报王曰："兵既整齐，王可试下观之，唯王所欲用之，虽赴水火犹可也。"吴王曰："将军罢休就舍，寡人不愿下观。"孙子曰："王徒好其言，不能用其实。"

于是阖闾知孙子能用兵，卒以为将。西破楚，入郢，北威齐、晋，显名诸侯，孙子与有力焉。

——引自《史记·孙子吴起列传》

（三）奖赏性权力

领导可以奖赏被领导者，让被领导者来重视自己。奖赏性的权力是让人们愿意服从领导者的指挥，通过奖励的方式来吸引下属，这种奖励包括金钱、晋升、学习的机会等。安排员工去做自己更感兴趣的工作，或者给员工更好的工作环境等等，这些都属于奖赏性权力的范围。

（四）专家性权力

这种权力取决于你的知识、技能和专长。无论在一个专业性极强的组织中，还是在一个综合性组织中，专家更具有决策的权威性。所以，专门的知识技能也成为权力的主要来源之一。随着工作的细分，专业化越来越强，目标实现越来越依靠不同部门和岗位的专家。正如人们所知，医生在他的行业和领域中有权威性。为什么呢？因为他有很强的专家性权力，医生所说的话不能不听。所以大多数的人都愿意遵从医嘱。还有一些职业，如计算机方面的专家、税务的会计师、培训师等等，他们都是因为在某一领域中的特殊影响力，而获得了专家性权力。

（五）典范性权力

典范权（感召权），也称为参照性权力。如果你对某个人有一种崇拜的心理，并且希望自己成为像他那样的人的时候，被你崇拜的这个人就获得了参照性的权力。这是一种对于人格魅力的敬仰，有的人这种敬仰甚至达到了效仿他人行为的程度。这就是请名人来做广告的原因，名人在这方面有一种参照性的权力，他做广告的效果就会非常好。

（六）精神性权力

宗教信仰盛行的国家、地区、民族、组织或群体，对具有宗教职位的人敬畏若神。宗教职位越高，其精神性权力越大；宗教职位越低，其精神性权力越小。天主教中教宗（教皇）、主教（地方教会的主持者，司牧）、神父（司祭）、执事、修士（会士）、平信徒，其精神性权力由强而弱递减；伊斯兰教中伊玛目、阿訇、满拉，其精神性权力由强而弱递减。

权力来源

权力		特点	心理效应	
正式权力	法定权	指挥、命令、决定和否定。通常由组织按照一定程序和形式赋予	服从感	强制性影响，影响力由职位决定，来源于行政力量
	强制权	对下属在肉体、精神或物质上进行威胁，强迫其服从的权力。实质上是一种惩罚性权力	恐惧感	
	奖励权	决定给予还是取消有价值的报酬的权力，是一种通过提供益处对他人施加影响的权力（如调资、加薪、晋升）	诱迫感	
个人权力	专家权	因具有某种专长、技能和知识而获得的专家权威的力量	敬佩，理性崇拜	自然性影响，与职位无关，取决于个人的知识、精神地位和人格因素
	典范权（感召权）	因领导者的特殊品格、个性或个人魅力而形成的权力（公正无私、勇于创新、知人善任、有同情心、感召力、领导艺术、责任感强等）	尊重信赖感性认同	
	神权或准神权	由宗教地位而形成的特殊影响力量	敬畏膜拜	

二、权力的本质

权力源于资源稀缺性和不可代替性。无论是组织正式赋予的权力

（正式权力）还是个人形成的权力（个人权力）都是不可替代的稀缺资源，稀缺性越大，权力就越大，对被领导者的制约权就越大，被领导者对于领导者的依赖性就越强。换言之，依赖性越强，权力和影响作用力也会越大。

（一）权力取决于资源的重要程度

领导者所掌握的资源是重要的，同样一种资源在不同企业中的重要性不同。例如，对于工程师这个群体，英特尔公司比起在宝洁公司来说权力就大得多。因为英特尔公司是技术导向型组织（企业），技术导向型企业若保持领先优势，必须不断改良质量和技术，此类企业对于工程师技术群体的依赖性就很强。而宝洁是一家以市场为导向的公司，在此类企业中市场营销人员权力相对较大。

（二）权力取决于资源是否稀缺

“物以稀为贵”，有的资源是不可以代替的。在一家企业中，如果某位员工所掌握的技术是独一无二的，该员工在这个企业中就很稀缺，具有不可替代性。企业对他有一种很强的依赖性，那么他对企业来说，就有很强的影响力，或者说权力很大。

越稀少的职业在职场中的宝贵程度越高。例如精算师，几乎所有保险行业都有一位精算师，而这位精算师非常稀缺，这个职位的薪资待遇远高于其他职位，这是由这种资源稀缺而决定的。

三、权力的需求

（一）权力的需求概念

权力需求，是指控制他人、承担责任、影响他人而又不受他人影响的心理需要。

权力的目的不仅包含了人对于权力需要的概念，而且反映了人存在于社会组织的根本原因就是其权力需要，同时权力需要也对组织产出有重要影响。

在组织中，领导者必须通过自己对他人的影响使得大家协同努力去完成组织的目标与任务。给领导者带来最大满足的是通过权力和个人的影响力对他人达成组织目标的影响，因而领导者权力需要的影响胜于其他需要的影响，权力需要对于领导者而言是更为重要的需要。

哈佛大学著名教授麦克莱兰针对高层次需要进行了研究，提出了著名的人类动机理论。他将人类的动机归结为 3 种需要：成就需要、归属需要和权力需要。其中权力需要是指一种想去影响他人的潜意识驱动。权力需求是对权力的渴望与追求，是主观心理作用的外在表现。

（二）权力的需求在管理中的作用

组织选拔领导者的时候，需要将个人的权力需要作为重要的参考依据，将组织的权力更多地赋予个人权力需求较高的成员，这样他们获得满足的权力需要能够为其在管理工作岗位中提供更多的动力，同时能够让他们的下属有更好的绩效水平。

权力需要也不能过分膨胀。领导者权力需要过强，会有较大的负面影响。一是恶化领导关系，二是阻碍沟通交流，三是挫伤下属积极性，四是产生官僚主义和独裁者。

（三）权力需求的调节

为解决因权力需要过度膨胀而导致较大的负面影响，可以通过领导者、组织、法律、社会四个方面予以调节。

建立、改良和完善组织内部机构设置、政策高层设计、内控制度；建立和完善权力的监督、监管机制，在制度层面建立权力需要的约束机制。

第三节　领导者、被领导者

一、领导者

（一）定义

领导者，是指社会组织或群体中，经过选举、任命，或自发涌现出来的能够指导和协调组织或群体成员向着设定目标共同努力，具有影响力的个人或集体。

(二) 概念解读

1. 领导者，是一个组织或群体正常运作和发展的发动者和推动者；

2. 领导者通过计划、组织、指导和监督组织或群体成员的活动，发展和维持组织或群体成员之间的团结以及调动其工作重要性，使之成为一个有机的整体；

3. 领导者之所以能够指导和协调其组织成员，真正起作用的不是因为他被冠以某种头衔，而是因为他所具有的影响力。

(三) 领导者的特征

1. 拥有职权：职权是为实现组织目标的工作权力，职权有明确而严格的限制范围，职权有客观内涵，与领导者的个人主观特征无关。

2. 负有责任：组织责任、法律责任、发展责任。

3. 公共服务。

4. 稳健创新。

5. 多重角色。

(四) 领导者的职能与作用

1. 领导者在领导活动中居于支配地位，决定重要的政策和策略；决定工作人员的任免；控制财务的运用。

2. 领导者在领导活动中起发动作用，发布必要的命令和指示；处理对外的公共关系。

3. 领导者在领导活动中起统率作用，授权下级处理一般事务；协调组织的内部关系；监督、控制并考核工作的执行。

(五) 领导者的责任

权力同责任是对等的，有多大的权力就应承担多大的责任。

1. 职位责任：确定组织目标，制定远景规划；阐明领导立场，传达组织目标；处理各种关系，使上下级保持良好关系；做好组织工作，配置相关人员；建立各种激励机制，为组织提供推动工作的动力；控制和解决各种突发事件，化解组织面临的各种危机；推动组织变革，并使组织成员不断进步。

2. 非职位责任：为自己的追随者提供希望；通过自己的人格魅力凝聚一种组织的价值和精神；处理好各种非工作关系，能够满足下属和成员的非工作需求；铸就新的领导文化，为员工提供更多晋升的机会等。

二、被领导者

（一）定义

被领导者，是指在领导者的领导下，在领导活动中执行具体决策方案并实现组织目标的行动者。通常分为两个层面：相对被领导者（领导者直接统领的下属）和绝对被领导者（领导者为之服务的公众）。

1. 相对被领导者的特点

（1）关联性，与领导效能紧密相关；

（2）利益相关性；

（3）沟通直接性。

2. 绝对被领导者的特点

（1）范围广、数量大；

（2）结构复杂，动态变化；

（3）利益多样，敏感性强。

（二）被领导者的特征

1. 服从性；

2. 受动性；

3. 对象性；

4. 源泉性；

5. 不担任职务或担任较低职务。

（三）被领导者的地位与作用

被领导者在领导活动中处于重要地位，并发挥着基础性的作用。

1. 被领导者是领导者的对应面，两者相互依存，谁也离不开谁；

2. 被领导者起着产生与选择领导者的根本作用；

3. 被领导者对领导效能起决定作用；

4. 相对被领导者是领导活动得以推行的中介力量。领导活动的间接性决定了只有相对被领导者高效高质地执行领导决策，领导目标才能实现；绝对被领导者是组织目标得以最终完成的决定性力量。

第二部分　领导决策

第一节　领导决策概述

一、决策的概念

（一）定义

决策，是指选择对策的决定。狭义的决策，是指决策者对行动方案的最终选择；广义的决策，是指决策者制定、选择、实施行动方案的整个过程。

决策由决策者、决策目标、决策备选方案、决策环境、决策后果等要素组成。决策者，即领导，在决策系统内处于核心主导地位，是决策中最积极、最活跃的因素。

（二）决策活动的特征

1. 针对性；
2. 目的性；
3. 实施性；
4. 选择性；
5. 优化性。

（三）决策的演进

决策是一个由传统的经验决策向科学决策演进的过程。

1. 经验决策的特点

（1）决策方式是个人的决策活动，主要依靠决策者个人的素质作出决策；

（2）决策方式本质上是以决策者的经验为基础，所能处理的信息量有限，一般来说是一种定性不定量的决策；

（3）缺乏连续性和规范性，个人的主观随意性大。

2. 科学决策的特点

（1）强调建立科学的决策体制，注重集体共同决策，决策过程中特别注意依靠各种智囊组织，注重各种专家的横向联系，形成合理的人才结构，共同完成某个决策活动；

（2）强调将决策建立在科学分析的基础上，广泛运用科学技术的方法，将定性分析和定量分析结合起来，确保决策的正确性和可靠性。

经验决策向科学决策转化是社会进步的必然要求和结果。当今社会化程度高，社会组织的规模扩大，社会活动的变化加剧，社会的信息量剧增。在这样的社会条件下，决策的难度越来越大，影响越来越广泛。传统的经验决策方式，已经难以适应现代社会的发展，这就必然要求从经验决策方式到科学决策方式的转化，要求领导决策的科学化。现代科学技术的发展，也为决策的科学化提供了更新、更可靠的方法和手段。

二、决策的分类

（一）按决策地位分类

依照决策者在管理组织中所处的地位不同，可以划分为高层决策、中层决策和基层决策。

（二）按决策的整体性分类

按决策的整体性分类可以分为战略决策和战术决策。战略决策是关系到全局性、方向性、重大问题的决策，主要表现为制定战略、政策及重大方案；战术决策是基于战略决策解决某一具体问题而作出的决策，是战略决策的延续、分解和指令化，通常具有具体化、定量化、分解化的特点。

（三）按理想化程度分类

按理想化程度分类可以分为最优决策和满意决策。最优决策是指决策者追求理想条件下的最优目标，选择最优方案的决策；满意决策是指决策者根据现实的条件，追求一种满意结果的决策。

（四）按常规化程度分类

按照常规化程度分类可以分为程序化决策和非程序化决策。程序化决策又称常规决策，是指决策活动中重复出现的例行决策；非程序化决策，又称非常规型决策，是指决策者对偶然发生的或首次发生的新问题所进行的决策。领导者应把精力集中在非程序化决策上，注意发现并解决各种新问题。

（五）按照提供给决策者选择的方案分类

按照提供给决策者的方案分类可以分为确定型决策、不确定型决策和风险型决策。确定型决策是指提供给决策者选择的每个方案，只有一种确定的结果，这种结果又是事先可以准确知道的，决策者只要比较各方案的结果就可以确定最好的方案；不确定型决策是指提供给决策者的每个方案可能出现好几种不同的结果，而各种结果可能出现的概率又是未知的；风险型决策是指提供给决策者的每个方案可能出现几种不同的结果，但是各种结果可能出现的概率是已知的。

风险型决策与不确定型决策的区别在于，是否事先知道每个方案的各种结果出现的概率。

三、决策的模式

（一）理性决策的模式

理性决策模式，强调了决策的科学性和可操作性，将决策建立在可靠的量化分析的基础上，从而减少了决策的盲目性，有利于作出科学的决策。

理性决策模式作为一种理想的模式，是完全从规范的角度来研究决策问题的，它将决策看作是在理想的条件下选择能够实现最优目标的最佳方案的活动。由于它过于理想化，因而难以完全适应现实的决策问题，为此现实决策理论的创始人赫伯特·亚历山大·西蒙（Herbert Alexander Simon）修正了这种模式，提出了有限理性决策模式。

西蒙的决策理论认为，现实中的决策者不可能获得有关决策问题的所有信息，其处理的信息能力是有限的；人们的决策行为受知识、经验、能力和个性等因素的影响，不可能完全理性地进行判断和选择。西蒙提出“满意标准”的问题，主张决策者以较为符合现实条件的满意目标来取代追求理想条件的最优目标。

（二）渐进决策的模式

渐进决策的模式，是由美国政治学家和政策科学家查尔斯·林德布洛姆教授（Charles Lindblom）提出。他认为决策过程并非完全是一种理性过程，理性决策模式不能够适应现实决策过程中的实际要求。

渐进决策模式把决策看作是对原有的决策逐步加以修改的渐进过程。主要特点如下：

1. 在决策问题的分析上，渐进决策认为人们的分析能力有限，不可能对与决策有关的所有问题作详尽分析，而是将分析集中在相关的主要问题上。

2. 在决策目标的确立上，认为难以一下子直接建立起一种明确清晰的决策目标，而是要求确立起一种大致的方向，在沿着这个方向前进的过程中，能够灵活地调整每一步骤的目标。

3. 在决策方案的设计上，他不要求对原有决策作一揽子改变的全新方案，而是要求对原有的决策作部分修正的变化较小的新方案。

4. 在决策方案的最终选择上，它认为方案的最终决定并不是依靠科学理论和方法来进行的选择，而是与现实的政治力量相互作用、相互协调的结果。

（三）综合决策的模式

综合决策模式，即混合扫描决策模型（Mixed Scanning），是由哥伦比亚大学社会学教授阿米泰·埃泽奥尼（Amitai Etzioni）提出。混合扫描模型在概念上截取理性模型的政策视野，以充分考虑政策选择、激发政策创意并深入政策核心问题，同时截取渐进决策模型的政策弱点，把政策关注力集中在经过选择的政策方案及其评估上，形成政策焦点，以有效地解决政策问题。

综合决策模式（混合扫描决策模型）试图综合理性决策和渐进决策的优点，该模式既不像理性模式一样要求决策者拥有完备的决策资源，也避免了渐进决策容易忽视重大变革机遇的缺点。

早期的综合理性模式认为，理性决策者应当选择一个最有可能完美地实现其预期目标的方案。它结合了理性决策模式和渐进模式的长处，又注意克服二者的短处。综合决策模式认为，当社会环境没有剧烈变化，原有的政策无须重大变动时，就应更多地利用渐进决策模式的原则和方法，减少实际分析问题的范围和内容，找出那些影响问题的最重要的因素进行分析，做出变化较小的新决策，以便保持政策的稳定性和连续性。当社会环境发生剧烈变化时，原有的政策需要做出相应的变化时，则应更多地利用理性决策模式的原则和方法，理性决策的因素就应当增加，对相关问题分析的广度和深度就应当增强，保证决策的科学性。

总之，综合决策的模式主张综合利用理性决策和渐进决策的原则和方法，这是具有更大弹性的决策模式，更能适应实际情况的需要。

四、决策在领导活动中的地位

1. 决策是领导者的常态活动，任何领导工作都离不开决策；

2. 决策是领导过程自始至终的动态活动；

3. 决策是领导的基本职能职责，领导者都必须学习并掌握好科学决策的理论和方法，提高决策的民主化和科学化水平。

第二节　科学决策的原则、程序和方法

一、科学决策的原则

(一) 科学决策的标准

科学决策必须符合如下四个标准：

1. 具有明确而清晰的决策目标；

2. 决策的资源配置达到较优；

3. 实现决策目标所付出的代价小；

4. 决策执行后的副作用相对少。

在上述标准中，第一、第二条属于是非标准；第三、第四条属于优劣标准。

（二）科学决策的原则

科学决策必须遵循下列几条基本的原则：

1. 本源原则：本源原则是科学决策的首要原则，科学决策首先要寻找事物（事件）的本源，要求从事物（事件）的本源出发，精准把握决策对象的内在联系、发展走向，这样才能作出科学的判断和选择。

2. 信息原则：信息是决策的基础，决策的过程就是信息的输入—处理（决策）—输出（执行决策）的过程，决策的科学性是同信息的准确性、及时性、适应性成正比的。科学决策要求掌握决策所需要的充足的信息，缺乏及时、准确、适用的信息，领导就无法作出明确的决策，信息不灵势必会导致决策的失误。

3. 预测原则：预测是科学决策的前提。科学的预测为决策提供了社会、经济、科技等各方面发展趋势的信息，从而为领导的正确决策提供了客观的依据。在决策过程中，必须运用各种科学技术和方法，通过对信息资源的分析处理，对事物未来的发展趋势作出预先的推测和估计。

4. 程序原则：这是区别于传统经验决策方式的一个重要原则。

决策的基本程序：明确问题、确立目标—集思广益、拟定方案—分析评估、选择方案—实施决策、反馈修正。这些程序，是在总结决策活动的经验教训的基础上建立起来的，具有合理性，必须严格遵守。

5. 可操作原则：是要求对决策方案进行充分的可行性研究，只有在可行性分析论证的基础上，才能进行最终有效的选择。特别是重大和复杂决策必须通过全面综合的可行性研究，才能得出方案是否可行的结论。

6. 选优原则：没有选择就没有决策，科学决策要求遵循选优原则，要求在各种方案之中对比选择。多方案选择是现代决策的一个重要特点，方案的优与劣，要经过比较才能鉴别，必须制定一定数量和质量的备选方案，从多种方案中对比选优。

7. “外脑”原则：现代决策的一个重要特点，是“谋”与“断”的相对分离，由此出现了由各种专家组成的智囊团，它们成为领导决策不可缺少的“外脑”。现代决策就是要充分发挥智囊团的“外脑”作用。

二、科学决策的程序

决策程序，又称决策过程，或称决策步骤。决策程序是决策民主化和科学化的外在表现和核心内容，科学决策程序主要包括以下4个环节：

（一）明确问题、确立目标

明确问题、确立目标，是决策活动的起点，是决策过程的第一个步骤。确立决策目标是科学决策的首要步骤，目标错了，一切皆错。而决策目标又是根据问题确定的，因而弄清问题又是确立决策目标的基本前提。

决策目标的制定需遵循如下标准：

1. 目标是具体的；
2. 目标是系统的；
3. 目标是可操作的；
4. 目标是符合战略诉求的；
5. 目标是符合组织规范的。

（二）集思广益、拟定方案

决策目标确定以后，就要解决如何达到目标的问题。拟定的方案是准备提供给领导者最终抉择的，因此又称为备择方案，它的数量和质量直接影响到最终的决策结果。备择方案必须具有齐全性和排斥性。

简单的决策问题可以直接设想几个备择方案，复杂的决策问题，往往难以直接形成可供选择的几个方案，通常可以分两步走：第一步轮廓设想，第二步细部设计。

（三）分析评估、选择方案

分析评估、选择方案是决策过程的关键步骤。对方案进行准确的评估和选择，要看其是否能够实现决策目标，这是衡量决策方案优劣的第一条标准，也是最主要的标准。

基于决策目标评选决策方案时，必须评估实施方案所付出的代价大小、所承担的风险大小、所产生的副作用大小。

在实际决策过程中，由于受到客观实际条件的限制，很难简单地确定哪个方案是最优的。“满意标准”较之于“最优标准”更为现实可操作，即追求达到一个现实性有限目标，而不是盲目要求完全达到绝对的最优目标。

（四）实施方案、反馈修正

决策方案的实施，是决策过程的最后一个环节。决策是行动的选择，行动是决策的执行。在实施阶段主要应做好如下细分工作：

1. 编制实施计划，把决策具体化；
2. 组织实施力量；
3. 落实实施责任，建立严格的责任制；
4. 建立反馈系统，及时检查发现决策方案实施中的问题。
5. 追踪决策：回溯、归零、优化。

三、科学决策的方法

科学决策要求领导者掌握科学的决策方法，科学的决策方法是决策成功的重要保证。决策方法可以归纳为如下几种：

（一）德尔菲法

德尔菲法本质上是一种反馈匿名函询法，它区别于其他专家预测方法。其特点如下：

1. 匿名性；
2. 多轮反馈性；
3. 最终结论的统一性。

德尔菲法的具体实施步骤如下：

1. 组成专家小组。

2. 向所有专家提出所要预测的问题及有关要求，并附上有关这个问题的所有背景材料，同时询问专家的其他相关要求。然后，由专家做书面答复。

3. 各个专家根据所收到的材料，提出自己的预测意见，并说明自己是怎样利用这些材料并提出预测值的。

4. 将各位专家的第一次判断意见汇总，列成图表，进行对比，再分发给各位专家，让专家比较自己同他人的不同意见，修改自己的意见和判断。

5. 将所有专家的修改意见收集起来汇总，再次分发给各位专家，以便作第二次修改。

6. 对专家的意见进行综合处理。

（二）头脑风暴法

头脑风暴法又称专家会议决策法，或智力激励法，是指依靠一定数量专家的创造性逻辑思维对决策对象未来的发展趋势及其状况作出集体判断的方法。

头脑风暴法的特点：充分发挥若干专家所组成的团体宏观智能结构效应，在会上通过专家之间的信息交流和相互启发，引发思维共振，从而达到在较短时间里取得更多新创意的效果。

头脑风暴法是一种激发个人创造性思维的方法，运用这一方法必须遵循下列原则：

1. 自由畅言；
2. 强调数量；
3. 禁止评论；
4. 相互借鉴。

头脑风暴法可分为直接头脑风暴法（通常简称为“头脑风暴法”）和质疑头脑风暴法（也称“反头脑风暴法”）。前者是指专家群体决策尽可能激发创造性，产生尽可能多的设想的方法；后者则是指对前者提出的设想、方案逐一质疑，分析其现实可行性的方法。

（三）决策树法

决策树法，是一种运用概率与图论中的树对决策中的不同方案进行比较，从而获得最优方案的风险型决策方法。图论中的树是连通且无回路的有向图，入度为0的点称为树根，出度为0的点称为树叶，树叶以外的点称为内点。决策树由树根（决策节点）、其他内点（方案节点、状态节点）、树叶（终点）、树枝（方案枝、概率枝）、概率值、损益值组成。

风险决策是对未来即将出现的各种状况的概率进行判断，是一种对未来状况可能性的反应。它根据不同概率制定不同的方案，每一种方案都有一定的风险，又称为概率分析决策方法，即一种有序的概率图解法。

决策树法的步骤为：

1. 根据决策问题绘制决策树；
2. 计算概率分支的概率值；
3. 计算各概率点的收益期望值；
4. 确定最优方案。

（四）试验决策法

试验决策法，受到各种客观条件的限制，特别是对一些重大复杂问题的决策的实验，受到人力、物力、财力、自然条件、时间等各方面的制约。但是现代科技的发展，尤其是电子计算机技术的发展，可使得试验在虚拟的“时空”中进行。

第三节　决策中的领导者

一、现代决策体制

在现代决策体制中，决策中的“多谋”与“善断”相对分工，决策的制定和执行相对分工。领导者处于核心地位，既是决策活动的组织者，又是决策方案的最终决断者。

（一）决策的信息系统

决策的信息系统，是由掌握信息技术的专门人才组成的，它专门从事收集、统计、储存和传递等信息处理活动，为决策提供情报信息资料。

（二）决策的智囊系统

决策的智囊系统，是由各种专家组成的参谋咨询机构，它集中了专家们的集体智慧，运用科学的方法和技术，为决策者设计可行方案，帮助领导决策。

现代智囊系统具有集体性、科学性、相对独立性三大特点。

（三）决策的中枢系统

决策的中枢系统是由拥有决策权的领导者（集体或个人）所构成的，它是现代决策体制的核心。

在决策活动中，领导者的主要职责是：

1. 确立决策目标；
2. 组织决策方案的制定；
3. 负责决策方案的抉择；
4. 领导决策方案的实施。

二、领导者的抉择

（一）抉择方式

领导者对决策方案的抉择有集体抉择和个人抉择两种方式。

1. 集体抉择是由具有决策权的领导集体共同做出抉择的一种方式。

集体抉择的优点：集思广益，充分发挥集体的智慧，利用集体的经验和知识，避免个人意见的片面性和局限性，从而有利于提高决策的成功率和科学性；集体抉择也有利于做到协调一致。

集体抉择的缺点：速度慢，有时议而不决，贻误时机；职责不清。

2. 个人抉择是由具有决策权的个人做出抉择的一种方式。

个人抉择的优点：责任明确，抉择迅速。

个人抉择的缺点：个人抉择难免受个人知识、经验的限制而造成失误；其二，个人抉择容易造成个人专断，甚至会滥用权力，营私舞弊。

（二）抉择的基本要求

1. 时效性；
2. 系统性；
3. 民主性；

4. 合法性；
5. 灵活性。

三、领导者与智囊团

智囊团是领导者在决策过程中不可缺少的依靠力量，是领导者进行科学决策的重要保证。

在决策过程中，智囊团的作用如下：

1. 对决策问题进行科学预测；
2. 对决策方案进行具体设计，并对其进行详细的分析论证；
3. 对决策问题的有关方面进行咨询；
4. 对决策的实施情况进行反馈分析。

智囊团与领导者的关系是“多谋”与“善断”的关系，二者是相辅相成而不是相互取代。

四、领导者的危机决策

危机决策也称非常规决策，这是相对于常规决策而言的。是指决策问题罕见，或者决策环境变化无常，难以实现确定解决方案的非程序化决策。

危机决策的要求：快速果断、高效准确、非程序性。

领导者在危机决策中占主导地位，面对危机，进行适当的危机决策，必须做到：

1. 要主动积极，镇定自若；
2. 要迅速果断，协调合作；
3. 要富有创意，灵活应变。

第三部分　领导理论研究

领导理论是研究领导有效性的理论，是读心理论、管理心理学、管理学理论研究的热点之一。影响领导有效性的因素以及如何提高领导的有效性是领导理论研究的核心。20 世纪 40 年代以来，西方组织行为学家、心理学家从不同角度，对领导问题进行了大量研究。这些研究经历了几十年的演进，已经由一般的领导生态学发展为领导动态学研究，推动了领导理论的诞生与发展，成为当今西方领导理论的主流。

第一节　领导理论的发展动态

领导理论大致经历了四个阶段，并呈现为四种理论学派。

一、20 世纪 40 年代末，是早期领导理论的形成阶段。这一时期领导理论的主流学派——特质理论的核心观点是：领导能力是天生的。

二、20 世纪 40—60 年代，是领导理论的发展阶段。这一时期领导理论的主流学派——领导行为理论的核心观点是：领导效能与领导行为、领导风格有关。

三、20 世纪 60—80 年代，是领导理论的成熟阶段。这一时期领导理论的主流学派——领导权变理论的核心观点是：有效的领导受不同情景的影响。

四、20 世纪 80 年代之后，是领导理论的深化阶段。这一时期领导理论的主流学派——领导风格理论的核心观点是：有效的领导需要提供愿景、鼓舞和注重行动。

第二节　领导理论的研究成果

领导理论的研究成果可分为 4 个方面，即领导特质理论、领导行为理论、领导权变理论、领导风格理论。

一、领导特质理论

领导特质理论，形成于 20 世纪 40 年代末，是最早对领导活动及其行为进行系统研究的尝试。一些心理学家把注意力放在那些在一定程度上可以成为伟人的领导者身上，希望发现领导者与非领导者在个性、社会、生理或智力因素方面的差异。通过大量的实证调查研究，特质理论的支持者找到了一些证据，证明领导者在社交性、坚持性、创造性、协调性等方面都超过了普通人，其个性特征与一般人也有所区别。

最早提出特质理论（特质观）的是 Sir. F. Galton，Sir. F. Galton 在 1869 年提出的特质观中认为领导者的特质是天生的。

系统组织理论创始人——切斯特·巴纳德（Chester I. Barnard）于 1938 年在《经理人员的职能》一书中，认为领导者应该具备的基本特质是：①活力与耐力；②当机立断；③循循善诱；④责任心；⑤智力。

20 世纪 40 年代末，早期美国管理学家 Edwin E. Ghiselli 提出了 8 种个性特征和 5 种激励特征。他通过研究得出的 8 种个性特征为：才智、首创精神、督察能力、自信心、决断力、适应性、性别、成熟程度；5 种激励特征为：对工作稳定的需求、对金钱奖励的需求、对指挥别人权力的需求、对自我实现的需求、对事业成就的需求。

心理学家吉伯（C. A. Gibb）在 1969 年的研究报告中，指出天才的领导者具备 7 项特质：①善言辞；②外表英俊潇洒；③智力过人；④具有自信心；⑤心理健康；⑥有支配他人的倾向；⑦外向而敏感。

心理学家斯托格迪尔（R. M. Stogdill）于 1948 年提出一个成功的领导者需要具备 6 类领导特质：

1. 身份特性，如精力、身高、外貌等；
2. 社会背景特性，如社会经济地位、学历等，这方面的发现也缺乏一致性和说服力；

3. 智力特性，如判断力、果断力、知识的深度和广度、口才等。研究确实发现成功的领导者在这些方面较突出，但相关性还较弱，说明还需要考虑一些附加因素；

4. 个性特征，如适应性、进取性、自信、机灵、见解独到、正直、情绪稳定、不随波逐流、作风民主等；

5. 与工作有关的特性，如愿承担责任、毅力、首创性、工作主动、重视任务的完成等；

6. 社交特性，如善交际、广交游、愿意与人合作等特点。

斯托格迪尔于1974年在《领导手册》一书中，进一步提出了领导者应该具备的10项特质：①才智；②强烈的责任心和完成任务的内驱力；③坚持追求目标的性格；④大胆主动的独创精神；⑤自信心；⑥合作性；⑦乐于承担决策和行动的后果；⑧能忍受挫折；⑨社交能力和影响别人行为的能力；⑩处理事务的能力。

二、领导行为理论

领导行为理论是研究领导有效性的理论。影响领导有效性的因素以及如何提高领导的有效性是领导行为理论研究的核心。

（一）领导方式理论

美国管理学家罗夫·怀特（Ralph k. White）和罗纳德·李皮特（Ronald Lipper）提出3种领导方式理论。3种领导方式即权威式领导、民主式领导、放任式领导。

1. 权威式领导：所有决策均由领导者决定；工作分配及组合多由领导者单独决定；领导者对下属较少接触。此类领导者也被称为“独裁式”的领导，他们几乎决定所有的政策；所有计划及具体的方法、技术和步骤也由领导者发号施令，并要求下属不折不扣地依从；工作内容、资源的分配及组合，也大多由他单独决定；平时他们对下属和员工的接触、了解不多，如有奖惩，也往往是对人不对事。大多数权威式的领导者为人教条而且独断，往往借助奖惩的权力实现对别人的领导，对下属既严厉又充满要求。

2. 民主式领导：领导者授予组织成员最后的决策权力，他们在决策中的角色更像是一个各方面意见的收集者和传递者，主要从事沟通与协调。

3. 放任式领导：此类领导者喜欢松散的管理方式，极少运用手中的权力，他们几乎把所有的决策权都完全下放，并鼓励下属独立行事。他们对下属员工基本采取放任自流的态度，由下属自己确定工作目标及行动。他们只为组织成员提供决策和完成任务所必需的信息、资料、资源和条件，提供一些咨询，并充当组织与外部环境的联系人，而且尽量不参与、也不主动干涉下属、员工的决策和工作过程，只是偶尔发表一些意见，任务的完成几乎全部依赖团队成员的自主工作。这种领导方式虽然控制力较弱，但对专业人员却可以收到不错的效果。

（二）两维领导行为理论

1945 年，美国俄亥俄州立大学工商企业研究所管理学家斯多基尔（Ralph Stogdill）、弗莱西曼（Edwin Fleshman）和他们的同事首次尝试用两维空间表示领导行为，为此后管理学理论界的研究开辟了一条新的路径。两维领导行为理论主要代表是四分图理论和管理方格理论。

1. 领导行为四分图理论

领导行为四分图理论是由美国俄亥俄州立大学管理学家斯多基尔（Ralph Stogdill）、弗莱西曼（Edwin Fleshman）和其他领导行为研究者们在 1945 年提出来的，他们列出了 1000 多种刻画领导行为的因素，通过高度概括归纳为两个方面：着手组织和体贴精神。研究结果认为，领导者的行为是着手组织与体贴精神两个方面的任意组合，即可以用两个坐标的平面组合来表示。用四个象限来表示四种类型的领导行为，它们是：高组织与高体贴，低组织与低体贴，高组织与低体贴，高体贴与低组织。

（1）着手组织，是指领导者建立明确的组织模式、意见交流渠道和工作程序的行为，具体包括设计组织机构、明确职责、权力、相互关系和沟通办法，确定工作目标与要求，制定工作程序、工作方法与制度。

（2）体贴精神，是指领导者与被领导者之间的友谊、尊重、信任关系

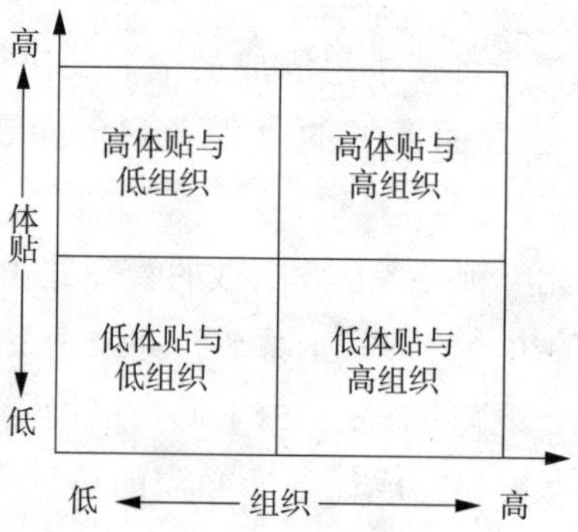

领导行为四分图

方面的行为，具体包括尊重下属的意见，给下属以较多的工作主动权，体贴下属的思想感情，注意满足下属的需要，平易近人，平等待人，民主管理。

（3）着手组织与体贴精神不是一个连续带的两个端点，不是注重了一个方面必须忽视另一方面，领导者的行为可以是这两个方面的任意组合，即可以用二维坐标表示。

2. 管理方格理论

管理方格理论，是由美国得克萨斯大学的行为科学家罗伯特·布莱克（Robert R. Blake）和简·莫顿（Jane S. Mouton）在1964年出版的《管理方格》一书中提出的。

管理方格理论是研究企业的领导方式及其有效性的理论，这种理论倡导用方格图表示和研究领导方式。他们认为，在企业管理的领导工作中往往会出现一些极端的方式，或者以生产为中心，或者以人为中心，或者以X理论为依据而强调监控，或者以Y理论为依据而强调相信人。为避免趋于极端，克服以往各种领导方式理论中的“非此即彼”的绝对化观点，他们指出：在对生产关心的领导方式和对人关心的领导方式之间，可以有使二者在不同程度上互相结合的多种领导方式。为此，他们就企业中的领导方式问题提出了管理方格法，使用自己设计的一张纵轴和横轴各9等分的方格图，纵轴和横轴分别表示企业领导者对人和对生产的关心程度。第1格表示关心程度最小，第9格表示关心程度最大。全图总共81个小方格，分别表示“对生产的关心”和“对人的关心”这两个基本因素以不同比例结合的领导方式。

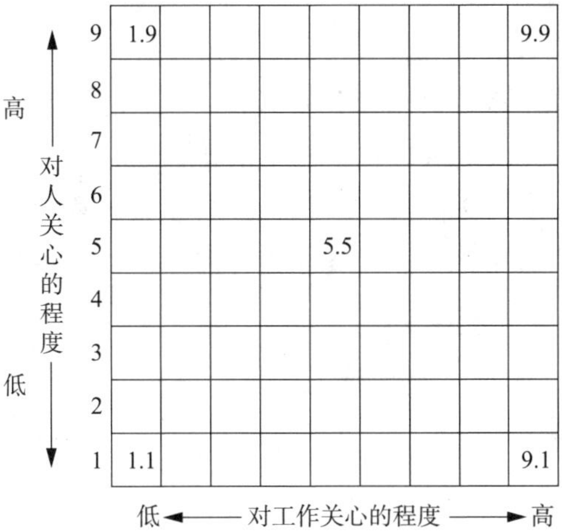

（1）管理方格图解读

管理方格图是一张纵轴和横轴各 9 等分的方格图，纵轴表示企业领导者对人的关心程度（包含了员工对自尊的维护、基于信任而非基于服从来授予职责、提供良好的工作条件和保持良好的人际关系等），横轴表示企业领导者对业绩的关心程度（包括政策决议的质量、程序与过程、研究工作的创造性、职能人员的服务质量、工作效率和产量），其中，第 1 格表示关心程度最小，第 9 格表示关心程度最大。

管理方格图中，“1. 1”方格表示对人和工作都很少关心，这种领导必然失败。“9. 1”方格表示重点放在工作上，而对人很少关心。领导人员的权力很大，指挥和控制下属的活动，而下属只能奉命行事，不能发挥积极性和创造性。“1. 9”方格表示重点放在满足职工的需要上，而对指挥监督、规章制度却重视不够。“5. 5”方格表示领导者对人的关心和对工作的关心保持中间状态，只求维持一般的工作效率与士气，不积极促使下属发扬创造革新的精神。只有“9. 9”方格表示对人和工作都很关心，能使员工和生产两个方面最理想、最有效地结合起来。这种领导方式要求创造出这样一种管理状况：职工能了解组织的目标并关心其结果，从而自我控制，自我指挥，充分发挥生产积极性，为实现组织的目标而努力工作。

除了那些基本的定向外，还可以找出一些组合。例如，5.1 方格表示准生产中心型管理，比较关心生产，不大关心人；1.5 方格表示准人中心型管理，比较关心人，不大关心生产；9.5 方格表示以生产为中心的准理想型管理，重点抓生产，也比较关心人；5.9 方格表示以人为中心的准理想型管理，重点在于关心人，也比较关心生产。还有，如果一个管理人员与其部属关系会有 9.1 定向和 1.9 体谅，就是家长作风；当一个管理人员以 9.1 定向方式追赶生产，而在这样做的时候激起了怨恨和反抗，又到了 1.9 定向，这就是大弧度钟摆。

布莱克和莫顿认为，作为领导者应该客观地分析组织内外的各种情况，把自己的领导方式改造成“9.9”型的方式，以求得最高效率。

（2）培训五阶段

布莱克和莫顿还根据自己从事组织开发的经验，总结出向 9.9 管理方式发展的五个阶段的培训：

阶段 1　组织的每个人都卷入方格学习，并用它来评价自己的管理风格；

阶段 2　进行班组建设，以健全的协作文化取代陈旧的传统、先例和过去的实践，建立优秀的目标，增强个人在职位行为中的客观性等；

阶段 3　群体间关系的开发，利用一种系统性的构架来分析群体间的协调问题，恰当地利用好群体间的对抗以从中发现组织中存在的管理问题，利用这种有控制的对抗和识别为建立一体化所必须解决的症结问题，为使各单元之间的合作关系不断改善作下一次实施计划。

阶段 4　设计理想的战略组织模型，要明确确定最低限度的和最优化的公司财务目标，公司未来要进行的经营活动，要打入的市场范围和特征，要怎样创造一个能够具有协力效果的组织结构、决策基本政策和开发的目标等方面有明确的描述，以此作为公司的基本纲领，作为日常运作的基础。

阶段 5　实施开发。研究现有组织，找出目前营运方法与按理想战略模型的差距，明确企业应该在哪些方面进行改进，设计出如何改进的目标模式，在向理想模型转变的同时使企业正常运转。布莱克和莫顿认为，通过这样的努力，就可以使企业逐步改进现有管理模式中的缺点，逐步进步到 9.9 的管理定向模式上。

（3）五种类型的领导

根据企业管理者“对业绩的关心”和“对人的关心”程度的组合，可以将领导分为 5 种类型：

贫乏的领导者：对业绩和对人关心都少，实际上，他们已放弃自己的职责，只想保住自己的地位；

俱乐部式领导者：对业绩关心少，对人关心多，他们努力营造一种人人得以放松，感受友谊与快乐的环境，但对协同努力以实现企业的生产目标并不热心；

小市民式领导者：既不偏重于关心生产，也不偏重于关心人，风格中庸，不设置过高的目标，能够得到一定的士气和适当的产量，但不是卓越的；

专制式领导者：对业绩关心多，对人关心少，作风专制，他们眼中没有鲜活的个人，只有需要完成生产任务的员工，他们唯一关注的只有业绩指标；

理想式领导者：对生产和对人都很关心，对工作和对人都很投入，在管理过程中把企业的生产需要同个人的需要紧密结合起来，既能带来生产力和利润的提高，又能使员工得到事业的成就与满足。

（三）不成熟—成熟理论

“不成熟——成熟”理论由哈佛大学行为学家克里斯·阿吉里斯（Chris Argyris）提出。他认为，有效的领导者应该帮助人们从不成熟或依赖状态转变到成熟状态。在人的个性发展方面有一个过程，就是从不成熟到成熟，最后发展成为一个健康的个性。

1. 基本观点

（1）人的个性发展过程一般要经过以下几种变化：从被动到主动；从依赖到独立；从能做少量行为到多种行为；从浅淡的兴趣到浓厚的兴趣；从目光短浅到目光远大；从附属地位到同等或优越的地位；从不明白自我到明白自我和控制自我。

组织中的劳动分工、权力等级、组织控制和统一指挥的基本功能，是企业实行有效经营所必不可少的，但也有不适应人的健康个性的需要，妨碍人的成熟和自我实现的一面。因此，清除人的个性和组织之间的不协调，便是企业经营中的重要任务。

（2）个人与组织协调的办法是：扩大职工的工作范围，使职工有从事多种工作的经验；采用参与式以职工为中心的领导方式；多给职工责任和权利；更多地依靠职工的自我指挥和自我控制。

一般来说，人的成熟程度越高，发挥的作用就越充分。一个人从不成熟到成熟，决定因素是知识和经验，所以阿吉里斯重视职工教育和职工培训工作，认为企业领导者要善于促进职工的成熟，采用各种手段来提高职工的成熟程度，从而充分发挥职工的智能和提高工作效率。

2. 个人成长过程

阿吉里斯认为，组织行为是由个人和正式组织融合而成的，组织中的个人作为一个健康的有机体，不可避免地要经历从不成熟到成熟的成长过程。在这个成长过程中主要有以下 7 方面的变化：

（1）从婴儿的被动状态发展到成人的主动状态；

（2）从婴儿的依赖他人发展为成人的相对独立。相对独立是指在自立的同时又和其他人保持必要的依存关系；

（3）从婴儿有限的行为方式发展为成人多种多样的行为方式；

（4）从婴儿经常变化和肤浅、短暂的兴趣发展为成人相对持久、专一的兴趣。在这方面趋于成熟的标志是：成年人在遇到挑战时是专心一意从整体上深入研究某一问题的全部复杂性，并在自己的行动中得到很大的满足；

（5）从婴儿时期只顾及当前发展到成人时期有长远的打算；

（6）从婴儿时期在家庭或社会上属于从属地位发展为成年人与周围的人处于基本平等的地位甚至支配他人的地位；

（7）从婴儿时期的缺乏自觉发展为成人的自觉自制。

由此可见，在成长过程中，个体的自我世界扩大了，这样一个连续发展的过程也是一个从被动到主动，从依赖到独立，从缺乏自觉自制到自觉自制的过程。个体经历了这样一个成长过程之后，其进取心和迎接挑战的能力都会逐渐提高，而且随着这种自我意识的觉醒，个体会将自己的目标与自我所处的环境作对比。因此，个体在组织中所处位置在一定意义上代表了个体自我实现的程度。

3. 管理中应用

（1）一个正式组织传统的原则是专业化分工、等级层次结构、集中统一领导等完全理性的纯逻辑化原则。而正式组织与成熟个体之间存在矛盾。

这种矛盾导致了组织中的混乱，混乱又导致个体的短期行为和思想矛盾，表现为员工频繁地离开组织；有些不择手段地往上爬；普遍产生对组织目标的漠视或抵触情绪。

拙劣的管理是阻碍人走向成熟，而良好的管理是促进人走向成熟。如何解决个体成长和组织原则之间的矛盾是管理者长期面对的挑战，领导者的任务之一就是努力减少这种不协调。在实践中，为了在健康的组织中培养出健康的个人，协调组织和个人的需要，要求管理者应该注意应用以下办法：工作扩大化；实行参与式的以员工为中心的领导方式；加重员工的责任，激发责任心和创造性；更多依靠员工的自我指挥和自我控制；实行“以现实为中心”的领导方式。

（2）在从“不成熟”到“成熟”的连续流上，每个人都拥有自己的发展“起点”，至于这个起点的位置是更接近“原点”还是更接近“终点”，首先受到个体特征的影响。

管理者必须努力识别每个被管理者的独特的成熟程度（具体表征为个性、能力等），然后才能判断所采取的管理方式是否适当，并根据具体对象考虑如何管理。在现阶段，管理在某种意义上仍是人作为被管理者时的一种需求。根据心理学的相关理论，一个人的独特需求得到“合拍”的满足时，便可以获得真正有效的激励，最终表现为行为的改善和绩效的提高。如此说来，一味追求“一视同仁”的管理行为都有简陋而专横的嫌疑，违背了“人本主义”管理的初衷。

（3）连续流本身并不排斥特定条件下可能出现的从“成熟”到“不成熟”的逆向成长，甚至承认，在某些情况下，正、逆向成长是交替出现或同时存在的。

员工个体完全可能在受到不利因素的影响时产生心智水平与行为模式上的“退化”现象（即逆向成长为“经济人”），而在有利因素再次出现时，又恢复正向成长的状态。

一个人可能由于经验的积累，眼光逐渐变得长远，但对事物的兴趣则越来越冷淡；或者其自主性增强的同时能动性却降低，表征为坚持己见但凡事被动。因此，个人的成熟过程，在连续流上是可以正、逆向交替出现或同时存在的。

案例：阿吉里斯激励实验

某大公司董事长要求阿吉里斯告诉他如何有效地激励员工。于是他们就在一个类似于装配收音机制造厂里搞了一个实验。在工厂里有几个女孩子从事这项工作。这个群体有一个组长，一个质量检验员，一个包装员。实验一开始，要求这些女孩子按照自己的方法来生产产品，进行自检和包装，处理消费者来信等，并向她们宣布，如产量减少不减薪，但增产还能提高工资。

实验结果是，在第 1 个月内产量降低 7%，第 6 个星期后的情况更糟，她们的工作情绪很低，但是在实践中她们从不成熟向成熟发展着，到第 8 个星期产量开始增加，到第 15 个星期产品量达到新高峰，而这是在没有检查员、包装员和工程师的情况下达到的。更重要的是因减少浪费和工作错误使成本降低了 94%，消费者的抱怨减少了 96%。

这个实验证明，扩大个人责任，给予工人以工作上成长和成熟的机会，有助于满足高层次的需要，因而更能激励人们去努力实现目标。

（四）三维构面理论

三维构面理论是 20 世纪 70 年代由美国管理学家雷定（William J. Reddin）所提出的。雷定利用工作导向、关系导向和领导效能三维构面将领导方式简要地分为四种基本领导方式：

1. 密切者（related）：是指这种领导者重视人际关系，但不重视工作和任务。只要能使群体和睦相处，关系融洽，时间和效率均属次要。

2. 分立者（separated）：是指这种领导者，既不重视工作，也不重视人际关系，下属人员似乎各不相干，一切照规定行事，不考虑个人差异和创新；

3. 尽职者（dedicated）：是指这种领导一心只想完成任务，铁面无私、秉公办事；

4. 整合者（integrated）：是指这种领导兼顾群体需求及任务完成，能通过群体合作实现目标，故属于整合性质。

雷定的理论特点在于第三构面——领导效能。雷定不认为上列四种领导方式中有哪一种最具效能，而是每一方式都可能发生效能，也都可能缺乏效能，因而他认为效能是另一种单独的构面。为此，雷定分别给每一方式两个名称，一个代表有效的领导方式，另一个代表无效的领导方式。

雷定认为，一种领导方式有效或无效，决定于当时所处的环境。这就包含了环境因素对领导方式和领导效能的影响。

三、领导权变理论

权变，即“随具体情境而变”或“依具体情况而定”。领导权变理论主要研究与领导行为有关的情境因素对领导效力的潜在影响。该理论认为，在不同的情境中，不同的领导行为有不同的效果，所以又被称为领导情境理论。

权变理论是20世纪60年代末70年代初在经验主义学派基础上进一步发展起来的管理理论，是西方组织管理学中以应变思想为基础而形成的一种管理理论。该理论主要研究与领导行为有关的情境因素对领导效力的潜在影响。

权变管理理论能体现管理艺术的成分。一名高明的领导者应是一个善变的人，即根据环境的不同而及时变换自己的领导方式。权变理论告诉管理者应不断地调整自己，使自己不失时机地适应外界的变化，或把自己放到一个适应自己的环境中。

（一）费德勒模型

费德勒模型，又称费德勒（Fiedler）权变理论。该理论由美国西雅图华盛顿大学管理心理学家弗雷德·菲德勒（Fred E. Fiedler）创立，他于1962年提出了一个“有效领导的权变模式”。他所提出的“权变领导理论”开创了西方领导学理论的一个新阶段，使以往盛行的领导形态学理论研究转向了领导动态学研究的新轨道。他本人被西方管理学界称为“权变管理的创始人”。

菲德勒认为，有效的群体绩效取决于领导者的风格，以及领导者对情景的控制程度这两个因素的合理配合。为了了解领导者的风格，设计调查问卷（LPC）用于测量领导者是任务取向型还是关系取向型，所谓任务取向型是指 LPC 得分高，即将最难共事的同事描述得比较积极；而关系取向型是指 LPC 得分较低，即将最难共事的同事描述得比较消极。同时，费德勒认为一个人的领导风格并不是固定不变的。领导行为必须与情境匹配，并设计了职位权力、任务结构、上下级关系三要素来评估情境。

1. 评估三要素

（1）职位权力，是指与领导者职位相关联的正式职权和从上级和整个组织各个方面所得到的支持程度，这一职位权力由领导者对下属所拥有的实有权力所决定。领导者拥有这种明确的职位权力时，则组织成员将会更顺从他的领导，有利于提高工作效率。

（2）任务结构，是指工作任务明确程度，以及对工作任务职责的明确程度。当工作任务本身十分明确，组织成员对工作任务的职责明确时，领导者对工作过程易于控制，整个组织完成工作任务的方向就更加明确。

（3）上下级关系，是指下属对一位领导者的信任爱戴和拥护程度，以及领导者对下属的关心、爱护程度。这一点对履行领导职能是很重要的。因为职位权力和任务结构可以由组织控制，而上下级关系却是组织无法控制的。

2. 理论贡献

（1）领导权变理论统合了领导现象的复杂性。领导是一个极为复杂的社会现象。一种领导现象的出现，不仅是领导者本人的行为结果，而且还有赖于周围的领导环境。领导者特质研究和领导者行为研究皆以领导者为出发点，而以领导者个人之内在素质或行为来探究领导现象，程度不同地忽略了与领导现象相关的领导环境的重要作用，忽略了被领导者在领导过程中的作用。领导是一种动态的群体过程或社会关系，领导者与被领导者的交互影响是领导过程之本质。在领导过程中，领导者是发生影响作用的主体，被领导者是被影响的客体。没有被影响的客体，发生影响作用的主体也就失去了存在的依据，若忽略对被领导者的研究，便难以了解领导现象之全貌，因而有偏颇之嫌。权变领导理论研究把领导者个人特质、领导者行为及领导环境相互联系起来，从而创造了一套比较完善的领导理论体系。

（2）领导权变理论的另一个重要贡献是它为人们提供了一套有效的领导方法。领导者特质研究重点在于分析领导者应具备的各种特质，以此作为选拔领导者的依据，而没有涉猎领导方法之领域。领导者行为研究虽已涉足领导方法领域，但其研究试图从众多的成功领导者的行为中概括出一套理论的、固定不变的和放之四海而皆准的领导方式。而权变领导理想的则以领导者个人特质、领导者行为及领导环境交互影响来解释领导现象，否认固定不变、普遍适用的领导方式的存在，认为任何领导方式在与环境作适当搭配下，均可能成为最有效能的领导方式，因此它没有提出有关最佳领导方式之主张，而代之以领导方式与情境搭配之模式。

（3）权变领导理论更切合实际领导工作者的需要，由于领导本身是一种极为复杂的社会现象，加之研究者的观点和研究方法的不同，不论是领导者特质研究还是领导者行为之研究，所得研究结果都是矛盾丛生，使实际领导工作者无所适从。由于权变领导理论以统合之方式和权变之观点解释了领导现象的复杂性，吸收了前人的有益研究成果，从而为人们提供了研究领导现象的新途径和提高领导效能的新方法，这就在很大程度上拉近了领导理论与领导实际的距离，满足了实际领导工作者对领导理论的需要。

（二）认知资源理论

认知资源理论，主要研究领导者通过什么而获得有效的群体绩效的领导理论，是对费德勒的权变理论的扩展和重新界定。费德勒及其助手乔·葛西亚（Joe Garcia）将相关的个人认知能力列入权变领导的项目之一，其中包括智力、承受压力的能力以及领导者的经验。这一理论假设睿智而有才干的领导者能制订更有效的计划、决策和活动策略，并能通过指导行为传达他们的计划、决策和策略。该理论还阐述了压力和认知资源对领导有效性的重要影响。该理论认为在领导者感到无压力的情境中，领导者的智力水平与群体绩效成正相关；在高压力环境下，工作经验与工作绩效之间成正相关；在有支持性、无压力的领导环境下，指导型行为只有与高智力结合起来，才会导致高绩效水平。

1. 认知资源理论的假设

认知资源理论基于两个假设：

（1）睿智而有才干的领导者相比于德才平庸的领导者更能制定出有效的计划、决策和活动策略；

（2）领导者通过指导行为传达了他们的计划、决策和策略。

2. 认知资源理论的内容

在认知资源理论的假设上，费德勒和葛西亚阐述了压力和认知资源（经验、奖励、智力活动）对领导有效性的重要影响。认知资源理论的内容可以概括如下：

（1）在应激状态或压力高时，领导者完成任务将主要依赖经验而非智力；

（2）在应激状态低时，领导者完成任务依赖智力而非经验；

（3）在应激状态高时，领导者的绩效与智力呈负相关；

（4）在应激状态低时，领导者的绩效与其经验呈负相关。

认知资源理论认为领导者智力、经验和环境压力都是重要的，该理论提出了如下假定：首先，如果领导者属于指示命令型，他的智力可能对团队绩效起到一种积极作用。换句话说，如果领导指导下属，团队可能得益于领导者的高智力。在团队执行一个复杂任务时，领导智力与团队绩效显著相关；其次，认知资源理论指出压力使智力与绩效之间的关系变得不明显：如果处于一种无压力的情境，则领导的智力是一种“资产”，而处于一个高压环境中时，智力可能发生转移或对团队绩效不产生影响；最后，认知资源理论提出，在一种高压环境下，领导的经验与绩效正向相关，而在一个没有压力的环境中却不是这样。在面对一种高压情境时，有经验的领导可能凭借他们已有的可靠方法，因而可以帮助团队做得更好；然而同样一个经验丰富的领导，在一个没有压力的环境中可能对经验有太多的依赖，就会导致绩效的下降。

（三）情景领导理论

情景领导理论，又称为领导生命周期理论，或称为领导寿命循环理论，是由美国心理学家科曼（A. Korman）首先提出的，后来由赫西（Paul Hersey）和布兰查德（Kenneth Blanchard）共同创立。该理论的主要观点是：依据下属的成熟度，选择正确的领导风格，就会取得领导的成功。

情景领导理论是基于领导者的工作行为、关系行为与被领导者成熟程度之间的曲线变化关系来研究领导方式的。它强调以领导者对下级的行为来考察其效率。根据领导生命周期理论，当下级成熟程度提高时，领导行为也需相应地变化，从以工作为主逐渐转变为以关系为主，最后需要重视其自主性。

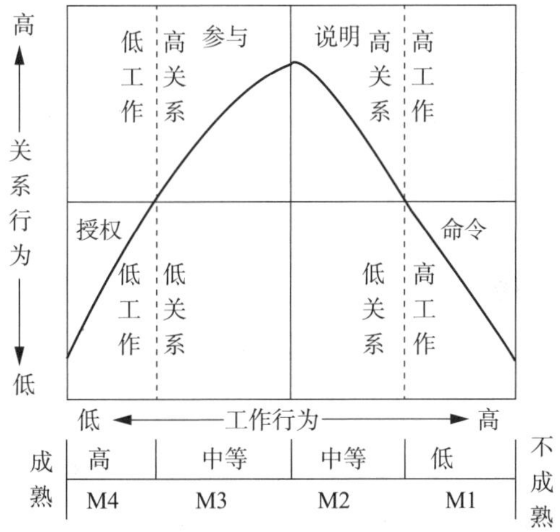

情景领导理论认为，随着从不成熟到走向成熟，领导行为应按下列程序逐步推移：高工作与低关系、高工作与高关系、低工作与高关系、低工作与低关系。

第一象限：命令式（高工作，低关系）。当下级人员的成熟度低时，应该采取命令式的高工作、低关系的领导形态。领导工作要强调有计划、有布置、有监督、有检查；否则，下级人员将感到领导不力，不知所措，无所适从。这对于新职工，知识水平较低、业务能力较差的职工和基层尤为重要。

第二象限：说服式（高工作，高关系）。当下级人员的成熟度进入初步成熟时，采取任务行为、关系行为并重的说服式领导形态较为适宜。这时，布置工作不仅要说明干什么，还要说明为什么这样干，以理服人，不搞盲从。

第三象限：参与式（低工作，高关系）。当下级人员更趋于成熟时，领导者的任务行为要减少、放松，关系行为要加强，采取参与式。领导者要向下级人员沟通信息，交流感情，吸收下级参与领导，提供情况和建议，改善关系，增强信任感。

第四象限：授权式（低工作，低关系）。当下级人员成熟度很高，水平很高，工作熟悉，技术熟练时，领导者应采取低工作、低关系的授权式领导，提出任务后，放手让下级去干，充分发挥下级的主观能动性；在下级需要时，可以帮助和支持。否则，过多的关心和支持反而会引起下级的反感，认为上级不放手、不信任，从而挫伤其积极性，造成猜疑，影响工作成效。

情境领导理论具有一种直觉上的感染力。它承认下属的重要性，同时“领导者可以弥补下属能力和动机方面的欠缺”的观点也有逻辑基础。

案例：公司的分类管理

杨鹏被中冶正式任命到强力重金属制造公司就任总经理一职，已到中年的杨鹏再次面临人生的巨大挑战。强力是20世纪50年代中期成立的一家老国企。该企业适于市场的新产品极少，技术装备落后，产品开发能力弱，退休人员多。

杨总面对如此人员装备老化、缺乏创新活力的老国企，采取了积极进取的产品创新和管理创新的战略模式。杨总尤其在管理创新上采取了分类管理的策略。

对于青年员工，尤其是新来的员工，他集结培训，对优化后流程的每一节点都将培训合格的新人破格提拔为核心成员，每日交代一次任务，并告诉他们怎样去具体完成；对中年员工，他很注意关心他们的生活困难，管理体系梳理整合中更多听取他们的意见，并引导他们参与管理，将业务能力和管理能力突出的中年人放到核心岗位的管理岗位；对老员工，除关心他们的身体外，完全放权让他们做一些力所能及的支持部门的管理工作，如安保、品控巡检、生产安全、劳动保护等。

杨鹏合理运用领导生命周期理论。青年员工还处于不成熟和活力最强阶段，他采取的是“命令式”布置任务，教给方法，施予压力；中年员工已进入比较成熟阶段，杨鹏对他们采取的是“参与式”，经常听取他们意见，施予引导；老员工已进入成熟和衰弱阶段，杨鹏采取的是“授权式”。

一年后，强力已进入中冶销售增长率和利润增长率最佳的子公司，企业呈现出超强的凝聚力。

（四）领导—成员交换理论

乔治·格瑞恩（G Graen）和助手们于1982年提出了领导——成员交换理论（Leader - Member Exchange theory，LMX 理论）。该理论认为领导者和被领导者之间的关系，是通过一系列的观望、试探、互动、谈判等活动在一段时间内发展起来的。这一过程所导致的结果，就是同一个领导者与不同的下属会有不同的或亲或疏的关系。

1. 当领导与下属之间的关系比较亲近时，领导与这些下属互相认为对方为“圈内人”，反之则为“圈外人”。所谓圈内（in - group），是指包括那些以具有高度的相互信任、尊敬、忠诚与影响为特征的支持性关系的方式与其领导有着强社会联系的下属；圈外（out - group），是指包括那些以低互换与自上而下的影响为特征的严格以任务为中心的关系的方式与其领导有微弱的社会联系甚至没有任何社会联系的下属。圈内成员可以一起和谐地工作并接受领导，是因为他们具有优越感。作为圈外的成员，他们也许不会减少团队合作，但肯定不会做出积极贡献。圈内成员与领导者之间是一种相互尊重、彼此信任、双方的职业关系与业务不断延续和增强的关系，这种关系是一种高质量 LMX。相反，圈外成员与领导之间的关系就属于低质量 LMX。

2. 低质量的 LMX，是指在领导与成员的交换关系上以物质交换为主，上下级之间的心理距离较远，双方的合作更多地体现为等级意义上的指挥与领导，相互之间的沟通与交流仅限于正式的组织渠道，交换的频率较低。这部分人除物质上的激励外，受到的其他激励较少；反之，则是高质量的 LMX。

3. LMX 质量高低鉴定

领导成员关系可以分为四个维度，并从这四个维度来测量 LMX 的质量：

（1）情感：指领导与成员双方建立起来的，主要基于个人相互吸引而非工作或专业知识方面的彼此间的情感体验。在早期 LMX 发展阶段和形成后的稳定阶段，情感起了决定作用，双方的情感是影响信任、忠诚和责任的基本因素。因此情感是 LMX 的基本变量，会对 LMX 质量产生影响；

（2）忠诚：指领导与成员中的一方对另一方的目标和个人品质公开表示支持。忠诚包含了对一个稳定目标的信念，也就是说，只有其中一方对另一方表达忠诚，才能发展出高质量的信任；

（3）贡献：指领导与成员关系中双方对共同目标所付出努力的数量、方向和质量方面的知觉。它是与工作有关的维度，这些与工作有关的行为或绩效对发展高质量的 LMX 很重要。绩效好的成员更能够给领导留下深刻印象，得到资源和支持。高质量的关系是指领导和成员之间更多地交换有价值的资源；

（4）专业尊敬：指领导与成员关系中双方彼此所拥有的，在工作领域中的声誉的知觉程度。胜任工作是发展高质量关系的核心标准，因此领导和成员对彼此胜任工作的能力和专业素养的知觉对 LMX 的质量有重要的影响。

4. 开发领导—成员关系的三个阶段

第一个阶段：检验与评估阶段，一切关系均未定型。领导者根据各种决定圈内成员或圈外成员的主观与客观标准，判定下属是否属于圈内人。下属的各种潜质、能力、技能及其他心理因素（如忠诚）需要进行检验，最后，圈子划分完成。

在第一阶段中，作为领导者首先要确定选择哪些人作为圈内成员，能和领导建立密切关系的下属有三种类型：①能力较强，掌握相关技能的人；②为领导者所信任的人；③愿意承担更多责任的人。在圈内人员资格的认定过程中，文化也起着重要作用，在成就导向型的国家中，评价个人的标准是他们的绩效与成就，为此人们期望领导者能够根据成员的能力、绩效以及对组织的承诺，而非私人关系来选择圈内成员。在此类文化中，公平公正、机会均等、根据能力选择人才，成为领导确定圈内成员的主要标准。而在归因性文化强烈的国家，由于崇尚社会地位和出身，高质领导—成员交换更依赖于领导者对下属信任的能力，在这样的文化当中能力成为一个次要因素。我们在这里仅讨论在成就导向型文化中把绩效或成就作为划分圈内圈外成员的标准。以这样的标准才能在组织或部门中树立良好形象，下属才会将注意力集中到工作中来，反之如果领导人身边得到重用的人都是善于逢迎讨好的人，那么整个部门的风气就会受到影响。

一般而言，从下属刚进入组织开始，初期主要集中于领导者和下属在“工作期望”方面的交流，使其能够尽快明确和进入工作角色。中期主要是通过一定的激励手段，引导和鼓励新成员承担更多的一定角色外的任务，提高他们完成任务的意愿，尽可能地把他们从“圈外”纳入“圈内”。后期应更多地注重 LMX 发展的动态性，根据变化的环境不断地对已建立的 LMX 关系及时做出调整，使之尽快上升到圈内关系。当然，圈内成员也有可能流动成为圈外成员，这主要是根据领导者定期对圈内与圈外成员的选择标准进行评价而确定的。

第二个阶段：信任开发阶段，该阶段仅为圈内人而设。领导对圈内下属安排挑战性的任务，提供表现的机会，以此强化信任开发，反过来，下属要用表现来证明自己对领导者的忠诚。

在领导—成员关系发展的第二阶段，领导者让下属在不依靠权力的情况下仍可以获得更多的关注、信心、影响力、内部信息和谈判余地，这使得下属变得更加积极，使工作效率进一步提高。同时下属对领导者的支持度和忠诚度也相应提高，这种情况下领导者更容易开展工作，提高自己的领导有效性。为了维持这种圈内的关系，领导者必须不断提供支援和关心，让圈内成员参与决策，与他们协商，对他们进行说服，有效地提高领导工作的有效性。

为了提高 LMX 质量，改进其有效性，领导者要帮助员工制定有效的职业生涯计划，使其增强对环境的把握能力和对工作困难的控制能力，从而实现自我价值的不断提升和超越。领导者也有义务帮助每一个员工开发和培养他们达到事业目标所必备的能力。领导者要建立有效的沟通渠道，保持与下属之间进行有效的信息交流，这样不仅能使上下级都能及时获得更丰富、更全面、更生动的信息，也有利于更全面地思考问题，使企业面对瞬息万变的市场做出及时有效的调整和措施，使领导决策的有效性得到提高。

第三个阶段：建立情感联系阶段，已经建立良好关系的圈内下属可能经历这一阶段。在该阶段，他们之间的关系与联系不仅进一步增强，而且带有浓重的情感色彩。此后，下属将绝对服从领导者的意愿。

领导者在这一阶段中应该注意自身行为对圈外人员的影响，尽量缩小圈内圈外的差异，让圈外成员感到满意度较之前有所提高，并逐步减少圈内圈外之间的矛盾和冲突，使得两者之间的关系有所缓和。需要注意的是，由于领导者对圈内人的绩效评价容易偏高，而关系的流行则会强化这种负面效应。特别是中国文化的权力距离高，权力更多地掌握在个人手里而不是被制度化，关系性实践在中国比在西方国家更为流行，以上的负面效应在中国的组织中尤其应该受到关注。

在一个流行人治、关系比较常见的管理环境中，领导者尤其要注意在这一阶段应尽量与下属保持基本一致的距离，亲疏有别所带来的不公平从长远来看一定是对企业有害的。领导者在这一阶段要特别警惕圈内成员的“过度”忠诚可能会演变成为一种对领导的“私忠”，即无条件接纳领导的价值观，“私忠”可能会进一步演化为对领导的“愚忠”，不要因此就沉陷在盲目之中。

案例：奥古斯特部门改革

德国 Bristol Myers Squibb（BMS）公司的巴泽尔（Barzel）先生作为部门经理在公司工作了 12 年，深受员工的爱戴，巴泽尔知道他领导下的大部分员工的姓名，他每天花一部分时间看望他们并且向他们询问家庭情况和个人爱好。他经常为他的员工举办生日晚宴，每年数次带领员工旅游、野餐和假日酒会。巴泽尔相信恰当地对待工人以使他们对公司保持忠诚是非常重要的，在市场对公司产品的需求不旺盛时，他尽量不解雇任何一名员工，总是帮助他们。他所管理的部门在公司的 8 个部门里人员流动量最少，但却在高成本和低生产能力上排名第一。

2008 年全球金融海啸时期，BMS 业务全面收缩。董事局决定由奥古斯特（August）来取代巴泽尔的位置，奥古斯特大刀阔斧进行部门改革，很快使部门发生了巨大变化。他缩减一些设施和活动减少一些成本，他认为员工不想做这项工作就应该解雇他们，然后雇佣那些愿意做这项工作的人，在奥古斯特任部门经理的一年中，成本下降了 20%，产量提升了 10%，但他的 10 个管理人员中有 6 个主动辞职，工人的流动率也很高。

巴泽尔作为部门经理虽然旨在培养每个员工的忠诚度，关心每一个员工，并且大大降低了部门的人员流失率，但这种普遍式的管理并没有给组织带来高绩效。当然如果像奥古斯特一样一味地追求绩效，而不与员工建立良好的关系，其造成的人员流失也会给组织带来负面影响，特别是高层管理人员。

巴泽尔的管理方式试图形成没有圈内圈外之分的理想状况，对所有下属都给平等的机会对待，对员工难以产生压力，既然形成了普遍的忠诚就缺乏了绝对的忠诚。况且在现实中避免产生圈内圈外的差别很难，而且适当地形成圈内圈外可以提高领导的绩效，圈内人不想流出变为圈外人，圈外人力图进入圈内与领导形成亲密的关系，这样就可以提高他们的工作努力度，提高工作效率。

（五）路径—目标理论

领导方式的路径—目标理论，是领导权变理论之一，由加拿大多伦多大学的组织行为学家罗伯特·豪斯（Robert House）最先提出，后来由华盛顿大学的管理学家特伦斯·米切尔（Terence R. Mitchell）予以完善和补充。

路径—目标理论认为，领导者的工作是帮助下属达到他们的目标，并提供必要的指导和支持以确保各自的目标与群体或组织的总体目标相一致。“路径—目标”的概念来自于这种信念，即有效领导者通过明确指明实现工作目标的途径来帮助下属，并为下属清理各项障碍和危险，从而使下属的这一履行更为容易。

1. 路径—目标理论的内容

路径—目标理论认为，领导者的工作是利用结构、支持和报酬，建立有助于员工实现组织目标的工作路径。这里涉及两个主要概念：建立目标方向；改善通向目标的路径以确保目标实现。其内容包括以下 5 个方面：

（1）领导过程：领导者确认员工的需要，提供合适的目标，通过明确期望与目标的关系，将实现目标与报酬联系起来；消除绩效的障碍，并且给予员工一定的指导。该过程的期望结果包括工作满意、认可领导和更强的动机。这些将在有效的绩效和目标实现中得到反映。

（2）目标设置：目标设置是取得成功绩效的标的，它可以用来检测个体和群体完成绩效标准的情况。群体成员需要感觉到他们的目标是有价值的，并且可以在现有的资源和领导下达到该目标。如果没有共同目标，不同的成员就会走向不同的方向。

（3）路径改善：领导者在决定顺利实现目标的路径之前，还需要了解一些权变因素和可供选择的领导方案，特别是必须权衡确定对两类支持的需要。第一类是任务支持，领导者必须帮助员工组合资源、预算以及其他有助于完成任务的因素，消除有碍员工绩效的环境限制，表现出积极的影响，并且对有效的努力和绩效给予及时认可；第二类是心理支持，领导者必须刺激员工乐于从事工作。

（4）领导风格：按照路径—目标理论，领导者的行为被下属接受的程度取决于下属是将这种行为视为获得满足的即时源泉还是作为未来获得满足的手段。领导者行为的激励作用，在于它使下属的需要和满足与有效的工作绩效联系在一起，并提供了有效的工作绩效所必需的辅导、指导、支持和奖励。

（5）路径—目标理论提出了两类情境作为领导行为与结果之间关系的中间变量，它们是下属控制范围之外的环境（任务结构、正式权力系统以及工作群体），以及下属个性特点中的一部分（控制点、经验和感知能力）。若达到下属产出最多目的，环境因素决定了作为补充所要求的领导行为类型，而下属个性特点决定了对环境和领导者行为作出何种解释。在工作环境中，领导者必须确认员工的任务是否已经结构化。正式权力系统是否最适合于指挥型或参与型领导，以及现在的工作群体是否满足了员工的社会和尊重需要。

2. 前置条件

路径—目标理论立足于部下，而不是立足于领导者。豪斯认为，领导者的基本任务就是发挥部下的作用，而要达到这一目的，就得帮助部下设定目标，把握目标的价值，支持并帮助部下实现目标。在实现目标的过程中提高部下的能力，使部下得到满足。

路径—目标理论形成两个基本前置条件：

一是领导方式必须是部下乐于接受的方式，只有能够给部下带来利益和满足的方式，才能使他们乐于接受；

二是领导方式必须具有激励性，激励的基本思路是以绩效为依据，同时以对部下的帮助和支持来促成绩效。也就是说，领导者要能够指明部下的工作方向，还要帮助部下排除实现目标的障碍，使其能够顺利达到目标，同时在工作过程中尽量使职工需要得到满足。

3. 四种领导行为与风格

豪斯依据领导行为确定了 4 种领导行为与风格：

（1）指导型领导：领导者对下属需要完成的任务进行说明，包括对他们有什么希望，如何完成任务，完成任务的时间限制等等。指导性领导者能为下属制定出明确的工作标准，并把规章制度向下属讲得清清楚楚。指导不厌其详，规定不厌其细。

（2）支持型领导：领导者对下属的态度是友好的、可接近的，他们关注下属的福利和需要，平等地对待下属，尊重下属的地位，能够对下属表现出充分的关心和理解，在部下有需要时能够真诚帮助。

（3）参与型领导：领导者邀请下属一起参与决策。参与型领导者能同下属一道进行工作探讨，征求他们的想法和意见，将他们的建议融入团体或组织将要执行的决策中。

（4）成就取向型领导：领导者鼓励下属将工作做到尽量高的水平。这种领导者为下属制定的工作标准很高，寻求工作的不断改进。除了对下属期望很高，还非常信任下属有能力制定并完成具有挑战性的目标。

在现实中究竟采用哪种领导方式，要根据部下特性、环境变量、领导活动结果的不同因素，以权变观念求得同领导方式的恰当配合。

四、领导风格理论

领导风格理论是由美国实验社会心理学的先驱库尔特·勒温（Kurt Lewin）创立。勒温从20世纪30年代起就进行关于团体气氛和领导风格的研究。勒温等人发现，团体的任务领导并不是以同样的方式表现他们的领导角色，领导者们通常使用不同的领导风格，这些不同的领导风格对团体成员的工作绩效和工作满意度有着不同的影响。勒温等研究者力图科学地识别出最有效的领导行为，他们着眼于三种领导风格，即专制型、民主型和放任型的领导风格。

（一）三种领导风格

	专制型	民主型	放任型
权力分配	权力集中于领导者个人手中	权利在团体中	权利分散于每一个员工手中
决策方式	领导者独断专行，一切决策皆出自领导者个人	团队成员参与决策，所有决策由集体讨论做出。领导者仅指导与协助	团队成员自由决策。领导者几乎不参与
对待下属方式	直接干预，领导者介入具体的工作任务中	任务分工由团队决定，领导和成员共同了解工作目标	咨询与服务
影响力	领导者以权力强制性地影响被领导者	领导者以能力、个性等心理品质影响被领导者	领导者对被领导者无影响力
对员工评价和反馈方式	个人感情化评价，惩罚式反馈	以客观评价，以反馈作为对员工培训的机会	不对员工行为评价和反馈

勒温认为，这三种不同的领导风格，会造成三种不同的团体氛围和工作效率。

1. 专制型团队的权力集中于领导者个人手中，领导者只注重工作的目标，只关心工作任务的完成和工作效率的高低，对团队成员个人不太关心。在这种团队中，团队成员均处于一种无权参与决策的从属地位。团队的目标和工作方针都由领导者自行制定，具体的工作安排和人员调配也由领导者个人决定。团队成员对团队工作的意见不受领导者欢迎，也很少会被采纳。

领导者根据个人的了解与判断来监督和控制团队成员的工作。这种家长式的作风导致了上级与下级之间存在较大的社会心理距离和隔阂，领导者对被领导者缺乏敏感性，被领导者对领导者存有戒心和敌意，下级只是被动、盲目、消极地遵守制度，执行指令。团队中缺乏创新与合作精神，而且易于产生成员之间的攻击性行为。

2. 民主型团队的权力归属于全体成员，领导者只起到一个指导者或委员会主持人的作用，其主要任务就是在成员之间进行调解和仲裁。团队的目标和工作方针要尽量公之于众，征求大家的意见并尽量获得大家的赞同。具体的工作安排和人员调配等问题，均要经共同协商决定。

有关团队工作的各种意见和建议将会受到领导者鼓励，而且很可能会得到采纳，一切重要决策都会经过充分协商讨论后做出。民主型的领导者注重对团队成员的工作加以鼓励和协助，关心并满足团队成员的需要，能够在组织中营造一种民主与平等的氛围。在这种领导风格下，被领导者与领导者之间的社会心理距离较近，团队成员的工作动机和自主完成任务的能力较强，责任心也比较强。

3. 放任型团队的权力归属于每一个成员，领导者置身于团队工作之外，只起到一种被动服务的作用，其扮演的角色有点像一个情报传递员和后勤服务员。领导者缺乏关于团体目标和工作方针的指示，对具体工作安排和人员调配也不做明确指导。

领导者满足于任务布置和物质条件的提供，对团体成员的具体执行情况既不主动协助，也不进行主动监督和控制，听任团队成员各行其是，自主进行决定，对工作成果不做任何评价和奖惩，以免产生诱导效应。在这种团队中，非生产性的活动很多，工作的进展不稳定，效率不高，成员之间存在过多的与工作无关的争辩和讨论，人际关系淡薄，但很少发生冲突。

（二）三种方式绩效比较

勒温等人分别将不同的成年人训练成为具有不同领导风格的领导者，然后让这些人充当青少年课外兴趣活动小组的领导，让他们主管不同的青少年群体。进行实验的群体在年龄、人格特征、智商、生理条件和家庭社会经济地位等方面进行了匹配，也就是说，几个不同的实验组仅仅在领导者的领导风格上有所区别。这些青少年兴趣小组进行的是手工制作的活动，主要是制作面具。结果发现，放任型领导者所领导的群体的绩效低于专制型和民主型领导者所领导的群体；专制型领导者所领导的群体与民主型领导者所领导的群体工作数量大体相当；民主型领导者所领导的群体的工作质量与工作满意度更高。

基于这个结果，勒温等研究者最初认为民主型的领导风格似乎会带来良好的工作质量和数量，同时群体成员的工作满意度也较高，因此，民主型的领导风格可能是最有效的领导风格。

但不幸的是，研究者们后来发现了更为复杂的结果。民主型的领导风格在有些情况下会比专制型的领导风格产生更好的工作绩效，而在另外一些情况下，民主型领导风格所带来的工作绩效可能会比专制型领导风格所带来的工作绩效低或者仅仅与专制型领导风格所产生的工作绩效相当。关于群体成员工作满意度的研究结果则与以前的研究结果相一致，即通常在民主型的领导风格下，成员的工作满意度会比在专制型领导风格下的工作满意度高。

（三）领导风格类型理论的应用意义

在实际的组织与企业管理中，很少有极端型的领导，大多数领导都是介于专制型、民主型和放任型之间的混合型。

勒温能够注意到领导者的风格对组织氛围和工作绩效的影响，区分出领导者的不同风格和特性并以实验的方式加以验证，这对实际管理工作和有关研究非常有意义。许多后续的理论都是从勒温的理论发展而来的。

但是，勒温的理论也存在一定的局限。这一理论仅仅注重了领导者本身的风格，没有充分考虑到领导者实际所处的情境因素，因为领导者的行为是否有效不仅取决于其自身的领导风格，还受到被领导者和周边环境因素的影响。

第三节　领导理论研究的新动向

20 世纪 80 年代，读心理论、管理学、管理心理学、领导学领域的学者从领导与下属的关系以及领导者是否具有远见卓识的角度研究领导行为，从而提出了各种不同的理论，代表着目前领导理论研究的新动向。主要如下：

一、领导归因理论

这种理论认为，领导者对下级的判断会受到领导者对其下级行为归因的影响。但领导者对下级行为的归因可能有偏见，这将影响领导者对待下级的方式。同样，领导者对下级行为归因的公正和准确也将影响下级对领导者遵从、合作和执行领导者指示的意愿。

二、领导魅力理论

这种理论认为，领导者利用其自身的魅力鼓励追随者并作出重大组织变革。

本尼斯（Warren Bennis）研究了 90 位美国最杰出的、成功的领导者，发现他们具有 4 项共同的能力，即远见和目标意识；能清晰地表述目标，让下属理解；对目标的追求表现出一致性和全身心投入；了解自己的实力，并以此作为资本。

康革（Conger）和凯南格（Kanungo）认为领导魅力有如下特点：明确的理想目标；为此目标全身心地投入和奉献；反传统；非常固执而自信；激进变革的。

霍斯（Horse）认为领导者言行独特，会对员工产生特殊的魅力和影响。魅力型领导力包括支配力、影响欲、自信心和强烈的坚定的价值观。

个性特征	行为	对员工的影响
支配力 影响欲 自信心 坚定的价值观	建立强有力的角色模式 体现竞争力 清晰地阐述目标 表达出较高的期望值 表现出信心 激励士气	信任领导者的意识形态 上下级之间相互信任 毫无疑义地接受 受领导者影响 服从领导 对领导者的认同 全心全意地投入 目标的提升 信心增长

三、交易型与变革型领导理论

这种理论认为，领导者通过让员工意识到所承担任务的重要意义和责任，激发下属的高层次需要或扩展下属的需要和愿望，使下属为团队、组织倾力而为。

伯恩斯（James M. Burns）划分了两种领导类型，即交易型领导和变革型领导，其中交易型领导是领导模式的主要类型，关注领导者与员工之间的交易关系。变革型领导是指并在领导者与员工之间创造出一种能提高双方动力和品德水平的过程。领导者对员工的需求非常敏感，并尽力帮助员工发挥其最大的潜力。

（一）变革型领导

巴斯（Bass）1985 年在伯恩斯的基础上，提出了一个范围更广、更为全面的变革型领导理论。他认为，变革型领导可以通过以下方式来激励员工达到或超越期望值：

1. 魅力因素或理想化影响力；
2. 激励因素；
3. 智力激发；
4. 个性化关怀。

（二）交易型领导

交易型领导，是指领导者与员工交换的过程。不同的任务会有不同的交换砝码。交易型领导尽量用报酬的方法确定绩效期望与目标，向下属提供与任务有关的反馈。

四、超越型领导理论

超越个人的利益，领导者将个人与团队利益结合起来的一种领导理论。

五、愿景领导

愿景型领导这个概念是在西方领导理论和战略管理理论的基础上发展产生的。通过运用心智能力（想象力、灵感、远见、洞察力、聪明）、心智模式（内省、互动）、心智逻辑（演绎、归纳）、心智特征（思考性、速度）、战略焦点（产品、服务、组织、市场、理想）等维度来构造愿景型领导这一个概念。

第四节　领导理论的评价

一、领导特性理论评价

这种理论忽视下属的需要、没有指明各种特性之间的相对重要性、缺乏对因与果的区分、忽视了情境因素，导致了它在解释领导行为方面的不精准。

二、领导行为理论评价

这种理论在确定领导行为类型与群体工作绩效之间的一致性关系上取得了有限的成功，但是缺乏对影响成功与失败的情境因素的考虑。领导行为与领导的有效性之间的关系显然依赖于任务结构、领导成员关系、领导权威、下属的主导性需求等情境因素。

三、领导权变理论评价

这种理论由于实践者很难确定领导成员关系、任务结构等权变变量，领导权变理论相对于实践者显得过于复杂和困难，使它的应用具有一定的局限性。

四、领导风格理论评价

这种理论在实际的组织与企业管理中，很少有极端型的领导，大多数领导都是介于专制型、民主型和放任型之间的混合型，不能很好地运用这一理论来解决问题。同时该理论仅仅注重了领导者本身的风格，没有充分考虑到领导者实际所处的情境因素，因为领导者的行为是否有效不仅取决于其自身的领导风格，还受到被领导者和周边环境因素的影响。

第四篇

激励管理

第一部分　激励

第一节　激励概述

一、激励的概念

激励，源自古拉丁语“movere”，原意是指“移动”。读心理论指激发、导向人的行为朝向某一特定目标行动的心理过程，人的积极性与他们需要的满足程度成正比，也与动机成正比。

二、主要内容

激励包括五个方面的内容：

激励的出发点是满足人的各种需要，即通过系统设计适当的奖酬形式和工作环境，来满足人的外在性需要和内在性需要。

科学的激励需要奖励和惩罚并举，既要对人表现出来的符合期望的行为进行奖励，又要对不符合期望的行为进行惩罚。

激励贯穿于人行为的全过程，包括对人需要的了解、个性的把握、行为过程的控制和行为结果的评价等。

信息沟通贯穿于激励工作的始末，从对激励制度的传导、被激励者信息的了解，到对人行为过程的控制和对人行为结果的评价等，都依赖于一定的信息沟通。信息沟通是否通畅、及时、准确、全面，直接影响着激励制度的运用效果和激励成本。

激励的最终目的是在实现预期目标的同时，也能让人实现其个人目标，即达到组织目标和个人目标在客观上的统一。

三、激励三因素

某一刺激所引起的心理动力的激发；
心理导向某一目的物；
心理得以保持和延续。

四、激励的过程

激励过程的实质是处理三类变量：
刺激变量—刺激条件：自然、社会环境、内外诱因、目标；
机体变量—个体特性：性格、动机、需要；
反映变量—行为变化。

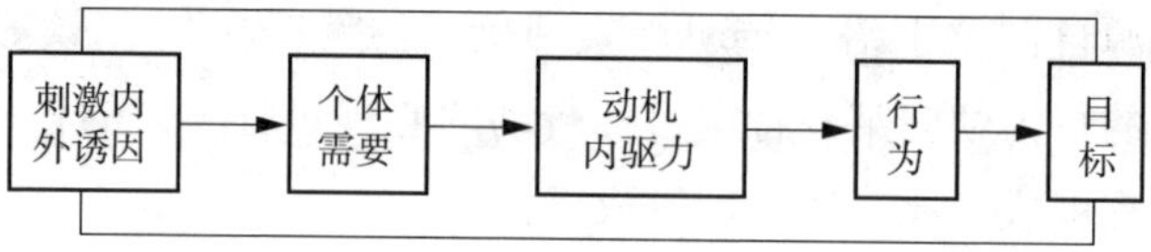

支配行为的动机除需要之外，还有愿望、意志、情感、兴趣、价值观等。

第二节　激励的作用

激励可以激发人的行为潜能，完成常态环境无法实现的绩效。美国心理学家威廉·詹姆斯（William James）的研究表明，按时计酬的职工一般仅需发挥20%～30%的能力，即可保住职业而不被解雇。但是，当他们受到充分激励时，其能力可以发挥到80%～90%。

促使组织管理职能完善。人的因素无法精确预测、计划和控制，必须建立科学的激励机制。

实现高水平组织目标，达到吸引人才、最大限度发挥人积极性的目的。

第三节 激励的方式

从不同维度可划分为不同的激励方式，主要如下：

一、内在激励和外在激励

内在激励是指个体在进行职责内工作中从工作本身得到某种满足，如对工作的爱好、兴趣、责任感、成就感等。这种满足能促使员工努力工作，积极进取。现实世界中内在激励的受众者总量极少，且呈递减趋势。

外在激励是指除工作本身带来的激励以外的奖赏，如报酬增加、职务晋升。这种激励可以使职工更好地完成本职工作，享受到具有“诱因”价值的受益。以工作业绩作为激励依据，以物质利益为主要方式进行奖赏，可以使工作人员对所处的群体、对所在工作单位产生满足感，但不是对工作本身的满足感。因此，外在激励的作用成为激励的简单、直接、明效的形式，但外在激励具有明显的时效性、衰减性。故而，内在激励和外在激励是现代企业激励制度不可或缺的互补整体。

二、物质激励和精神激励

每一个人通过工作获得报酬成为人收入的核心抑或是唯一方式，因此薪资、奖金、红利、股权等对人具有无以替代的吸引力和原动力。物质奖励遵循多劳多得、优劳厚得、少劳寡得、劣劳薄得、不劳不得。物质激励是人激励的基本方式。

精神激励是一种正面的诱导和激励，它可以强化人们的创意动机，加速精神到物质的转化。精神激励的具体方式有：

（一）直觉式精神激励

1. 关怀激励：领导对下属以及职工之间的关心、帮助。这是一种极大的激励因素，它能使人产生温暖感和归属感，改善领导与被领导以及职工间的人际关系，从而激起人们高度的责任感和工作积极性。如慰问患病或有困难的职工，与员工的互动交流都是典型的关怀激励方式。

2. 支持激励：领导尊重下级的创新创造活动和独特见解，积极为下属创造良好的工作环境，帮助解决困难，有成绩与下级分享，有失误与下级分担。这样便可取得下级的信任，增强他们的信心，使他们产生友谊感和信赖感。

3. 信任激励：对下级充分信任、关注、理解，发现和赞许下级的能力和长处，正确地安排下属的工作，便可以使下属充分发挥主动精神和创造精神。

4. 情感激励：人与人之间建立良好的关系，可以使人产生亲密感，并将亲密关系的需要转化为道德行为的动机。人际亲密还有利于激发人的奉献动机和工作热情。领导还常用许诺激励来联络感情，以调动下属的积极性，但许诺内容要准确适度，力图兑现，并坚持公平和针对性原则，否则，便会产生消极作用。

5. 形象激励：通过美化员工形象和塑造良好的组织形象来激励员工。例如，公司清洁工是脏累差且技术含量低的工种，虽然享受较高的岗位津贴，但总感到低人一等，该公司领导运用形象激励的方式，举办清胶工摄影展览，在闭路电视中把工人形象搬上电视屏幕，使工人产生一种受到重视、尊重的满足感。良好组织形象的塑造可以使职工增强责任感、集体荣誉感和自豪感，为发扬企业精神尽职尽责。

6. 惩罚激励：惩罚可起到抑制不良行为，强化优良行为的作用。

（二）融入式精神激励

1. 参与激励：即让个人认定自己是企业组织的一个成员，领导者在决策过程中启发下属献计献策，部下提出有创见和有价值的建议要鼓励和奖励，使其潜在的能力得到最大的发挥。

2. 竞赛激励：通过技术竞赛，能促进劳动效率，增强集体成员的心理内聚力。竞赛也能充分地调动人们的智力因素和非智力因素，挖掘人的潜能。

3. 强化激励：这是利用人的行为对动机的影响而激励的方式。当行为结果有利于个体时，这种行为就可能重复出现，这个过程就叫作强化。肯定、表扬是正强化，批评、责备是负强化。要利用正强化的心理效果，鼓励人们奋发向上，以长制短，不断进取。

4. 工作调整激励：““工作再设计”、“工作扩大化”、“工作增补过程”来扩大和充实工作内容，增强工作人员的责任感，鼓励工作人员承担难度大的工作，改变过去单调乏味的工作方法使职工得到工作上的精神满足。

（三）标的式精神激励

1. 样板激励：以设定目标为取向，选取实现这一目标的优秀人物或团队的行为规范作为榜样导向，激励人们积极性的方法。榜样具有形象性、示范性和感染性的特征。在各种榜样激励的方式中，领导行为激励具有特殊的意义。因为人与人之间的言行是相互影响的，榜样的作用也形成各自的示范效应。其中，领导的示范效应系数最大，领导行为对职工的激励既来自权力影响力，这是一种强制性影响力；又来自非权力性影响力，即领导的品格、能力、知识、感情因素。领导行为激励还可分为个体行为激励和群体行为激励两种。

2. 荣誉激励：一般指授予荣誉称号的激励形式，也包括授予荣誉勋章、奖章等。荣誉激励可以激发人的自豪感，增强人的责任感，从而调动人们的积极性。

3. 目标激励：设置适当的目标，能够激发人的动机，调动人的积极性。期望理论和目标激励理论告诉我们，个体对目标看得越重要，实现的概率就越高，这个目标对个体激励的作用就越大。运用目标激励法应注意个人目标与组织目标的统一，要努力提高目标的价值，并把设置总目标和阶段性目标有机地统一起来，以增强凝聚力和归属感。

三、自我激励和互相激励

（一）自我激励

来自个人的内部心理的自我认知、自我呈现、自我管理、自我监督、自省自责、自我控制、自我组织。

（二）互相激励（社会性激励）

是国际组织、国家政府、地方政府、社区组织、公共机构给予员工的激励。

第二部分　内容型激励与管理

内容型激励理论，是指研究激发动机的诱因，即对激励的原因与起激励作用的因素的具体内容进行研究的理论。最具有代表性的有亚伯拉罕·哈罗德·马斯洛（Abraham Harold Maslow）的需要层次理论、弗雷德里克·赫茨伯格（Frederick Herzberg）的双因素理论、克雷顿·奥尔德弗（Clayton Alderfer）的E. R. G理论和戴维·麦克利兰（David Meclelland）的成就需要理论。

第一节　马斯洛的需要层次论

1943年，美国人本主义心理学的创始人马斯洛创立了需要层次理论。马斯洛认为，人的价值体系中存在着不同层次的需要，形成一个需要系统。人类的基本需要是由低级到高级层次形式呈现的，当某一层次的需要得到相对满足时，其激发动机的作用会随之减弱或消失；此时上一级的较高层次需要成为新的激励因素。如此，人的基本需要便形成一种有相对优势的层级结构。

一、马斯洛五种基本需要层次内容

生理需要——人的饥、渴、性、生育等基本生理机能；

安全需要——指广义的安全，如职业、劳动、财产、心理、环境、回避风险和恐惧等方面的安全；

社交需要——包括友谊（社交、忠诚、亲友之爱等）与归属感；

尊重需要——包括自我尊重（成功、名誉、自信心、自豪感和成就感）与社会尊重（能力、力量、权利、社会地位）；

自我实现的需要——指人们知识、潜能、理想、抱负的需要。

二、基本观点

生理需要（饥饿、口渴、空气、性）和安全需要（回避危险和恐惧等）属低级需要，这些需要通过外部条件就可以满足；尊重需要（成功、力量、权利、名誉等）和自我实现需要（知识、理想、抱负）属高级需要，须通过内部因素才能满足，而且一个人对尊重和自我实现的需要是无止境的；爱的需要（社交、归属、亲友之爱等）起中间过渡作用。

人的需要次序由低至高逐级发展。自我实现的需要是人类需要发展的顶峰。同一时期，一个人可能有几种需要，但每一时期总有一种需要占支配地位，对行为起决定作用。任何一种需要都不会因为更高层次需要的发展而消失。各层次的需要相互依赖和重叠，高层次的需要发展后，低层次的需要仍然存在，只是对行为影响的程度大大减小。

各级需要层次的产生和个体发育密切相关。婴儿期主要是生理的需要占优势，而后产生安全的需要，进而产生归属和爱的需要。到了少年、青年初期，尊重的需要日益强烈。青年中、晚期以后，自我实现的需要开始占优势。

一般来说，某一层次的需要相对满足了，就会向高一层次发展，追求更高一层次的需要就成为驱使行为的动力。但是，低一级的需要不一定完全得到满足才产生高一层次的需要，需要的演进是波浪式的。较低一级的需要的高峰过去之后，较高一级的需要才能起优势作用。

低级需要是有限度的，一旦得到满足，便不再成为积极的推动力。但高级需要的满足却是无限的，对行为具有持久的激发作用。但越到上一层次的需要，满足人们的程度越小。

马斯洛的需要层次论揭示了需要—激励—行为的关系，从而揭示了行为激励过程的共性。他还强调了人的内在需要是激励的主要诱因，强调了人的不同层次的需要对动机的激发和影响，批判了人的行为是单纯的对外部刺激反应的行为主义外因决定论。

借鉴马斯洛需要层次理论的积极方面，就应注意研究和掌握职工的需要结构，把握其共性与个性，了解职工的需要差异。要坚持物质激励与精神激励相结合，以精神激励为主的原则，特别注意诱导职工高层次的需要提供相应的教育培训条件。职工一旦具有符合组织利益的远大理想和职业期待，又相应提高了业务和技术水平，便可迸发出巨大和长久的活力。

三、需求层次论在管理中的应用

承认和研究员工的各种需要；

满足员工的各种合理需要；

满足员工不同个性的需要，设计个性化的激励措施；

引导员工去实现高级需要；

教育员工运用正当手段满足需要；

员工的需要不是一成不变的，满足要有时效性和动态变动性。

需要层次	激励因素	组织管理措施
自我实现的需要	成就、成长、晋升、理想	培训进修制度，参与决策、利润分享制度、企业内创业制度、有挑战性的工作、组织内晋升、成就
尊重的需要	影响力、认可、地位、自尊	考核晋升制度、表彰奖励制度、享有一定的声望、负有责任、同事和领导的认可
情感的需要	伙伴关系、友谊、感情	和谐的团队、同事的友爱、内部有效沟通、爱情和家庭、企业形象、活动、娱乐，互助制度
安全的需要	安全保障、稳定	保险措施、安全的工作条件、福利、普遍增薪、工作保障
生理的需要	衣、食、住、行	薪水、工作环境和时间、生活设施、医疗保健、住房、交通、空调

四、不适合需要层次理论的人

马斯洛在他的著作中提出了7种类型的人不能用这一模型解释。他们分别是：

病态人格者——他们没有爱的需求；

抱负水平过低者——他们的高级欲望永远被压抑；

狂妄自大的人——他们将自尊看成是最重要的东西；

过低估计低级需要的人——他们的地位可能太高而没有了正常人的许多忧虑；

环境的受害者——由于外界因素的影响而不得不放弃某些需要；

创造第一的人——为了创造不顾一切；

为了理想和信念可以牺牲一切的人。

第二节　赫茨伯格的双因素理论

美国行为科学家、犹他大学心理学家赫茨伯格（Fredrick Herzberg）于1959年出版的《工作的激励因素》一书中提出双因素理论，该理论又称“激励保健理论（hygiene - motivational factors）”。1968年他在《哈佛商务评论》上发表了《再论如何激励职工》一文，从管理学角度再次探讨了该理论的内容。

一、基本内容

赫茨伯格认为，引起人们工作动机的因素主要有两个：一是激励因素，二是保健因素。只有激励因素才能够给人们带来满意感，而保健因素只能消除人们的不满，但不会带来满意感。

赫茨伯格从1844个案例调查中发现，造成员工不满的原因，主要是公司政策、行政管理、监督、工作条件、薪水、地位、安全。这些因素的改善，能解除员工的不满，故这种因素称为保健因素。研究表明，如果保健因素不足，往往会使员工产生不满情绪、消极怠工，甚至引起罢工等对抗行为。

赫茨伯格从另外1753个案例的调查中发现，使员工感到非常满意的因素，主要是工作富有成就感，工作本身带有挑战性，工作的成绩能够得到社会的认可，以及职务上的责任感和职业上能够得到发展和成长等等。这些因素的满足，能够极大地激发员工的热情，对于员工的行为动机具有积极的促进作用，它常常是一个管理者调动员工积极性，提高劳动生产效率的好办法。因此，赫茨伯格把这种因素称为激励因素。

赫茨伯格在研究的过程中，还发现在两种因素中，如果把某些激励因素，如表扬和某些物质的奖励等变成保健因素，或任意扩大保健因素，都会降低一个人在工作中所得到的内在满足，引起内部动机的萎缩，从而导致个人工作积极性的降低。

赫茨伯格双因素理论的核心在于："只有激励因素才能够给人们带来满意感，而保健因素只能消除人们的不满，但不会带来满意感"这一论断，因此如何认定与分析激励因素和保健因素并"因材施政"才是关键。例如，就销售人员的工资薪金设计来说，按照双因素理论，应该划分为基础工资与销售提成两部分，基础工资应属于保健因素，销售提成则属激励因素，对销售人员而言，通常做法是低工资高提成，这样才能促使销售人员尽可能地多做业务。

所以，将赫茨伯格双因素理论运用于管理，首先在于对存在的各因素进行质的分析与划分，明确或创造出保健与激励因素两部分；其次，再进行量的分析与划分，既保障保健因素的基本满足程度，又尽量地加大激励因素的成分，由此最大程度地激发员工工作的积极主动性。

二、双因素理论的应用

注意员工的保健因素，消除不满情绪；拉大奖金差距，忌平均化，忌变为保健因素。

运用激励因素，调动员工真正、持久的工作积极性；工作丰富化，对具有强烈成就感的群体有明显激励效果；工作扩大化，即让员工增加工作的种类，承担几项工作，扩展工作的内容，以增加对工作的兴趣；工作弹性化，实行弹性工作时间制。

案例：IBM公司的员工激励

杰·帕斯卡尔是IBM总部财务部负责人。他的办公桌上方有一块标记牌，牌子上写着这样一句话："纽约财务部——好坏决定于人。"这句话的意思是：IBM的员工工作得如何，决定着这个拥有163亿美元资本的工业巨人整个经营的成败。管理 IBM 的四人管理委员会主席弗兰克．T. 凯里，估计这家公司每年要花费 23 亿美元巨款，即该公司 1976 年总收入的约 14% 用于激励员工。

激励目标是：

——不仅要必须吸引人们参加，而且要使他们留下来；

——促使员工很好地完成本职工作；

——工作不是例行公事，而是要有创造性和革新精神。

采取的措施是：

——提供丰厚的退休金及集体人寿保险，以及优厚的医疗保险待遇；

——为员工及家属办乡村俱乐部，一年只需缴 3 美元的付费。

三、评价

赫兹伯格的双因素理论和马斯洛的需要层次理论是相吻合的，但比需要层次理论更进了一步。他认为并不是所有需要层次的满足都能激励职工的积极性，有的需要的满足只会使人感受到外在的有限的激励作用。而有些需要的满足则可以极大地激发人的工作动机，调动职工的积极性，这就为企业管理者更好地激发职工的职业动机提供了新思路。

第三节　奥尔德弗的 ERG 理论

一、基本内容

美国耶鲁大学的克雷顿·奥尔德弗（Clayton. Alderfer）在马斯洛提出的需要层次理论的基础上，进行了更接近实际经验的研究，提出了一种新的人本主义需要理论。奥尔德弗认为，人们共存在 3 种核心的需要，即生存（Existence）的需要、相互关系（Relatedness）的需要和成长发展（Growth）的需要，因而这一理论被称为 ERG 理论。

（一）生存的需要

生存的需要与人们基本的物质生存需要有关，即生理和安全需求，关系到人的存在或生存，这实际上相当于马斯洛需要层次理论中的前两个需求。

（二）相互关系的需要

相互关系和谐需要（归属、爱、尊重），即指人们对于保持重要的人际关系的要求。这种社会和地位的需要的满足是在与其他需要相互作用中达成的，与马斯洛的社会需要和自尊需要分类中的外在部分是相对应的。

（三）成长发展的需要

奥尔德弗把成长发展的需要独立出来，它表示个人谋求发展的内在愿望，包括马斯洛的自尊需要分类中的内在部分和自我实现层次中所包含的特征。

成长发展的需要，即个人自我发展和自我完善的需求，这种需求通过创造性地发展个人的潜力和才能、完成挑战性的工作得到满足，这相当于马斯洛理论中第四、第五层次的需求。

二、基本观点

（一）需要并存

三种需要不是按照严格的由低到高的次序发展，而是可以越级发展，人在同一时间可能有不止一种需要起作用，即人在同一时间可能有两种或三种需要同时起作用。

马斯洛的需要层次是一种刚性的阶梯式上升结构，即认为较低层次的需要必须在较高层次的需要满足之前得到充分的满足，二者具有不可逆性。而相反的是，“ERG”理论并不认为各类需要层次是刚性结构。

（二）需要的习得性

这三种需要并不都是生而具有的，不属于原发性需求。

（三）“愿望加强”

各个层次的需要获得满足得越少，则人们满足这种需要的渴望就越大。

（四）“满足前进”

较低层次需要满足得越充分，人们越渴望满足高层次需要。

（五）“受挫回归”

如果较高层次需要的满足受到抑制（需要受挫），可能会降而求其次，抑或是会对低层次的需要的渴望变得更为强烈。

马斯洛认为当一个人的某一层次需要尚未得到满足时，他可能会停留在这一需要层次上，直到获得满足为止。相反地，“ERG”理论则认为，当一个人在某一更高等级的需要层次受挫时，那么作为替代，他的某一较低层次的需要可能会有所增加。例如，如果一个人的社会交往需要得不到满足，就可能会增强他对得到更多金钱或更好的工作条件的愿望。

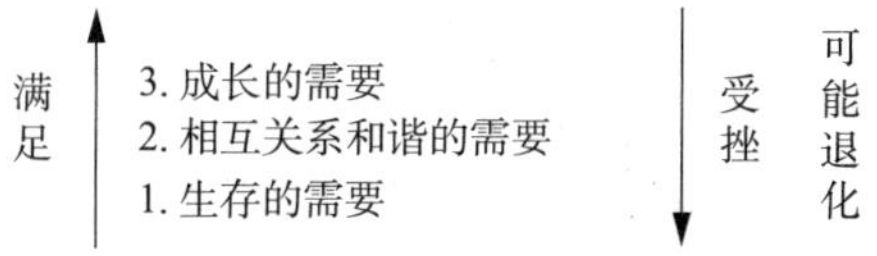

ERG理论图

三、ERG 理论的应用

需要就是激发动机的原始驱动力，一个人如果没有什么需要，也就没有什么动力与活力可言了，反之，一个人只要有需要，就表示存在着激励因素。作为一名领导者，不仅要掌握充满活力的需要理论，还要善于将满足员工需要所设置的目标与企业的目标密切结合起来。

了解员工的真实需要。需求—工作行为—工作结果—满足需要—反馈；不同需要—不同的行为—不同绩效—满足需要。所以，应首先了解职工的真实需要。

特别注重下属较高层次需要的满足，以防止“受挫—回归”现象的发生。

四、评价

奥尔德弗的 ERG 理论在需要的分类上并不比马斯洛的理论更完善，对需要的解释也未超出马斯洛需要理论的范围。如果认为“马斯洛的需要层次理论”是带有普遍意义的一般规律，那么，ERG 理论则偏重于带有特殊性的个体差异，这表现在 ERG 理论对不同需要之间联系的限制较少。

第四节　麦克利兰的成就需要理论

美国哈佛大学教授戴维·麦克利兰（David McClelland）通过对人的需求和动机进行研究，于 20 世纪 50 年代提出“成就需要理论”，又称“三种需要理论”。麦克利兰认为，人类的许多需要都不是生理性的，而是社会性的，而且人的社会性需求不是先天的，而是后天的，得自于环境、经历和培养教育等。很难从单个人的角度归纳出共同的、与生俱来的心理需要。时代不同、社会不同、文化背景不同，人的需求当然就不同，所谓“自我实现”的标准也不同。

麦克利兰认为，人的素质犹如一座冰山（冰山模型），这座冰山分为水面之上的和水面之下的两个部分。水上的部分是表象特征，指的是人的知识和技能，通常容易被感知和测量；水下的部分是潜在特征，主要指的是社会角色、自我概念、潜在特质、动机等，这部分特征越到下面越不容易被挖掘与感知。麦克利兰经过深入研究之后发现，从根本上影响个人绩效的是素质，具体来说就是类似“成就动机”“人际理解”“团队影响力”等因素。

一、成就需要理论的基本内容

人在生理需要基本满足的前提下的需要：

(一) 动力需要

动力需要是指影响或配置他人且不受他人影响的需要。麦克利兰将组织中管理者的动力分为两种：一是个人动力（个人化动力），追求个人动力的人表现出来的特征是围绕个人需求行使权力，在工作中需要及时地反馈和倾向于自己亲自操作。但是作为管理者，若把动力形式建立在个人需求的基础上，则不利于他人来续位；二是职位动力（社会化动力），职位动力要求管理者与组织共同发展，自觉地接受约束，从体验行使权力的过程中得到一种满足。社会化动力的主要特征是帮助群体确定共同目标，并提供相关支持以达到目标，使全体成员认识到自己的重要性。

不同的人对动力的渴望程度也有所不同，动力需求较高的人对影响和控制别人表现出很大的兴趣，喜欢对别人“发号施令”，注重争取地位和影响力。动力需求是管理成功的基本要素之一。

心理学家约瑟夫·维洛夫（Joseph Veroff）、哈佛大学博士厄尔曼和温特曾使用一种“唤起”实验法来研究动力动机的特征及其对人类的影响。所谓“唤起”实验法，是指通过各种方法唤醒实验对象的动力需要。例如，参加竞选后等待选举结果揭晓的候选人，就处于动力意识被唤醒的状态。他们在这个试验中，通过各种方法唤醒实验对象的动力意识和动力动机，然后让这些实验对象表达出自己的思想活动，再与那些没有被唤起动力意识的人员进行比较，从而得出动力意识的表现形式。麦克利兰在这个实验基础上进一步研究提出，人类存在着两种不同的动力观念，一种是“社会化动力”，另一种是“个人化动力”。麦克利兰指出，这两种不同的动力观就是动力的两面性，也就是两种动力动机。个人化动力以影响、组织、控制他人的方式来实现自己的统治。受个人化动力动机支配的人，会把生活看成是一场“零和博弈”，只有你赢我输或是我赢你输这样两种模式。处于统治地位而又倍感威胁的人往往有这种心理。他们常常表现为专断、专权，控制欲和征服欲都很强，喜欢炫耀权力。这种人一旦成为政治领袖，往往会造成严重的社会后果。而社会化动力以影响他人为核心，并且以他人为出发点。受社会化动力动机支配的人，行使权力时会以众人的利益为依托和归宿，他们清楚地知道个人力量是众人赋予的。通过竞选获胜的人往往具有这样的特征，他们适合担任社会组织的领导工作。

个人化动力需要强的人，首先会考虑自己如何做好；社会化动力需要强的人，首先会考虑让谁去干更好。社会化动力强的人才能够成为高度有效的领导者。社会化动力强的人具有如下特征：

1. 动力需要强烈，但这种动力追求表现在如何对他人施加影响方面，而不是自己支配别人的能力方面。

2. 他们能够努力了解组织成员需求，以便更好地施加影响。

3. 他们具有组织责任感，团队意识强烈。尤其是如果个人利益和组织发生了冲突，他们可以做出适当的放弃。这一点，是社会化动力同个人化动力的主要区别。个人化动力强的人，一般不会为了组织利益做出让步。

4. 讲求公正。由于社会化动力立足于公众利益，所以，他们认为那些对组织利益和社会利益做出贡献的人应该得到公正的回报。这种公正不以个人喜好而转移。

5. 成熟度高。社会化动力强的人往往显得比较老练，眼光也比较长远，他们不局限于一时一事，习惯于整体考量事物。一般情况下，他们乐于听取他人意见，尤其是专家的意见。社会化动力型领导人，善于从比他高明的人那里得到启发。

（二）亲和需要

亲和需求，指建立友好亲密的人际关系，寻求被他人喜爱和接纳的需要。亲和需要的人更倾向于与他人进行交往，至少是为他人着想，这种交往会给他带来快乐。高亲和需要者渴望社交，喜欢合作而不是竞争的工作环境，希望彼此之间的沟通与理解，他们对环境中的人际关系更为敏感。有时，亲和需要也表现为对失去某些亲密关系的恐惧和对人际冲突的回避。亲和需要是保持社会交往和人际关系和谐的重要条件。

麦克利兰的亲和需求与马斯洛的感情上的需求、奥尔德弗的关系需求基本相同。

亲和需求也有其明显的负效应：首先，注重社交需求的管理者容易因为讲究交情和义气而违背或不重视管理工作原则，从而导致组织效率下降。

其次，亲和需要强烈的人无法成为有效的领导者。在管理学中，依然有不适当地强调领导者人际关系能力的倾向，这是一个伪命题。亲和需要高的人，有强烈地被人喜欢的追求。一旦对某人、某事做出妥协或变通，就会形成组织运行的腐蚀剂。这种腐蚀累积起来就会瓦解组织规则，破坏整个组织的运转。

（三）成就需求

成就需要是指个体或个体领导的团队强烈争取成功和卓越、追求出类拔萃的优越感，具有特立独行、挑战常态的“英雄”式思维的需要。

1. 成就需要者通常特点

（1）自己设定挑战性的目标。具有高成就动机的人在可以自主确定工作目标时，总会挑选难度适中的任务，偏于自己的能力所能达到的上限，而不会避难就易，但也不会自不量力。

（2）喜欢通过自己的努力和理性解决问题，不依赖偶然的机遇坐享成功。高成就型动机的人注重自己努力的结果，而不喜欢靠碰运气或者指望天上掉馅饼。

（3）喜欢努力和效果的直接衔接，成就型动机的人不喜欢那种需要长时间才能看出效果的工作，缺乏“积跬步以至千里”的耐心。

（4）成就需求的人对自己认为重要或有价值的工作，不但愿意去做，而且急于获得成功，力求达到完美的地步。这种人竭力追求的是个人成就所带来的心理满足，而不是去追求由于成就本身所带来的报酬，他们谋求把事情做得比以前更好、更有效果。这种人是达到高度自我实现的人。

2. 影响成就动机的因素

（1）个人受教育程度。个人受教育程度越高，成就动机就越强。

（2）性别、年龄因素。通常男性的成就动机高于女性。

（3）个人的兴趣和专长。个人对于自己的兴趣和专长的领域成就动机较强。

（4）亲属朋友的期望。生活在一个对成就有较高评价的环境中的个体，成就动机较强。

（5）面临工作的难度。工作难度适中，个人经过努力能够实现时，成就动机最强。

（6）身体条件与社会环境。如气温在10℃时，人们的成就动机较高；社会比较稳定繁荣时，人们的成就动机高。

亚轩研究院对人类全球不同维度分布和不同季节对成就动机的影响进行了实验研究和实证分析，提出纬度动机原理，深化了麦克利兰的成就动机论。

（7）训练和教育培养。通过训练和教育培养，为人的成就动机的发挥创造条件，可以取得较好的组织的绩效，发挥个人的潜能，为社会做出更大贡献。

（四）成就需求在管理中的意义

1. 成就需要强烈的人由于时时想着如何把工作干得更好，往往能够做出成就。因此一家公司如果成就需要强烈的员工很多，往往就会经营顺畅、发展迅速。对于国家发展也是如此。按照标准的编码统计方式（西格玛）所确定的成就动机指数显示：古代的希腊，中世纪的西班牙，1400—1800年的英国，以及许多现代国家均符合上述观点。

2. 成就动机决定社会经济发展的状态。一个国家和地区的发展，政治制度、经济基础、资源条件和地理环境均不居于首要因素，成就需求的供应量才是国家和地区发展的主动因。据麦克利兰分析，文化作品中的成就导向，领先于经济发展。例如，在古希腊，按照贸易量的统计，雅典经历了起步期（前900—前475）、鼎盛期（前475—前362）和衰退期（前363）等代表人物的作品，其成就主题的升降频率领先于经济兴衰，同时高度正相关。

3. 一家公司如果有很多具有成就需要的人，那么，公司就会发展很快；一个国家如果有很多这样的公司，整个国家的经济发展速度就会高于世界平均水平，但成就需要强的人并不一定适合当领导。研究发现，成就动机激发企业家的创业活动，进而促进企业发展，甚至成为影响经济增长的重要因素。但是，在具备强烈成就动机的人物中，却很少出现率领众人前进的领导者。

所以，成就动机强，领导能力就弱，二者负相关。

4. 成就需要是更内化了的需要，是取得绩效的主要动力。所以，组织要培养人的高成就动机，可以通过外界刺激与训练而增强并影响现实的行为。

5. 针对不同员工对三种需求的强烈程度实施激励。

案例：曼哈顿工程技术负责人的选择

美国陆军部于1942年6月开始实施利用核裂变反应来研制原子弹的计划，亦称曼哈顿计划（Manhattan Project）。该工程集中了当时西方国家

(除纳粹德国外)最优秀的核科学家，动员了10万多人参加这一工程，历时3年，耗资20亿美元，于1945年7月16日成功地进行了世界上第一次核爆炸，并按计划制造出2颗实用的原子弹。整个工程取得圆满成功。

在工程筹建过程中，如何选择曼哈顿工程的技术负责人成为首要问题，众望所归的人选是费米（Enrica Fermi），然而，美国佬却选择了奥本海默（J. Robert Oppenheimer）担任阿拉莫斯实验室主任。回过头来看，这一选择十分有道理。从技术能力的角度看，费米当然远远超出奥本海默；然而，从动机需要看，费米是比较典型的成就需要者，而奥本海默则是比较典型的动力需要者。R. 奥本海默领导团队应用了系统工程的思路和方法，大大缩短了工程所耗时间。这一工程的成功促进了第二次世界大战后系统工程的发展。

二、评价

麦克利兰指出了各种社会需要对人们的行为共同起作用，而且会有一种需要对行为起主要作用的观点，是对马斯洛需要层次理论的一个最大的批判与发展。

麦克利兰指出，预测业绩的最好因素不是诸如学历、技能等外在条件，而是人的深层素质，也就是水下的冰山部分。这个比喻看似浅显，却蕴含着巨大的理论价值和实践价值，对管理学尤其是人力资源管理产生了重大影响。它揭示出影响个人绩效的最主要的素质并非是我们传统认为的那些东西。

麦克利兰对于动力（支配）需要的研究则更进了一步。尽管他的观点还有再探讨的必要，但他对成就需要会妨碍领导活动的论证，对亲和需要不足以维系组织运转的论证，以及对动力两面性的区分，在领导理论中是极具启发意义的。

社会需要基于生理需要的认识仍然缺乏概括性；社会需要来自于社会影响的结果不具有说服力，麦克利兰强调人的成就动机是后天形成的，是可以改变并加以培养的，还缺乏严密的理论证明。

第三部分　过程型激励与管理

过程型激励理论着重研究从行为动机的产生到采取行动的心理过程，阐述如何通过心理激励来使员工的行为积极性保持在一个较高水平。它的主要任务是找出对行为起决定作用的某些关键因素，弄清它们之间的相互关系，以预测和控制人的行为。这类理论表明，要使员工出现企业期望的行为，须在员工的行为与员工需要的满足之间建立起必要的联系。过程型激励理论主要有期望理论、目标设定理论、公平理论、强化理论。

第一节　期望理论

期望理论，又称“效价—手段—期望理论”，是耶鲁大学心理学家和行为科学家维克托·弗鲁姆（Victor H. Vroom）于 1964 年在《工作与激励》中提出的激励理论。

一、基本内容

(一) 基本概念

该理论认为，一种行为倾向的强度取决于个体对于这种行为可能带来的结果的期望以及这种结果对行为者的吸引力。具体而言，当组织成员认为努力会带来良好的绩效评价时，他就会受到激励进而付出更大的努力；良好的绩效会带来组织奖励，组织奖励会满足员工的个人目标。根据期望理论，管理者应通过奖励满足员工较为迫切的需要，因为这种奖励对员工来说效价较高。同时，要为员工提供必要的工作条件和工作上的指导，提高员工完成工作的信心。

（二）内在关系

“个人努力”是指始发行为的强度；“个人成绩”是指个人预期达到的成绩或外界确定的成绩标准，它作为一级目标，是个体获取组织奖励的工具；“组织奖励”包括内在奖励（如赋予重任、提供发展机会等）和外在奖励（如提薪、晋级等）两种，它作为二级目标，是个体满足个人需要的工具；“个人需要”指个体尚未得到满足的优势需要，它是外在目标发挥激励作用的内在基础。因为人与人之间存在着个别差异，所以同一个目标对不同的人会产生不同的效价和期望。

这种需要与目标之间的关系用过程模式表示，即“个人努力──→个人成绩（绩效）──→组织奖励（报酬）──→个人需要”。在这个期望模式中的四个因素，需要兼顾三个方面的关系：

1. 努力与绩效：人们总是希望通过一定的努力达到预期的目标，如果个人主观认为达到目标的概率很高，就会有信心，并激发出很强的工作力量；反之如果他认为目标太高，通过努力也不会有很好的绩效时，就失去了内在的动力，导致工作消极。

2. 绩效与奖励：绩效即指个体经过努力取得良好工作绩效所带来的对绩效的奖赏性回报的期望。人总是希望取得成绩后能够得到奖励，当然这个奖励也是综合的，既包括物质上的，也包括精神上的。如果他认为取得绩效后能得到合理的奖励，就可能产生工作热情，否则就可能没有积极性。

3. 奖励与需要：任何结果对个体的激励影响的程度，取决于个体对结果的评价，即奖励与满足个人需要的关系。人总是希望自己所获得的奖励能满足自己某方面的需要。然而由于人们在年龄、性别、资历、社会地位和经济条件等方面都存在着差异，他们对各种需要要求得到满足的程度就不同。因此，对于不同的人，采用同一种奖励办法能满足的需要程度不同，能激发出的工作动力也就不同。

（三）期望公式

期望理论的公式为：激励取决于行动结果的价值评价（“效价”）和其

对应的期望值的乘积：

$$M = \sum V \times E$$

M 表示激发力量，是指调动一个人的积极性，激发人内部潜力的强度；

V 表示效价，是指达到目标对于满足个人需要的价值；

E 表示期望值，是人们根据过去的经验判断自己达到某种目标或满足需要的可能性是大还是小，即能够达到目标的主观概率。

人们采取某项行动的动力或激励力取决于其对行动结果的价值评价和预期达成该结果可能性的估计。换言之，激励力的大小取决于该行动所能达成目标并能导致某种结果的全部预期价值乘以他认为达成该目标并得到某种结果的期望概率。

1. 效价（V），是指达到目标对于满足个人需要的价值。同一目标，由于每个人所处的环境不同，需求不同，其需要的目标价值也就不同。同一个目标对每一个人可能有三种效价：正、零、负。如果个人喜欢其可得的结果，则为正效价；如果个人漠视其结果，则为零值；如果不喜欢其可得的结果，则为负效价。效价越高，激励力量就越大。

效价受个人价值取向、主观态度、优势需要及个性特征的影响。可以根据行为的选择方向进行推测，假如个人可以自由地选择 X 结果和 Y 结果的任一个，在相等的条件下：如果选择 X，即表示 X 比 Y 具有正效价；如果选择 Y，则表示 Y 比 X 具有正效价。也可以根据观察到的需求完成行为来推测，如有人认为有价值的事物，另外的人可能认为全无价值。如 1000 元奖金对生活困难者可能很有价值，而对百万富翁来说意义却不大。一个希望通过努力工作得到升迁机会的人，在他心中，“升迁”的效价就很高；如果他对升迁漠不关心，毫无要求，那么升迁对他来说效价就等于零；如果这个人对升迁不仅毫无要求，而且害怕升迁，那么，升迁对他来说，效价就是负值。再如，吃喝的数量和质量可以表明需求完成的情况，如果吃得多、吃得快，说明食品具有正效价。

2. 期望值（E），是人们判断自己达到某种目标或满足需要的可能性的主观概率。目标价值大小直接反映人的需要动机强弱，期望概率反映人实现需要和动机的信心强弱。弗鲁姆认为，人总是渴求满足一定的需要并设法达到一定的目标。这个目标在尚未实现时，表现为一种期望，期望的概念就是指一个人根据以往的能力和经验，在一定的时间里希望达到目标或满足需要的一种心理活动。

对于目标的期望值怎样才算适合？有人把它形容为摘苹果。只有跳起来能摘到苹果时，人才最用力去摘。倘若跳起来也摘不到，人就不跳了。如果坐着能摘到，无须去跳，便不会使人努力去做。由此可见，领导者给员工制定工作定额时，要让员工经过努力就能完成，再努力就能超额，这才有利于调动员工的积极性。定额太高会使员工失去完成的信心，他就不努力去做；太低，唾手可得，员工也不会努力去做。因为期望概率太高、太容易的工作会影响员工的成就感，失去目标的内在价值。所以领导者制定工作、生产定额，以及使员工获得奖励的可能性都有个适度问题，只有适度才能保持员工恰当的期望值。

弗鲁姆认为，期望的东西不等于现实，期望与现实之间一般有三种可能性，即期望小于现实，期望大于现实，期望等于现实。这三种情况对人的积极性的影响是不同的。

（1）期望小于现实，即实际结果大于期望值。一般来说，在正强化的情况下，如奖励、提职、提薪、分房等等，当现实大于期望值的时候，有助于提高人们的积极性，在这种情况下，能够增强信心，增加激发力量。而在负强化的情况下，如惩罚、灾害、祸患等，期望值小于现实，就会使人感到失望，从而产生消极情绪。

（2）期望大于现实，即实际结果小于期望值。一般来说，在正强化的情况下，便会产生挫折感，对激发力量产生削弱作用。如果在负强化的情况下，期望值大于现实，则有利于调动人们的积极性，因为这时人们作了最坏的打算和准备，而结果却比预想的好得多，这自然对人的积极性是一个很大的激发。

（3）期望等于现实，即人们的期望变为现实，所谓期望的结果，是人们预料之中的事。在这种情况下，一般来说，也有助于提高人的积极性。如果从此以后，没有继续给予激励，积极性则只能维持在期望值的水平上。

3. 效价与期望值的关系

在实际生活中，每个目标的效价与期望常呈现负相关。难度大、成功率低的目标既有重大的社会意义，又能满足个体的成就需要，具有高效价；而成功率很高的目标则会由于缺乏挑战性，做起来索然无味，而导致总效价降低。因此，设计与选择适当的外在目标，使其既给人以成功的希望，又使人感到值得为此而奋斗，就成了激励过程中的关键问题。

4. 期望公式的五种情况

激励力	=	期望值	×	效价
低	=	低	×	低
低	=	高	×	低
低	=	低	×	高
中	=	中	×	中
高	=	高	×	高

二、期望理论的应用

提高员工对组织奖赏承诺的信任度。在员工表现出所希望的行为时，及时地给予肯定、奖励和表扬；在员工表现某种需要消极的行为时给予负强化。

提高目标效价：了解员工的真实需要，尽力满足员工不同的需要来进行奖励。

了解不同期望与不同现实对员工心理的不同影响。譬如，当期望 > 现实，负强化收到的效果好；期望 < 现实，正强化有助于积极性的提高；期望 = 现实，有利于调动员工的积极性，但需进一步激励以提高期望值。

经理们需要采用公平、有意义和易于理解的绩效检查和评估体系。

案例：斯米奈奇迹

一个黑人名叫斯米奈，是一家软件公司的清洁工。一次老板陪同一位客户乘坐电梯，正在工作的斯米奈有礼貌地与客人打招呼。但那位客户看斯米奈是一名黑人清洁工，便很不礼貌地对待他。这时，老板对客户预言说：你不要小看这名工人，15 年后他将成为我公司的工作骨干，一个有作为的人。事后，老板让斯米奈到他的办公室进行谈话，对他抱有很高的期望。于是斯米奈重新审视自己：在未来的时间内，自己的能力是否能实现老板的期望。他为自己定下一个目标：在未来 10 年内，先读社区大学，再进入正规大学学习，最后取得硕士文凭。在此期间，老板不断鼓励和帮助他，并督促和检查他的学习和工作；他也不断激励自己达到老板的预期。10 年后，斯米奈取得了硕士文凭，继续在公司工作，成为公司的业务骨干。

案例解读：老板对斯米奈的积极期望，导致斯米奈经强化自信、积极进取、经过努力而达到了这些期望。此现象也称为皮格马利翁效应。

三、皮格马利翁效应和魔像效应

某个人对另一个人的期望会导致后者的行为举止与那些期望相一致。这些期望既可能是积极的也可能是消极的。积极的期望导致高绩效的现象称作皮格马利翁效应；消极的期望导致低绩效现象就是著名的魔像效应。

四、评价

期望理论提出了目标设置与个人需求相统一的理论。期望理论假定个体是有思想、有理性的人。对于他们生活和事业的发展，他们有既定的信仰和基本的预测。因此，在分析激励员工的因素时，我们必须考察人们希望从组织中获得什么，以及他们如何能够实现自己的愿望。

期望理论也是激励理论中为数极少的量化分析理论。这一理论并不满足于对问题的定性说明，还非常重视定量分析。它通过对各种权变因素的分析，正确说明了人们在多种可能性中所作出的选择。也就是，人们的行为选择通常是效用最大的，或者说人们的现实行为是其激励力量最大的行为选择。这不仅是激励理论的重要发展，同时在实践中也更具有操作性。

效价的研究仍处于浅水区，缺乏深层研究和表述。期望值是指人们判断自己达到某目标以及这一目标满足需求的可能性的概率，也就是说“期望值 = 目标实现的可能性 + 目标满足需要的可能性”；而效价是指达到目标对于满足个人需要的价值，即“效价 = 目标满足需求的程度 + 目标满足需要的可能性”，由此可以看出期望值与效价相互间在“目标满足需要的可能性”评价判断上是相互重叠的。

期望理论适用对象仅限于物质激励，而对于精神激励难以运作；忽视或否定工作训练与工作行为规范教育的有效性，并且也间接否定了企业文化等企业理念教育与执行的重要性。

第二节　目标设定理论

目标设定理论由美国马里兰大学爱德温·洛克（Edwin A. Locke）于1967年提出。洛克认为，外来的刺激（如奖励、工作反馈、监督的压力）都是通过目标来影响动机的。目标能引导活动指向与目标有关的行为，使人们根据难度的大小来调整努力的程度，并影响行为的持久性。目标本身就具有激励作用，目标能把人的需要转变为动机，使人们的行为朝着一定的方向努力，并将自己的行为结果与既定的目标相对照，及时进行调整和修正，从而能实现目标。这种使需要转化为动机，再由动机支配行动以达成目标的过程就是目标激励。目标激励的效果受目标本身的性质和周围变量的影响。

一、基本内容

目标设置是指开发、协商和建立对个体形成挑战的目标的过程。目标可能是明确清晰的、或含蓄模糊的、或自我强加的、或外部强加的。无论何种形式的目标，都有助于个体对其时间和努力做出合理安排。无目标或目标不清晰的员工在工作时节奏缓慢、表现较差、缺乏兴趣，完成的任务也没有那些具有清晰而富有挑战性目标的员工多。另外，有明确目标的员工显得既能干又有活力，他们能按时完成任务。

（一）明确度

目标内容可以是模糊的，如仅告诉“你要达观慎思”；目标也可以是明确的，如“你要用一年时间完成法语学习，达到用法语熟练会话的能力”。明确的目标可使人们更清楚要怎么做，付出多大的努力才能达到目标。目标设定得明确，也便于评价个体的能力。很明显，模糊的目标不利于引导个体的行为和评价他的成绩。因此，目标设定得越明确越好。事实上，明确的目标本身就具有激励作用，这是因为人们有希望了解自己行为的认知倾向。对行为目的和结果的了解能减少行为的盲目性，提高行为的自我控制水平。另外，目标的明确度与绩效呈正相关关系。

（二）难度

目标可以是无难度的、轻难度的、中难度的、高难度的。如轻难度的：“你要用一年时间完成法语学习，达到用法语熟练会话的能力”；如中难度的：“你要用半年时间完成法语学习，达到用法语熟练会话的能力”；如高难度的：“你要用三个月时间完成法语学习，达到用法语熟练会话的能力”。难度依赖于人和目标之间的关系，同样的目标对某人来说可能是容易的，而对另一个人来说可能是难的，这取决于他们的能力和经验。一般来说，目标的绝对难度越高，人们就越难达到它。有 400 多项研究发现，绩效与目标的难度水平呈线性关系。当然，这是有前提的，就是完成任务的人有足够的能力、对目标又有高度的承诺。在这样的条件下，任务越难，绩效越好。一般认为，绩效与目标难度水平之间存在着线性关系，是因为人们可以根据不同的任务难度来调整自己的努力程度。

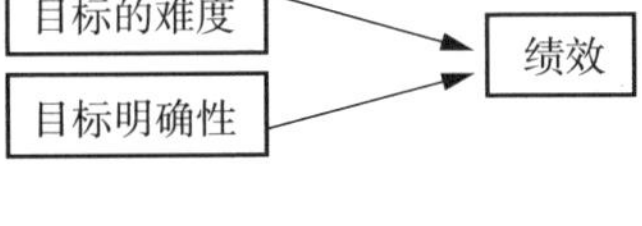

（三）承诺

承诺是指个体被目标所吸引，认为目标重要，持之以恒地为达到目标而努力的程度。个体在最强烈地想解决一个问题的时候，最能产生对目标的承诺，并随后真正解决问题。

合理指定的目标（所谓合理，即目标有吸引力，也有可能达到）与参与设定的目标有着相同的激励力量。这两者都比只是简单地设定目标而并不考虑目标的合理性要更有效。当人们认为目标能够达到，而达到目标又有很重要的意义时，对目标的承诺就加强了。研究发现，人们认为目标能够达到可以加强自我效能感。

激励物对产生承诺的作用是很复杂的。一般来说，对于无法达到的目标提供奖金只能降低承诺，对于中等难度的任务给予奖金最能提高承诺。

（四）反馈

目标与反馈结合在一起更能提高绩效。目标给人们指出应达到什么样的目的或结果，同时它也是个体评价自己绩效的标准。反馈则告诉人们这些标准满足得怎么样，哪些地方做得好，哪些地方有待改进。

反馈是组织常用的激励策略和行为矫正手段。能力反馈是常见的反馈形式，它是由上司或同事提供的关于个体在某项活动上的绩效是否达到了特定标准的信息。能力反馈可以分为正反馈和负反馈。正反馈，是指个体达到了某项标准而得到的反馈，而负反馈则是没有达到某项标准而得到的反馈。

反馈的表达有两种方式：信息方式和控制方式。信息方式的反馈不强调外界的要求和限制，仅告知当事者任务完成得如何，这表明当事者可以控制自己的行为和活动。因此，这种方式能加强接受者的内控感；控制方式的反馈则强调外界的要求和期望，如告诉当事者他必须达到什么样的标准和水平。它使当事者产生了外控的感觉——他的行为或活动是由外人控制的。

用信息方式表达正反馈可以加强当事者的内部动机，信息方式的正反馈，可以使当事者最好地完成任务。

（五）自我效能感

美国著名心理学家阿尔伯特·班杜拉（Albert Bandura）于20世纪70年代在其著作《思想和行为的社会基础》中提出了“自我效能感”的概念，自我效能感理论于20世纪80年代中期得到了丰富和发展，也得到了大量实证研究的支持。

自我效能感，指个体对自己是否有能力完成某一行为所进行的推测与判断。自我效能感就是个体在处理某种问题时能做得多好的一种自我判断，它是以对个体全部资源的评估为基础的，包括能力、经验、训练、过去的绩效、关于任务的信息等。

当对某个任务的自我效能感强的时候，对这个目标的承诺就会提高。这是因为高的自我效能感有助于个体长期坚持在某一个活动上，尤其是当这种活动需要克服困难、战胜阻碍时。高自我效能感的人比低自我效能感的人坚持努力的时间要长。

影响自我效能感形成的因素主要有：

1. 个人自身行为的成败经验：成功经验会提高效能期望，反复的失败会降低效能期望。但是，成功经验对效能期望的影响还要受个体归因方式的左右，如果归因于外部机遇等不可控的因素就不会增强效能感，把失败归因于自我能力等内部的可控因素就不一定会降低效能感。因此，归因方式直接影响自我效能感的形成。

2. 替代经验或模仿：人的许多效能期望都是来源于观察他人的替代经验。这里的一个关键是观察者与榜样的一致性，即榜样的情况与观察者非常相似。

3. 言语劝说：因其简便、有效而得到广泛应用。言语劝说的价值取决于它是否切合实际，缺乏事实基础的言语劝说对自我效能感的影响不大，在直接经验或替代性经验基础上进行劝说的效果会更好。

4. 情绪唤醒：班杜拉在“去敏感性”的研究中发现，高水平的唤醒使成绩降低而影响自我效能。当人们不为厌恶刺激所困扰时更能期望成功，但个体在面临某项活动任务时的身心反应、强烈的激动情绪通常会妨碍行为的表现而降低自我效能感。

5. 情境条件：不同的环境提供给人们的信息是大不一样的。某些情境比其他情境更难以适应和控制。当一个人进入陌生而又易引起焦虑的情境中时，其自我效能感水平与强度就会降低。

上述几种因素对效能期望的作用依赖于对其是如何认知和评价。人们必须对与能力有关的因素和非能力因素对成败的作用加以权衡，人们觉察到效能的程度取决于任务的难度、付出努力的程度、接受外界援助的多少、取得成绩的情境条件以及成败的暂时模式，这些因素作为效能信息的载体影响成绩，主要是通过自我效能感的中介影响发生的。

（六）任务策略

任务策略，是指个体在面对复杂问题时使用的有效的解决方法。当不能实现目标时，个体就需要寻找一种有效的任务策略。尤其是当面临困难任务时，仅有努力、注意力和持久性是不够的，还需要有适当的任务策略。

相对于简单任务，在复杂任务环境中有着更多可能的策略，而这些策略有很多是不好的策略。要想完成目标，得到更好的绩效，选择一个良好的策略至关重要。

在能力允许的范围内，目标的难度越大，绩效越好。但有时人们在完成困难目标时选择的策略不佳，结果，他的绩效反而不如完成容易目标时的绩效好。对此现象的解释是，完成困难目标的人在面对频繁而不系统的策略变化时，表现出了一种恐慌，使他最终也没有学会完成任务的最佳策略。而完成容易目标的人反而会更有耐心地发展和完善他的任务策略。

（七）满意感

当个体经过种种努力终于达到目标后，如果能得到他所需要的报酬和奖赏，就会感到满意；如果没有得到预料中的奖赏，个体就会感到不满意。同时，满意感还受到另一个因素的影响，就是个体对他所得报酬是否公平的理解。如果说，通过与同事相比、与朋友相比、与自己的过去相比、与自己的投入相比，他感到所得的报酬是公平的，就会感到满意。反之，则会不满意。

目标的难度也会影响满意感。当任务越容易时，越易取得成功，个体就会经常体验到伴随成功而来的满意感；当目标困难时，取得成功的可能性就要小，从而个体就很少体验到满意感。这就意味着容易的目标比困难的目标能产生更多的满意感。然而，达到困难的目标会产生更高的绩效，对个体、对组织有更大的价值。是让个体更满意好呢？还是取得更高的绩效好？这样就产生了矛盾。如何平衡这种矛盾，有下面一些可能的解决办法：

1. 设定中等难度的目标。从而使个体既有一定的满意感，同时又有比较高的绩效；

2. 当达到部分的目标时也给予奖励，而不仅是在完全达到目标时才给；

3. 使目标在任何时候都是中等难度，但不断小量地增加目标的难度；

4. 运用多重目标—奖励结构，达到的目标难度越高，得到的奖励越重。

（八）高绩效循环模型

综合的目标设定模型被称作高绩效循环模型（High Performance cycle）。模型从明确的、有难度的目标开始，如果有对这些目标的高度承诺、恰当的反馈、高的自我效能感以及适宜的策略，就会产生高的绩效。假如高的绩效导致了希望中的回报，如有吸引力的奖赏，就会产生高的满意感。工作满意感与工作承诺联系在一起。高的承诺又使人们愿意留在该项工作上。此外，高度的满意感还能增强自我效能感。人们的满意感和对工作的承诺使他们愿意接受新的挑战，这样就能导致新一轮高绩效的产生。

反过来，如果没有满足这个高绩效循环的要求，如低挑战性，缺少回报，就会导致低绩效循环。

二、应用

目标设定，是重要的激励因素。适当地设定目标并妥善地管理工作进展，能够有效地激励员工，提高其工作表现。目标在日常工作中十分普遍，常见的目标包括销售配额、完工期限和节约成本等。

目标的难度必须适中，目标设定太容易会使他们失去向上的动力，只会付出最低的能力来完成目标；相反，太困难的目标也会使人对目标的完成失去信心。因此，目标最好是比员工的现有表现高一些，不但提供了挑战性，同时也使员工感到有达到目标的可能。

设定目标必须明确，能使员工清楚上级对他们的要求，且能够清楚地衡量是否能达到目标。把他们的精力和时间用在正确的方向上。

为员工提供反馈。因为反馈可以使员工知道自己的工作进度，以及离目标还有多远，能起到激励的作用，延长员工的工作持久力。设定了目标并提供反馈，可以使人知道距离完工还有多远，在知道距离目标不远的时候，员工是不会轻易放弃以往的努力的。

选择完成工作的方法，在工作进行前做出详细的计划。

必须使员工投入到实现目标的努力之中。员工接受了目标并不表示他会投入其中，但假如达到目标可以得到奖赏，或者上级适当地利用职权和惩罚，都可使员工努力地争取达到目标。

在执行简单的工作时，上级应该给员工指定目标；在执行复杂的工作时，让员工参与目标设定。

案例　IBM颁奖仪式

IBM非常著名的“百分俱乐部”，表彰的就是企业中80%的销售人员。IBM处心积虑地制定业绩标准，以使得80%的员工能成为这个俱乐部的成员。在隆重的表彰大会上，那个正好达线的销售人员第一个出场，全场灯光熄灭，唯留一束追光随着领奖人向前移动；在屏幕上是他（她）的名字和销售业绩以及巨幅头像。随着他（她）的出场，全场掌声雷动，不时还夹杂着主持人的幽默调侃；名次越向前，下面的欢呼声越响亮。整个颁奖会表彰的不仅仅是个体，更闪烁着群体卓越的光芒。

启示：实验数据证明，一般企业员工的潜能只发挥了20%～30%，如果施以激励得当的话，大多数人可以提高到80%～90%。从这两对数字的比较可知，要提高组织（企业）的员工的总体潜能，应让80%的人员受到嘉奖，即让大多数人都能摘到具有激励作用的果子。而工作目标设定则是工作激励的主要源泉。

三、评价

（一）优点

自洛克于1967年提出目标设定理论以来的理论研究和组织管理践行证明了从目标设定的维度来研究激励是有效的。在这个领域已经取得了很多有意义的成果，这些理论成果也已应用到实际管理工作中，给实际工作带来了很大的帮助。

1. 民主化管理。目标管理提倡民主、平等和参与的管理思想，不提倡管理者闭门造车而独断专行。目标的实现者同时也是目标的制定者，主张由上下级在一起共同商讨确定目标。民主化管理思想引发组织向民主、平等和参与的宽松的组织氛围与文化变革。

2. 自控化管理。目标管理的思想之一是用“自我控制的管理”代替“压制性的管理”，它使管理人员能够控制自己的成绩。这种自我控制可以成为更强烈的动力，推动他们尽自己最大的力量把工作做好，而不仅仅是“过得去”就行了。

3. 授权化管理。推行目标管理有助于促使权力、责任、利益逐级下放，有助于在保持有效控制的前提下，调动各级管理者和员工的想象力、创造力，发挥其主观能动性，把局面搞得更有生气和更有效率一些。

4. 注重成果。目标管理注重成果第一，看重实际贡献。组织实行目标管理，由于有了一套完善的目标考核体系，从而能够按员工的实际贡献大小如实地评价一个人。

(二) 缺点和改良

1. 目标设置难度大的负作用

目标设置的难度应该与被考核者的实际能力相适应，既不要过低又要有挑战性，但在实际运用中设定实施的往往都是难度较大的目标，而这就会造成单位内部的弄虚作假、恶性竞争、内部凝聚力的涣散等弊病；组织内的许多目标难以定量化、具体化，组织环境的可变因素越来越多，组织的内部活动日益复杂，使组织活动的不确定性越来越大。这些都使得组织的许多活动制定数量化目标是很困难的。

2. 偏重短期、缺乏灵活

在目标管理中，强调短期目标的实现而对长期目标不关心，这种思维对组织的长远发展是有害的；目标管理必须保持其明确性和肯定性，目标一旦确定就不能轻易改变，这使得组织运作缺乏弹性，无法通过权变来适应变化多端的外部环境。

第三节 公平理论

公平理论，又称社会比较理论。由美国心理学家约翰·斯塔希·亚当斯（John Stacey Adams）于1965年提出。公平理论认为，员工的激励程度来源于对自己和参照对象的报酬和投入的比例的主观比较感觉。

该理论是研究人的动机和知觉关系的一种激励理论，在亚当斯的《工人关于工资不公平的内心冲突同其生产率的关系》（1962，与罗森鲍姆合写）、《工资不公平对工作质量的影响》（1964，与雅各布森合写）、《社会交换中的不公平》（1965）等著作中有所涉及，侧重于研究工资报酬分配的合理性、公平性及其对职工生产积极性的影响。

一、基本内容

（一）概念

1. 公平：对自己和参照对象的报酬和投入的比例的主观比较感觉；

2. 当事人：感到公平或不公平的个体；

3. 其他参照人：当事人将其投入或报酬比作为比较指标的群体或个人；

4. 投入：当事人为履行职务而付出的个体特征（技能、经验、学习、年龄、性别、种族）；

5. 结果：当事人从职务中获得的东西（认可、附加福利、薪资）。

（二）内容

公平理论认为，人能否受到激励，不但根据他们得到了什么而定，还要根据他们所得与别人所得是否公平而定。人们总会自觉或不自觉地将自己付出的劳动代价及其所得到的报酬与他人进行比较，并对公平与否做出判断。公平感直接影响职工的工作动机和行为。因此，从某种意义上来讲，动机的激发过程实际上是人与人进行比较，做出公平与否的判断，并据以指导行为的过程。公平理论研究的主要内容是职工报酬分配的合理性、公平性及其对职工产生积极性的影响。

这种理论的心理学依据，就是人的知觉对于人的动机的影响关系很大。他们指出，一个人不仅关心自己所得所失本身，而且还关心与别人所得所失的关系。他们是以相对付出和相对报酬全面衡量自己的得失。如果得失比例和他人相比大致相当，就会心理平衡，认为公平合理心情舒畅。比别人高则令其兴奋，是最有效的激励，但有时过高会带来心虚，不安全感激增。低于别人时产生不安全感，心里不平静，甚至满腹怨气，工作不努力、消极怠工。因此分配合理性常是激发人在组织中工作动机的因素和动力。

J. S. 亚当斯认为：职工的积极性取决于他所感受的分配上的公正程度（即公平感），而职工的公平感取决于一种社会比较或历史比较。所谓社会比较，是指职工对他所获得的报酬（包括物质上的金钱、福利和精神上的受重视程度、表彰奖励等）与自己工作的投入（包括自己受教育的程度、经验、用于工作的时间、精力和其他消耗等）的比值与他人的报酬和投入的比值进行比较。所谓历史比较，是指职工对他所获得的报酬与自己工作的投入的比值同自己在历史上某一时期内的这个比值进行比较。

每个人都会自觉或不自觉地进行这种社会比较，同时也要自觉或不自觉地进行历史比较。当职工对自己的报酬作社会比较或历史比较的结果表明收支比率相等时，便会感到受到了公平待遇，因而心理平衡，心情舒畅，工作努力。如果认为收支比率不相等时，便会感到自己受到了不公平的待遇，产生怨恨情绪，影响工作积极性。当认为自己的收支比率过低时，会产生报酬不足的不公平感，比率差距越大，这种感觉越强烈。这时职工就会产生挫折感、义愤感、仇恨心理，甚至产生破坏心理。少数时候，也会因认为自己的收支比率过高，产生不安的感觉或感激心理。

当职工感到不公平时，可能会千方百计进行自我安慰，如通过自我解释，主观上造成一种公平的假象，以减少心理失衡或选择另一种比较基准进行比较，以便获得主观上的公平感；还可能采取行动，改变对方或自己的收支比率，如要求把别人的报酬降下来、增加别人的劳动投入或要求给自己增加报酬、减少劳动投入等；还可能采取发牢骚，讲怪话，消极怠工，制造矛盾或弃职他就等行为。

二、公平理论的模式

当进行横向比较时，设当事人 a 和被比较对象 b，

公平式为：

$$Op/Ip = Oa/Ia$$

其中：

Op——自己对所获报酬的感觉；

Oa——自己对他人所获报酬的感觉；

Ip——自己对个人所作投入的感觉；

Ia——自己对他人所作投入的感觉。

不公平式为：

$$Op/Ip < Oa/Ia$$

在这种情况下，他可能要求增加自己的收入或减小自己今后的努力程度，以便使左方增大，趋于相等；第二种办法是他可能要求组织减少比较对象的收入或者让其今后增大努力程度以便使右方减小，趋于相等。此外，他还可能另外找人作为比较对象，以便达到心理上的平衡。

$$Op/Ip > Oa/Ia$$

在这种情况下，他可能要求减少自己的报酬或在开始时自动多做些工作，但久而久之，他会重新估计自己的技术和工作情况，终于觉得他确实应当得到那么高的待遇，于是产量便又会回到了过去的水平。

当进行纵向比较，只有相等时才会认为公平。

公平式为：

$$Op/Ip = Oh/Ih$$

其中：

Op——对自己报酬的感觉；

Ip——对自己投入的感觉；

Oh——对自己过去报酬的感觉；

Ih——对自己过去投入的感觉。

不公平式为：

$$Op/Ip < Oh/Ih$$

当出现这种情况时，当事人也会有不公平的感觉，可能导致工作积极性下降。

$$Op/Ip > Oh/Ih$$

当出现这种情况时，当事人不会因此产生不公平的感觉，但也不会觉得自己多拿了报偿而主动多做些工作。调查和试验的结果表明，不公平感的产生，绝大多数是由于经过比较认为自己报酬过低而产生的；但在少数情况下，也会由于经过比较认为自己的报酬过高而产生。

三、影响公平评定的因素

（一）个人的主观判断

无论是自己的或他人的投入和报偿都是个人感觉，而一般人总是对自己的投入估计过高，对别人的投入估计过低。；

（二）个人所持的公平标准

公平标准是采取贡献率，也有采取需要率、平均率的。例如，有人认为助学金应改为奖学金才合理，有人认为应平均分配才公平，也有人认为按经济困难程度分配才适当。

（三）绩效的评定

如何评定绩效？是以工作成果的数量和质量，还是按工作中的努力程度和付出的劳动量？是按工作的复杂、困难程度，还是按工作能力、技能、资历和学历？不同的评定办法会得到不同的结果。最好是按工作成果的数量和质量，用明确、客观、易于核实的标准来度量，但这在实际工作中往往难以做到，有时不得不采用其他的方法。

（四）评定人

绩效由谁来评定，是领导者评定还是群众评定或自我评定，不同的评定人会得出不同的结果。由于同一组织内往往不是由同一个人评定，因此会出现松紧不一、回避矛盾、姑息迁就、抱有成见等现象。

四、恢复公平的行为

为了避免组织成员产生不公平的感觉，组织往往采取各种策略，使组织成员产生一种主观上的公平感。如有的组织采用保密工资的办法，使成员相互不了解彼此的收支比率，以免组织成员互相比较而产生不公平感。

组织（企业）通常采取如下方法恢复公平的行为：

改变投入——增加或减少投入量（时间、资源、能力、努力）。

改变结果——通过谈判获得高额加薪。

改变态度——改变自己的态度，认为钱和其他结果（良好的工作场所、工作保障等）相比并不重要。

改变参照人——把参照人换成和你的加薪相近的个人，通过和你的结果/工作比相近的人比较恢复公平感。

改变参照人的投入或结果，鼓励参照人投入更多的工作时间和工作更加努力，以证明给他的高额加薪是有理由的。

离开这个地方——辞职。

五、公平理论的应用

（一）公平理论在薪酬设计中的应用

将公平理论应用于薪酬制度，可以得到三种公平的表现形式：内部公平、外部公平和员工个人公平。员工对于企业的不满主要表现为上述三方面的原因，其中内部公平和外部公平是薪酬设计的关键考虑因素，个人公平虽然难以从外部表现来衡量，但对于员工积极性有着重大影响。

1. 内部公平的应用

所谓内部公平，就是组织的职位与职位之间的等级必须保持相对公平。在设计薪酬制度的时候，工资结构的制定就是为了解决内部公平性。工资结构指的是企业内不同职位等级之间的工资差别以及工资政策线的形状和条数。据此，就应该进行基本的工作分析和职位评估，依据各种工作对组织整体目标实现的相对贡献大小来支付报酬。完成某一工作所需要的知识和技能越多，得到的报酬也越多；从事这种工作时所处的环境越不好，这种工作得到的报酬也应该越高；工作中对实现组织整体目标的贡献越大，这种工作得到的报酬也应该越多。目前，国际上企业的薪水趋势是，高层员工和普通员工之间的薪金距离在加大，如在美国，高层职员的薪金是低层职员的 12 倍。这种由职务差带来的收入差，中国也在渐次效仿跟进。

2. 外部公平的应用

外部公平，即组织的整体薪酬水平必须充分考虑市场的整体薪酬水平和薪酬趋势。它所强调的是本组织薪酬水平同其他组织的薪酬水平相比较时的竞争力，这种外部竞争力关注的是组织之间薪酬水平的相对高低。

获取外部公平的方法主要是获取外部市场薪酬调查数据，通过各种调研方法搜集市场上其他竞争对手薪酬水平的信息，并通过对这些信息的比较分析来确定本组织成员的薪酬水平，从而判断公司的整体薪酬水平与外部市场相比的整体竞争力差异。

从市场的角度来看，一个组织选择工资水平可以采用领先、滞后、跟随及混合的方法，这要根据组织的发展战略及薪酬观念来决定。

一是领先政策，即一个组织比其他同行业竞争者支付更高的工资水平。高工资能从外部劳动力市场吸引到更多的优秀人才。从人力资本和经济投入产出比来看，高工资不一定是高成本和低利润，因为优秀员工的市场效率更高；二是滞后政策，即一个组织比其他同行业竞争者支付较低的工资。这样一来，员工很容易感到不公平，从而对组织的运作造成影响；三是跟随政策，即支付同行业竞争者相当的工资水平，对于维持员工公平感，减少员工不满意程度和员工离职方面会有一定的作用。但由于与竞争对手相比没有优势，因此在实际操作过程中仍有困难；四是混合政策，企业以各类岗位的社会平均工资为基础，对供过于求的人员相应地降低工资水平，而对社会紧缺人才采取高于社会平均工资水平的政策。

3. 个人公平的应用

个人公平，指员工薪酬的一部分应该与组织、部门或个人绩效结合起来，体现绩效文化。获取个人公平的方法是将员工绩效和该员工的薪酬结合起来，从而保证个人绩效越好的员工，其报酬也越高。每个员工对收入的评价都首先基于个人的能力；同时，员工还会比较个人的收入和公司收入之间的关系。

在实际薪酬设计时，员工个人公平是一个必须遵循的重要原则，对同一个组织中从事相同工作的员工的薪酬，进行相互比较时公平性是必须要考虑的。

要保证个人公平，首先是量才而用，并为有才能者创造脱颖而出的机会。不以领导对个人的评价作为竞争评价标准，而是以一套公正透明的人才选拔机制，用个人在工作中的实际绩效作为评价机制和评价标准。

个人公平，需要事先说明规则，建立制度的契约或心理的契约，目的是双方都明白相互的权利和义务。重要且比较容易判断其对公司贡献的岗位宜采用业绩导向的薪酬，常见的有销售人员、市场人员以及独立核算单位的负责人等。但是，对于创业团队来说，建立一个比较清晰的制度契约往往是不可能的，这时候更需要一种心理的契约，创业领头人的个人诚信便十分重要。

4. 在公平的过程中实现公平

过程公平相对于结果公平来讲，更容易影响员工的组织承诺度、对管理者的信任和流动意图。如果 A 看到公司的薪酬政策制定的程序非常公平，即使他比 B 在当月少拿 1000 元，但他坚信下月将会得到比 B 更高的收入，所以，A、B 均会以积极的态度对待管理者；如果 A 认为公司的薪酬政策制定的程序不公平，他比 B 在当月少拿 1000 元，他会坚信下月仍将获得不公，就会导致他对管理者产生不信任感，感觉到自己受到歧视，往往就会采取辞职的方式来表达自己的不满；如果 A 认为公司的薪酬政策制定的程序不公平，即使他比 B 在当月多拿 1000 元，他也会坚信公司管理混乱。

（二）公平理论在薪酬管理运营中的应用

1. 管理者要尽可能公平地对待每一个员工。作为员工来说，他不仅关心自己所得到的绝对报酬，也关心自己的报酬的相对性。如果员工认为受到不公平的对待，他们就会试图采取改变境况的行为：经常缺勤、上班迟到、不按时完成工作任务、降低工作质量等等。

2. 对有不公平感觉的员工进行心理疏导。一般来说，并不是所有的人都对公平很敏感，只有当人们将自己的投入和收益与他人进行比较以后，他们才开始关心公平。并且他们所选择的比较对象受主观影响较大，比如说，参照对象不是同一组织中的员工、两人所承担的工作任务的复杂程度不同等等。作为管理者，在遇到这种情况时，由于不可能控制其他组织的报酬发放，因而对组织内部由此产生不公平感的员工就只能从心理上进行疏导，帮助他们树立正确的公平观，选择客观的公平标准，走出不公平感的阴影。

3. 管理者应该制定一个能够让员工感到公平并且乐于参与的报酬分配制度。公平感与个人所持有的公平标准有关，而不同的人有着不同的公平标准。因此，在制定分配制度时，管理者应该尽可能了解组织中员工们所持有的公平标准是什么，是基于平均原则、贡献大小还是所承担的社会责任大小进行分配才最能够让员工产生公平感。在客观调查的基础上，选择在最大程度上能够让员工产生公平的分配原则。这样，才能让员工受到激励，并且产生良好的工作绩效。

案例：成平离职

成平毕业于上海财经大学会计专业，获得了硕士学位。在接受了许多组织的面试后，她选择了全国最大的一家会计公司中的一个职位，并被派到波士顿的办事处，她对所得到的一切都很满意：公司的名声显赫、一份具有挑战性的工作，有获得重要经验的良好机会和发展空间、得到了会计专业毕业生所能得到的最高工资，去年月薪2500美元。成平在学校时曾是班里最优秀的学生，她富有进取心，表达能力好，获得相应的工资是预料之内的事。

工作1年后，成平对公司满意，领导对他的工作表现也很满意，最近刚得到每月200美元的加薪。但是，成平的心情却在最近几周急速下降，工作情绪受到很大打击。为什么呢？她的公司刚刚雇用了一个多伦多大学的会计专业毕业生，此人缺少成平的一年中所获得的经验，工资却是每月3000美元，比成平现在的工资还多300美元。除了愤怒，用其他任何语言都无法描述成平此时糟糕的心境，周一上午，他向他的上司递交了辞呈，决意离开这家公司。

解读：成平的情况表明了公司薪酬设计和管理中公平激励缺失的后果。个体的激励不仅仅来自于努力是否得到了奖励，还来源于个体的认知评价过程。这种认知评价过程包括了对公平性的评价。人们总是把自己的投入和产出与他人的投入和产出进行比较，公平性的评价是员工满意度的核心评价标准。

第四节　强化理论

强化理论，由哈佛大学心理学家和行为科学家斯金纳（Burrhus Frederic Skinner）提出，也称为行为修正理论。是以学习的强化原则为基础的关于理解和修正人的行为学说。所谓强化，是指对一种行为的肯定或否定的后果（报酬或惩罚），它至少在一定程度上会决定这种行为在今后是否会重复发生。

斯金纳主张对激励进行针对性的刺激，只看员工的行为和结果之间的关系，而不是突出激励的内容和过程。该理论认为人的行为是其所获刺激的函数。如果这种刺激对他有利，则这种行为就会重复出现，若对他无利，则这种行为就会减弱直至消逝。

根据强化的性质和目的可以把强化分为正强化和负强化。在管理上，正强化就是奖励那些组织上需要的行为，从而加强这种行为。正强化的方法包括奖金、认可、表扬、晋升、安排担任挑战性的工作、给予学习和成长的机会等；负强化是指为了使某种行为不断重复，减少或消除施加于其身的某种不愉快的刺激。负强化的方法包括批评、处分、降级等，有时不给予奖励或少给奖励也是一种负强化。

斯金纳的强化理论和维克托·弗鲁姆的期望理论都强调行为同其后果之间关系的重要性，但维克托·弗鲁姆的期望理论较多地涉及主观判断等内部心理过程，而强化理论只讨论刺激和行为的关系。

一、基本内容

（一）基本观点

人的行为可以分为应答性行为和操作性行为。应答性行为，是由环境的刺激所引起的行为；操作性行为是在内部需要的刺激下自身发出的行为。

在操作性行为中，如果行为结果使其需要得到满足，这种行为便会重复并得到增强——正强化（积极强化）和负强化（消极强化）。当在环境中增加某种刺激时，有机体反应概率增加，这种刺激就是正强化；当某种刺激在有机体环境中消失时，反应概率增加，这种刺激便是负强化，是有机体力图避开的那种刺激。强化理论是内容型激励理论的补充和发展。

（二）强化手段改造行为的四种方式

	期望的行为	不期望的行为
给予	Ⅰ正强化 （行为增加）	Ⅱ惩罚 （行为减少）
取消	Ⅲ消退 （行为减少）	Ⅳ负强化 （行为增加）

1. 正强化：在期望的行为发生后提供令人快乐的结果。它能增加先于它的行为频率；

2. 负强化：当某种不符合要求的行为有了改变时，减少或消除施加于其身的某种不愉快的刺激（如批评、惩罚等），从而使改变后的行为再现和增加；

3. 惩罚：指为特定的行为反应提供令人不舒服或不喜欢的结果。如上级的批评和降职；

4. 消退：减少不期望有的行为。有两种方式：一是对某种行为不予理睬；二是对原来用正强化建立起来的好的行为不再给予正强化，使其出现的可能性下降。

二、强化程式

斯金纳认为，强化的时间和比率不同，强化作用的效果也会大不相同。所谓强化程式，就是指反应受到强化的预先安排形式。

（一）强化可分为两大类

一是连续性强化，即每次行为都受到强化；

二是间歇性强化，即只是部分行为受到强化。

间歇性强化又可按照时间和比率的不同分为以下四种：

1. 固定间时强化，强化是定期的，如计时工资；

2. 变动间时强化，强化是不定期的，如随时进行的奖励；

3. 固定比率强化，强化按一定比率进行，如营业提成；

4. 变动比率强化，强化按随机比率进行，如抽奖、博彩等。

连续性强化和间歇性强化的效用，从行为的消退角度来看不尽相同。斯金纳的实验表明，间歇性强化停止后产生的反应消退，远远低于数量相同的连续性强化停止后产生的反应消退。例如，如果只是偶然对儿童的良好行为给予强化，在停止强化后，这种良好行为保持的时间，要比每一次良好行为都给予强化保持的时间长得多。斯金纳认为，当手头的强化物很有限时，这一差别具有实际意义。对于管理者来说，弄清间歇性强化与连续性强化在反应消退上的差别，进而弄清不同的间歇性强化在反应消退中的精确数据，对设计激励方案有着重要作用。

（二）间歇性强化的各自特点和不同效果

1. 固定间时强化

固定间时强化每隔一个固定时段进行一次，其效果受强化的大小、数量和及时性的影响。强化越大，数量越多，则反应概率越大。如果反应和强化物出现的时间之间有相当大的间隔，则反应概率较低。这种强化因间隔的固定性，有一定的规律可循。因此，在强化物出现后，由于行为者知道短期内不能再得到强化，所以在每次强化之后的区间反应概率较低。当行为者觉得再次强化快要到来时，反应概率又会增加。例如，在计时工资制中，工资定时发放，在这段固定时间中，工人的反应并不会得到强化，工作的水平可能会下降。对于这一问题，可以通过厌恶性的条件强化物（如扣除薪金）来作为工资的补充。

2. 变动间时强化

变动间时强化可以用来调节行为的发生概率，它能够消除强化物出现后的反应概率降低现象。由于这种强化程式没有一定的时间规律，随机性较大，行为者往往难以琢磨后续强化物出现的时间。因此，在它的作用下，能使行为者保持一个相对稳定的行为水平。

3. 固定比率强化

固定比率强化能产生很高的反应概率。因为在这种程式的刺激下，行为者的反应速率达到固定比率就会得到强化，行为的结果又促使反应速率进一步提高。如果没有其他因素的干扰，这种程式能使激励作用达到最大值。值得注意的是，斯金纳强调，采用这种程式的关键在于“比率不是太高”。因为他的研究表明，某一特定的行为人和某一特定的强化指标之间，比率是有限的。超过这一比率，行为就不能保持，而且会出现快速消退。这种情况被斯金纳称为“行为缺失”。之所以会发生行为缺失，是因为行为人的能力和精力是有限的。如果固定比率过高，超出了行为人之所能，那么就会产生两种情况：一是行为人在初始时无法达到规定的比率；二是在初始时虽然达到了比率，但后来无法持续达到。一旦出现这种情况，肯定会发生行为消退。在现实中，某些本来行之有效的业务提成或类似制度，由于后来不断“加码”而导致失效，就属于这种情况。

4. 可变比率强化

可变比率强化是通过对受到强化的反应与未受到强化的反应之间比率的不确定性运用来进行激励的。这样，行为人对强化的力度（即自己的收益）不可预测。可变比率和固定比率的差别，同变动间时和固定间时的差别在逻辑上是一致的。所以，在理论上，它可以消除固定比率强化后所出现的反应消退现象。这种程式的比率幅度在变，但其平均值不变。所以，行为人的行为有可能得到高强化，也有可能得到低强化，或者很长时间得不到任何强化，而强化的平均值不变。行为人会根据这种随机性来调整自己，保持一种稳定的行为速率。

斯金纳主张综合使用各种不同的强化程式。可以把比率强化和间时强化、固定强化和可变强化结合使用或者交替使用，从而对行为人的行为进行更好的调节。

三、强化理论的应用

（一）强化理论具体应用的行为原则

1. 经过强化的行为趋向于重复发生。所谓强化因素就是会使某种行为在将来重复发生的可能性增加的任何一种“后果”。例如，当某种行为的结果是受人称赞时，就增加了这种行为重复发生的可能性。

2. 要依照强化对象的不同采用不同的强化措施。人们的年龄、性别、职业、学历、经历不同，需要就不同，强化方式也应不一样。如有的人更重视物质奖励，有的人更重视精神奖励，就应区分情况，采用不同的强化措施。

3. 分步驱动，分阶段设立目标，并对目标予以明确规定和表述。对于人的激励，首先要设立一个明确的、鼓舞人心而又切实可行的目标，只有目标明确而具体时，才能进行衡量和采取适当的强化措施。同时，还要对目标进行分解，分成许多小目标，完成每个小目标都及时给予强化，这样不仅有利于目标的实现，而且通过不断地激励可以增强信心。如果目标一次定得太高，就会使人感到不易达到或者说能够达到的希望很小，很难充分调动人们为达到目标而做出努力的积极性。

4. 及时反馈，即通过某种形式和途径，及时将工作结果告诉行动者。要取得最好的激励效果，就应该在行为发生以后尽快采取适当的强化方法。一个人在实施了某种行为以后，即使是领导者表示“已注意到这种行为”这样简单的反馈，也能起到正强化的作用。

如果领导者对这种行为不予注意，这种行为重复发生的可能性就会减小以至于消失。所以，必须利用及时反馈作为一种强化手段。强化理论并不是对职工进行操纵，而是使职工有一个最好的机会在各种明确规定的备择方案中进行选择。因而，强化理论已被广泛地应用在激励行为上。

5. 正强化比负强化更有效。在强化手段的运用上，应以正强化为主；同时，必要时也要对坏的行为给予惩罚，做到奖惩结合。

6. 对强化理论的应用，要考虑强化的模式，并采用一整套的强化体制。强化模式主要由“前因”“行为”和“后果”三个部分组成。前因，是指在行为产生之前确定一个具有刺激作用的客观目标，并指明哪些行为将得到强化，如企业规定车间安全生产中每月的安全操作无事故定额；行为，是指为了达到目标的工作行为；后果，是指当行为达到了目标时，则给予肯定和奖励。

（二）强化理论在管理中的应用

强化理论有助于对人们行为的理解和引导。因为，一种行为必然会有后果，而这些后果在一定程度上会决定这种行为在将来是否会重复发生。

那么，与其对这种行为和后果的关系采取一种碰运气的态度，不如加以分析和控制，使大家都知道应该有什么后果最好。这并不是对职工进行操纵，而是使职工有一个最好的机会在各种明确规定的备择方案中进行选择。因而，强化理论已被广泛地应用在激励和人的行为的改造上。

1. 以正强化方式为主。以奖为主，以罚为辅。设置鼓舞人心的经营管理目标，是一种正强化方法，但要注意将组织的整体目标和个人目标、最终目标和阶段目标等相结合，并对在完成个人目标或阶段目标中做出明显绩效或贡献者，给予及时的物质和精神奖励（强化物），以求充分发挥强化作用。

2. 运用负强化时，应尊重事实，讲究方式方法，处罚依据准确公正，这样可尽量消除其副作用。将负强化与正强化结合应用一般能取得更好的效果。

3. 注意强化的时效性。及时强化，是指让人们尽快知道其行为结果的好坏或进展情况，并尽量地予以相应的奖励，而正确强化就是要“赏罚分明”，即当出现良好行为时就给予适当的奖励，而出现不良行为时就给予适当的惩罚。及时强化能给人们以鼓励，使其增强信心并迅速地激发工作热情，但这种积极性的效果是以正确强化为前提的；相反，乱赏乱罚绝不会产生激励效果。

4. 因人制宜，奖（惩）人所需，形式多样，采用不同的强化方式。由于人的个性特征及其需要层次不尽相同，不同的强化机制和强化物所产生的效应会因人而异。因此，在运用强化手段时，应采用有效的差异性强化方式，不搞“一刀切”，应该奖人之所需，形式多样化，只有这样才能起到奖励的效果。

5. 利用信息反馈增强强化的效果。信息反馈是强化人的行为的一种重要手段，定期反馈可使组织成员了解自己参加安全生产活动的绩效及其结果，既可使职工得到鼓励，增强信心，又有利于及时发现问题，分析原因，修正所为。

案例：负强化管理

张是新加坡一家地产销售公司的销售经理。某日，因一名售楼业务员王晓晓的月销售额很差，他便把他找来研究如何完成业绩目标。但一周过后，他仍未能售出一套房子，周一早会时，张经理见到王晓晓依然坦然处之，竟无一丝愧疚。于是张经理便怒斥这名销售员，他的成绩让人无法接受。结果，王晓晓当天就卖出了三套大户型房子。张经理认为，以惩罚进行营销管理，确也奏效。

很明显，张经理不是唯一有这种想法的人。当规定时间内实现预定销售额的压力很大时，一些管理人员就会通过惩罚激励员工。

很多管理者以惩罚（负强化）及时点拨那些工作懈怠或没有意识到自己绩效很低的人，效果是明显的。

四、评价

斯金纳之前的心理学理论皆关注于心理现象的内在方面，将心理现象看作一个“暗箱”，都认为心理现象是不可预知或难以预知的。而斯金纳的强化理论描述了行为的可操纵性，从而极大地提高了人们预测和控制有机体的能力。为个体和群体行为的培训、教育以及人类社会化因素的培养形成提供了心理学理论上的依据。

一种行为必然会有后果，而这些后果在一定程度上会决定这种行为在将来是否会重复发生。那么，与其对这种行为和后果的关系采取一种碰运气的态度，就不如加以分析和控制，使大家都知道应该有什么后果最好。这并不是对组织成员进行操纵，而是使组织成员有一个最好的机会在各种明确规定的备择方案中进行选择。因而，强化理论能被广泛地应用在激励和人的行为的改造上。

强化理论只讨论外部因素或环境刺激对行为的影响，忽略人的内在因素和主观能动性对环境的反作用，强化理论对某些简单的操作反应，如在驯化动物、知识学习、儿童行为教育、弱智及在特定的条件下的行为矫正中，可以收到相当的效果；当应用到常态的成年人行为干涉中，当人们思维中的对成败因素的主观思维判断、预期期望意识、本能欲望倾向等占了上风时，强化理论往往便无法适用了。

强化理论将凡有结果的行为，都归之于强化的作用，即使找不出直接的强化作用，也可以用间接的、二级的甚至是更高级的、继发性的强化作用来解释，即使如此，其理论往往也难以尽然解释很多心理现象。特别是强化理论认为人们的工作行为都是通过各种直接或间接奖惩措施的结果，因而其也就难以解释以下问题：

人们某些天生的行为能力，近乎本能的行为；

人们为什么既会有一些对坚守信仰、坚持真理、自我实现、追求公正公平、科学探求等不计代价、百折不挠的行为，又会有一些赌博、吸毒、网瘾等屡教不改的恶习；

有些人在某种状况下会有一些以抑止克服自我心理冲动为特征的、计较得失的、非习惯性的，甚至违背其日常性格行为特点的纯理智性的行为，而相反另有一些人会有一些不计利害得失的、具有感情色彩的非理智性行为。

参考书目

［1］（美）马斯洛．动机与人格［M］．陕西师范大学出版社，2010.6.

［2］（美）马斯洛．人的潜能和价值［M］．华夏出版社，1987.2.

［3］（瑞士）卡尔·古斯塔夫·荣格．荣格文集［M］．国际文化出版公司，2018.1.

［4］（美）克瑞斯·阿吉里斯．克服组织防卫［M］．人民大学出版社，2007.10.

［5］（美）克瑞斯·阿吉里斯．个性与组织［M］．人民大学出版社，2007.9.

［6］（英）查尔斯·汉迪．个人与组织的未来［M］．人大出版社，2006.11.

［7］（美）詹姆斯·麦格雷戈·伯恩斯．领袖论［M］．中国社会科学出版社，1996.7.

［8］（美）麦考利．领导力发展手册［M］．格致出版社，2008.4.

［9］（美）彼得·德鲁克．卓有成效的管理者［M］，机械工业出版社，2009.9.